（解説は 19 ～ 21 ページ参照）

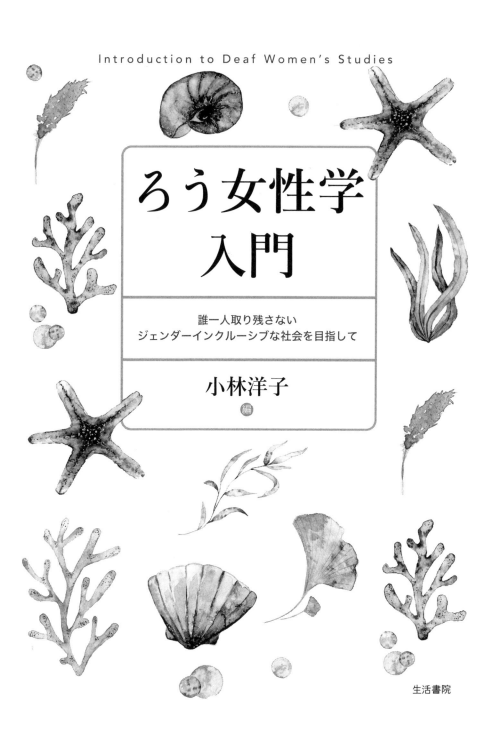

Introduction to Deaf Women's Studies

ろう女性学入門

誰一人取り残さない
ジェンダーインクルーシブな社会を目指して

小林洋子
編

生活書院

まえがき

ろう女性学とは

「『ろう女性学』ってなんだろう？」

本書の表紙を目にした時、最初にそう思う人が多いのではないだろうか。

「ろう女性学（Deaf Women's Studies、デフウィメンズスタディーズ）」とは、「女性学（Women's Studies、ウィメンズスタディーズ）」と「ろう者学（Deaf Studies、デフスタディーズ）」それぞれの言葉を合わせた名称である。「ろう女性学」「女性学」「ろう者学」、いずれもアメリカで誕生したものである。

詳細については次章以降で説明するが、簡単に言えば「女性学」とは、学問領域における女性問題を再考することを指す。近年は「ジェンダー論」あるいは男性の問題も含めた「男性学」という名称で、大学等教育機関をはじめ身近なところで聞かれるようになってきている。

「ろう者学」とは、英語の「Deaf Studies、デフスタディーズ」を日本語に訳した名称でもある。聴覚障害のある人（きこえない人、きこえにくい人）がたどってきた歴史をはじめ、手話言語や教育、文化、人権など多様な学問領域を横断しながら再考していくもので、現在進行形で発展しつつあるものである。欧米では、「黒人学」や「女性学」、「障害学」、「LGBTQ（セクシュアルマイノリティ）学」などと同様に大学等教育機関を中心に、教育研究活動が行われている。

現在日本には、聴覚障害のある人について学ぶ学問があることにはある。例えば、「聴覚障害学」や「特別支援教育」「障害学」等が挙げられ、これらは英語に訳するとそれぞれ「Hearing Loss / Hearing Impairment Studies、ヒアリングロス／ヒアリングインペアメントスタディーズ」「Special Education ／スペシャルエデュケーション」「Disability Studies ／ディサビリティスタディーズ」になる。

本書では、「ろう者学（Deaf Studies、デフスタディーズ）」の視点から、「女性学」の視点も織り混ぜながら、過去から現在に至るまで聴覚障害のある女性が歩んできている人生を、そして彼女たちを取り巻く社会の有り様をまとめている。

聴覚障害のある人とは

聴覚障害のある人とは、音声言語がきこえないあるいはきこえにくい人のことを言う。一口にきこえない人あるいはきこえにくい人といっても、きこえなくなった・きこえにくくなった時期や生まれ育った環境、コミュニケーション手段（手話、口話、筆談など）、信念や考え方などきわめて多様であり、一律的に説明することは簡単ではない。言語的・文化的観点から「ろう難聴」ということもある。

日本で唯一の聴覚障害／視覚障害のある学生のための国立大学として、国立大学法人筑波技術大学があるのをご存知だろうか。毎年全国各地から多様なバックグラウンド（背景）を持つ聴覚障害のある学生が高い志を持って、日本国内最大の学術・研究都市としても知られるつくば市に学びにやってくる。学生それぞれ生まれ育った地域や家庭環境はもちろん、大学に入るまでに受けてきた教育やコミュニケーション手段、価値観など実に多様である。大学生活を通してお互いに切磋琢磨しながらそれぞれの価値観や文化などの違いを超えて、自分が持つ世界観を広げてきている。そして、卒業後は様々な分野で活躍し、地域社会におけるリーダーとして社会貢献する人材を生み出してきている。

本書では、全体にわたって「聴覚障害のある人」「聴覚障害のない人」「ろう難聴」「ろう」「難聴」「きこえない」「きこえにくい」「きこえる」「聴覚障害者」「聴者」等という用語を、文章の内容に応じて適宜使い分けることにする。

みんなちがって、みんないい

『みんなちがって、みんないい。』

童謡詩人の金子みすゞの詩「わたしと小鳥とすずと」の最後のフレーズである。聴覚障害のある人も、障害のない人と同様に男性や女性、そして生まれ育った環境や受けてきた教育、コミュニケーション手段、信念や考え方など、実に多様である。

近年、高齢化・少子化の急速な進展や訪日・在日外国人の急増をはじめ、東京オリンピック・パラリンピックの開催等を背景として、価値観や文化などを含む意識や働き方を含め、多様性（ダイバーシティ）への対応が各地で広がりを見せるようになってきている。

多様性（ダイバーシティ）は、もともとアメリカにおいてマイノリティや女性の積極的な採用、差別的な処遇を実現するために広がった概念でもある。近年は、障害のある人も、人種、年齢、性別、個人の価値観など人それぞれ違うのと同様に、人として尊重され、誰もが自分の能力を活かして生きることができる社会を実現する取り組みが各地で広がりを見せるようになってきている。

2020年夏には、国内初そして世界で5店舗目として、手話言語が共通言語になるスターバックス“サイニングストア（Signing Store）”が東京都国立市にオープンした。聴覚障害のある人とない人が共に働き、多様な人々が自分の居場所と感じられてもらえるようなカフェを目指しているという。このような取り組みが、今後各地で広がると良いと思う。

また、新たな創造社会として「Society 5.0」の実現に向けて、デジタル革新と多様な人々の想像や創造力を融合させていくことで、社会の課題を解決し価値を創造する社会を築き上げていく取り組みが展開されるようになってきている。このような取り組みは、国連で採択された持続可能な開発目標（SDGs、エスディージーエス）が掲げる理念「誰一人取り残さない – No one will be left behind」の達成はもちろん、ユニバーサルな社会の構築にも大いに貢献できると考えられている。

人種、国籍、性別、宗教、年齢、障害等の違いを超えて、あらゆる人々が活躍できるユニバーサルな社会が人々の意識や行動の中に備わることで、新しい社会モデルの標準として位置付けられるようになっていくのではないだろうか。

ろう者学、ろう女性学、当事者研究
当事者主体の学問の発展を願って

そもそも、勉強や物事など「できる・できない」という基準によって「損得」が決まる、もしくは多数派の意見でこれが常識であるのがよしとされるような社会の中で、障害のある人をはじめ女性や外国人、高齢者などは、社会的マイノリティとして不利な立場に置かされやすい。また、当事者として声を発信しようとしても、マジョリティ中心の世界の中ではなかなか表面化されにくく、埋もれやすい。

マイノリティの一員として、聴覚障害のある人当事者の声を発信し、彼らの声をすくい上げ、社会全体の問題として多くの人に意識を持ってもらうためにも、「ろう者学」、「ろう女性学」あるいは「当事者研究」といった学問をさらに発展させていく。そして、多様な学問分野に関わる人と協働しながら社会的マイノリティの立場にある人にとってより生きやすさを感じられるような想像力を生み出せる社会の仕組みを追求していくことが今後さらに重要になってくるのではないだろうか。

そして、このような学問領域における取り組みを通して社会モデルの考え方をより広く浸透させていくことで、障害のある人だけでなく、女性や外国人、高齢者などを含め、誰もが自分らしく生きられる社会、そして自分の能力を生かし、持続的に活躍できるインクルーシブな共生社会が今後益々広がってくれることを願ってやまない。

読者へ

本書は、いわゆる専門書ではなく、「ろう女性学」に初めて接する人に向けての入門的なガイドブックである。ろう女性学やろう者学、女性学、聴覚障害や他の障害のある人をはじめ、従来の聴覚障害のある人が置かれてきた歴史や、聴覚障害のある人を取り巻く社会的な背景を知らない読者にも、理解できる内容と表現を心がけている。

この本に目を通していただくことで、聴覚障害のある女性はもちろん、彼女たちを取り巻く人たちが、職場や家庭、地域社会で自分らしく生きていくためにはどうすればいいのか、現状の課題をどのように解決していけばいいのか、今後を生きていく上でのヒント、あるいは世の中を変えていくための武器として活用していただければ幸いである。

また、障害のある人や女性、外国人、高齢者など社会的マイノリティについて関心を抱いている人たちをはじめ、1人でも多くの人が「ろう女性学」の世界に触れることで、文化や言語など自分と異なる人々と同じ人間として向き合う心を育みつつ社会で共に生きる関係を紡ぎ出し、心身ともに豊かな人生を送る上で何かヒントになるものを得られることを願う。

小林洋子

Introduction to Deaf Women's Studies

ろう女性学入門

誰一人取り残さないジェンダーインクルーシブな社会を目指して

目　次

第1章　女性学 × ろう者学 = ろう女性学

第2章　ろう難聴女性 × 歴史

第3章　ろう難聴女性 × ライフキャリア

第1章
女性学 × ろう者学 = ろう女性学

1　障害のある女性

小林洋子

(1) 障害のある女性を取り巻く社会

国連で採択された障害者権利条約（Convention on the Rights of Persons with Disabilities、CRPD）や持続可能な開発目標（Sustainable Development Goals、SDGs）をはじめ、障害者差別解消法や改正障害者雇用促進法の施行などをきっかけに、障害の社会モデルの考え方が浸透するようになってきている。障害の社会モデルとは、障害は個人の心身の機能的な制限ではなく、環境や人の態度など社会の様々な障壁によって作り出されるものという考え方を言う。日本政府が2017年に作成した共生社会の実現に向けた行動計画でも、この考え方が盛り込まれている。

近年は、女性の価値観も大きく変化してきている。1995年に北京会議（第4回世界女性会議）でジェンダー平等の国際指針が示されたが、その時と比べると、女性の社会進出も格段に進んできている。教育を受ける割合も世界的に上昇、働く意欲のある女性が増加し、女性の就業率は上がり、経済的にも女性の活躍が増えてきている。また、政治における意思決定に関与するなど、各方面で活躍する女性が徐々に増えてきている。

持続可能な開発目標（SDGs）においても、ジェンダー平等と女性のエンパワメントに向けた取り組みについて提言している。その一方で、就業と子育てや家庭生活との両立が難しいなど、社会でも家庭でも女性に対するしわ寄せはまだ大きく、必ずしも女性の多様な生き方を許容する社会になっているとは言い難いだろう。このような背景も含めて、障害のある人はもとより障害のある女性が受ける複合的な差別への関心も高まりを見せるようになってきている。

障害のある女性は、障害そのものに対する偏見と女性であることでの不利益といった複合的な差別を受けやすく、政治的、経済的、社会的、文化的、市民的およびその他の分野において不利な立場に置かれやすい。就労やそれに向けたトレーニングの機会が得にくく、経済的に弱い立場に立たされやすい、障害の問題に関わる公的な委員会などで女性の参画が少ないことなどが指摘されている。また、障害のある女性が出産や子育てをする際の環境の整備や支援制度も不十分であり、障害があり女性であることによって複合的な差別を受けやすい。

日本では、2010年の第3次基本計画において、障害のある女性を含む複合的な困難を抱える人たちの課題を解決する必要性が示されるようになった。障害のある女性男性それぞれへの配慮を重視しつつも、障害のある女性は、障害に加えて女性であることで更に複合的に困難な状況に置かれている場合があることに留意する必要があること、子育てをする障害のある女性に対する支援の仕組みが不十分であることなど、複合差別の視点が書き込まれている。また、2009年に立ち上がった障害者制度改革推進会議においても、障害のある女性の複合差別への言及がなされるようになった。

しかしながら、複合的な困難を抱える障害のある女性を取り巻く課題を解決するための取り組みは道半ばである。障害のある人全体に対する問題提起はされていても、ジェンダーを切り口にした議論や研究はあまり見られていない。ジェンダーとは、女性・男性であることに基づいて定められた社会的属性や機会をはじめ、女性と男性または女児と男児の間における関係性や、女性間もしくは男性間における相互関係を意味している。性差に関係なくより豊かに生きていくために生まれた概念でもあり、社会的・文化的に形成された男女の違いと定義されている。世界的に、ジェンダーに関わる問題は家庭、雇用、地域など多岐に渡っている。

(2) 障害者権利条約（CRPD）と障害のある女性

障害者権利条約（CRPD）は、身体障害、精神障害、知的障害を含むあらゆる障害のある人の尊厳と権利を保障するために制定された国際人権法に基づく人権条約である。障害は個人ではなく社会にあるという視点が含まれており、2006年国連総会において採択された。主な内容としては、障害に基づくあらゆる差別（合理的配慮の否定含む）を禁止する、そして障害者が社会に参加し、包容されることを促進する、更には条約の実施を監視する枠組みの設置などがあげられる。

わが国においては、2007年9月28日に署名し批准のための最低要件としていた、①障害者基本法の抜本改正、②障害者自立支援法の廃止に伴う新法の制定、③障害者差別解消法の制定をそれなりに整えることができ、8年の歳月を経て140か国目として2014年1月20日にようやく批准するに至っている。

障害者権利条約（CRPD）における第2条「定義」において、「言語とは音声言語及び手話その他の形態の非音声言語をいう」と記載されているが、「手話は言語」であることが世界的に認められた画期的な条約としても知られている。

障害者権利条約（CRPD）の中に「障害のある女性」という条文がある。これは、障害のある女性の完全な発展、地位の向上およびエンパワメントを保障することを述べているものである。女性ゆえに社会的に不利益を受ける可能性があることを直視し状況を変える必要があると規定しており、障害のある女性の複合差別への認識とそれを解消するための適切な措置や施策の必要性について触れている。障害のある女性当事者より、障害者という集団の中にあるジェンダー差に注目する必要があるという粘り強い声から生まれた画期的な条文でもある。

(3) 持続可能な開発目標（SDGs）と障害のある女性

持続可能な開発目標（SDGs）は、2015年9月25日から27日にニューヨークの国連本部において開催された「国連持続可能な開発サミット」で採択されたもので、2016年から2030年までの15年間で達成するために掲げた目標である。理念として「地球上の誰一人として取り残さないこと――No one will be left behind」を掲げている。持続可能な世界を実現するための17のゴールと169のターゲットから構成されている。ミレニアム開発目標（Millennium Development Goals、MDGs）を引き継ぐ形で、貧困や不平等、環境など諸課題に対処すべく策定されたものである。

持続可能な開発目標（SDGs）のうち、目標の5つ目にジェンダー平等を達成し、すべての女性と女児のエンパワメントを図ることが示されている。女性に対する差別をなくし、介護や家事など無償労働を認識・評価し、意思決定における参加とリーダーシップの機会を確保すること、そして性と生殖に関する健康や権利へのアクセスを保証するためのさまざまなターゲットを掲げている。

また、女性に対して経済的資源への同等の権利を与えるための改革に取り組み、ICT（Information and Communication Technology）など情報通信技術の活用を促進させることで、ジェンダー平等と女性のエンパワメントを促進するための法制度を採用することをターゲットとしている。

ジェンダーを平等に扱うために、国連では女子に対するあらゆる形態の差別の撤廃に関する条約（Convention on the Elimination of All forms of Discrimination Against Women、CEDAW）、略称「女性差別撤廃条約」が1979年に採択され、1981年には発行されている。これは男女の完全な平等を達成することを目的とした条約でもあり、日本は1985年に批准している。

2016年にジュネーブにおいて女性差別撤廃条約委員会が開催された際

には、障害者当事者の団体でもある障害者インターナショナル（Disabled Peoples' International、DPI）日本会議女性部会とDPI日本会議女性障害者ネットワークの障害のある女性当事者たちが参加している。その際に、障害のある女性が置かれている状況や旧優生保護法下の強制不妊手術の被害者への国の対応などについて情報交換を行い、国を動かしてきた経緯もある。DPI日本会議は、障害のある女性の参加の障壁となる壁をなくすべく様々な取り組みをしてきており、障害のある女性のエンパワメントや複合差別の研修等も実施してきている。

［参考文献］

アーシャ・ハンズ（編）古田弘子（監訳）2020『インドの女性と障害――女性学と障害学が支える変革に向けた展望』明石書店

佐藤節子、鎌田文穂、我妻則明 他 2005「障害児・者とジェンダーに関する一研究」『岩手大学教育学部附属教育実践総合センター研究紀要』4: 201-214

瀬山紀子 2014「障害女性の複合差別の課題化はどこまで進んだか――障害者権利条約批准にむけた障害者基本法改正の議論を中心に」『国際女性』No. 28

――― 2012「障害のある女性の複合差別の課題化に向けて――国連障害者権利条約の批准を前に」『国際人権広場』No.105

鳥居千代香 2004「日本におけるジェンダー研究の重要性」『帝京大学短期大学紀要』24: 17-51

長谷川涼子 2009「『障害と開発』における女性障害者のエンパワメント――アジア太平洋障害者センタープロジェクトの事例から」『横浜国際社会科学研究』13（4/5）: 15-30

吉田仁美 2018「国際的な障害統計の取り組みについて――ワシントン・グループの活動を中心に」『岩手県立大学社会福祉学部紀要』20: 83-90

――― 2014「障害者ジェンダー統計への注目」『岩手県立大学社会福祉学部紀要』16: 43-50

DPI女性障害者ネットワーク 2016「ジュネーブ報告書 国連女性差別撤廃委員会の第7回・8回日本政府報告審査に関するロビー活動 障害女性たちがジュネーブへ飛んだ！報告書」

2　ろう者学（Deaf Studies）

大杉　豊

(1) ろう者学（Deaf Studies）とは

欧米を起点に世界各地で使われるようになった「Deaf Studies（デフスタディーズ）」の日本語訳は「ろう者学」が適切である。「聴覚障害（者）学」ではない。きこえない人たちが、聴覚機能に障害があるという身体的な事実や、その障害を補償する医学的な視点に固定されることなく、視覚や触覚など他の感覚を活かせるという別の身体的な事実や、手話言語を獲得して生きるという言語文化的な視点をもあわせて、彼女ら／彼ら一人ひとりの生き方を研究対象とすべきとの考えが「Deaf Studies」の源流にあるからだ。きこえない人の文化的な側面を重視する言葉として、「ろう者学」の呼称を用いることとする。

(2) 欧米の大学機関を中心に発展したろう者学の研究

2016年に米国で出版された「The SAGE Deaf Studies Encyclopedia（ろう者学百科事典）」において、H-Dirksen L. Bauman（エイ-ダークセン・バウマン）とJoseph J. Murray（ジョセフ・マレー）が、哲学や言語学、芸術学、政策や人権の研究などあらゆる学問の対象にろう者の存在をクローズアップするだけでなく、研究主体としてのろう者の視点を重視することで、聴覚補償を至上とする従来の学問の偏向をただす学問としてろう者学を位置付けている。二人はさらに、ろう者学の成果はろう者共同体（コミュニティ）のメンバーを社会における抑圧から解放するとともに、彼女ら／彼らのエンパワメントに活かされていくとも述べている。

欧米の大学機関を中心に発展したろう者学の研究では、ろう者共同体が社会で抑圧を受けながらも独自の文化を形成してきたという歴史的事実を前提に、この30年間で「Audism（聴覚主義）：Tom Humpheries（トム・ハンフリーズ）の造語」、「Deafhood（デフフッド）：Paddy Ladd（パディ・ラッド）の造語」、「Deaf Space（デフスペース）」、「De' VIA（デビア）：米国ろう芸術家集団の造語」など重要な概念が提起されてきた。これらの概念に共通するのは、きこえる人の生き方を基準とする社会システムに疑問や批判を投げかける姿勢であろう。

そして、ろう者学が研究の対象とする範囲も、欧米に暮らす一般的なろう者にとどまらず、各国や民族、ジェンダーなど多様な所属意識を持つ様々なろう者と彼女ら／彼らの経験に焦点をあてるようになってきている。本書のタイトルにある「ろう女性学」もその一つであり、研究対象はさらに多様化していくものと思われる。

まだ数は少ないが、世界各地の高等教育機関やろう学校において、ろう者学の成果を活かした教育カリキュラムが開発されており、日本においても筑波技術大学で「ろう・難聴者の社会参加」や「ろう者文化研究」などのろう者学関連科目が開設されている。また、ろう者としての自分の生き方を探求する過程そのものを意味する「デフフッド」の概念を導入した教育がろう学校で始められている。海外では、米国カリフォルニア州立大学ノースリッジ校のろう者学学科で、きこえる学生がろう者学を学び、手話言語通訳やろう教育、聴覚障害者福祉などの専門分野に進むプログラムが用意されている例がある。

(3) 作品“Deaf Women Soup”について

ここでAnn Silver（アン・シルバー）の作品を紹介したい。米国でデビアが提起される数年前から、その概念が意味するように、ろう者の経験や世界観をテーマに精力的な作品制作を続けているろう女性である。1995年にシアトルで開催されたDeaf Women United（デフウィメンユナイテッド：全米ろう女性団体）第5回大会で発表された作品「Deaf Women Soup（ろう女性スープ）」の複製を本書の口絵に掲載している。米国でおなじみのキャンベル濃縮缶スープを題材にしたもので、表側のラベルの上部は「Campbell's（キャンベル）」の代わりに「Deaf Studies」の文字が入れられている。いわば「ろう者学濃縮缶スープ」ラインナップの一つといえよう。下部の文字「ろう女性スープ」との間に「EMPOWERMENT（エンパワメント）」の文字が女性を示す雌記号と組み合わせて使われており、このスープを飲むことでろう女性一人ひとりが本来持つ能力を開発できる（エンパワメントが促される）と言ったイメージが創り出されている。ラベルの裏側は、上部に作り方、下部に原材料名が記載されており、内容は大まかに次の通りである。

DIRECTIONS（作り方）

STIR（かき混ぜる）：1缶のろう女性スープをゆっくりかき混ぜます。

MIX（混ぜる）：専門家、主婦、レディ、母、レズビアン、独身者、ディム（上流婦人）、祖母、義母、離婚した女性、既婚婦人、姉妹、バイセクシュアル、叔母、義娘、未亡人、貴婦人を混ぜます。

INCORPORATE（盛り込む）：ASL（アメリカ手話言語）、英語、触読コミュニケーションを盛り込みます。

COMBINE（組み合わせる）：自尊心、知識、知恵、経験、成果、連帯、ユーモアセンスと組み合わせます。

DO NOT（しないこと）：ろう女性を差別、抑圧、乱用、犠牲、嫌がらせ、侮辱、痴漢、非難、虐待することはしないでください。

BLEND（ブレンドする）：フェミニズム、姉妹関係、フェミニティ、女性たち、女性のセックス 、女性連中、フェアセックス 、女性であること、女性であることの特質、女性らしさ、種としての女性をブレンドしてください。

HEAT（加熱する）：毎日茹でて、毎晩煮るよう加熱してください。

ADD（加える）：そして飲む前に、ほんの少しエンパワメントを加えてください。

SERVES（提供する）：全てのろう難聴、そして盲ろうの女性にオススメです。

INGREDIENTS（原材料名）

デフウィメンユナイテッド（DWU）、ろう女性にちなむ（女性の）歴史的なランドマーク、ろう女性学、性差別・ろう者への差別、ろう女性フェミニストアート、ろう女性共同体内のマイノリティ・エスニック文化、ろう女性への家庭内暴力、ろうのレズビアン・バイセクシュアル文化、女性の法的権利とろう者の権利、ろう女性スポーツ、過去と現在のろう女性に関する記述、ろうソロリティ、ろうヒロイン、女性偏見のないASL、ろう者の（女性の）歴史、ろう者のフェミニズム・伝統主義、ろう女性クラブ、クォータ・インターナショナル（米国に本部を置く世界的な女性、子ども、聴覚障害者対象のサービス組織）

あらためて作品の構図を見ると、様々なろう女性の経験やろう女性当事者の団体、歴史などを原材料に製造された濃縮スープを説明に従って毎日飲むことで、自身が本来持つ能力が開発され、ろう女性としての生き方を探求できるという意味が表現されており、この作品がろう女性の大会で発表されたこと自体も含めて、ろう者学の研究と教育がこれからも果たしていく役割が示されていると言えよう。

3　ろう女性学（Deaf Women' s Studies）

小林洋子

(1) 海外における「女性学」

近年、教育機関において「女性学」や「ジェンダー論」を取り扱った授業や研究が見られるようになってきている。社会を女性の視点で捉え直す「女性学」は、1960年代に新しいフェミニズム運動の学問としてアメリカで始まったものである。当時は、人種差別に反対し、公民権法を成立させようとしておきた運動として知られる公民権運動がアメリカ社会を席巻していた。これらの運動に触発された女性たちが女性解放運動を起こしていったのと同時に、当時の社会運動の一つでもあった大学改革運動も起こっていったのである。

これらの運動が連動したのを機に、大学のカリキュラムに人権問題に関する講座が組み込まれるようになっていった。「黒人学」をはじめ、少数民族を対象とする「アメリカンインディアン学」や「LGBTQ（セクシュアルマイノリティ）」「障害学」等がカリキュラムに取り入れられるようになり、そのような流れもあって「女性学」も取り入れられるようになっていったのである。

歴史学者で自身も女性であったGerda Lerner（ゲルダ・ラーナー）により、1963年にニューヨーク州のNew School for Social Research（現、ニュースクール大学）で初めて女性史を教えたことが記録に残されている。ニュースクール大学は、黒人史、女性史、映画史などを史上初めて取り入れるなど革新的な取り組みをしていたことでよく知られている。そこでの取り組みは次第に注目されるようになり、後に「女性学」の発展へと繋がっていったのである。

1969年にはコーネル大学、続いて1970年にサンディエゴ州立大学とニューヨーク州立大学で「女性学」コースが開設されていった。そして次第に全米そして世界における他の教育機関でも同様な取り組みをするようになっていったのである。「女性学」が発展した当初は、主に白人による視点が中心であったが、次第に他の人種（黒人、アジア人など）や階級など細やかな部分も含まれるようになっていった。

(2) 日本における「女性学」

アメリカで「女性学」が大学に登場するようになってから、およそ10年後の1970年代に日本でも女性学関連講座が大学等において開講されるようになっていった。アメリカほど大学教育体系には組み込まれていないものの、今日では約半数の大学・短大において何らかの女性学関連講座を開講しているというデータもある。従来、学問は男性の視点から男性の視点により、そして多くは男性の学生のために構築されてきた。

ただし、女性が学問のあらゆる分野で、研究主体としても研究対象として取り上げられることが全くあまりなかったわけではない。特に日本においては、「婦人問題」あるいは「婦人労働問題」という名称で行われてきた研究領域があった。しかし、これらの名称は女性の歴史的・経済的劣位にのみ当てられるという狭義の領域であったために、女性全体に関すること、例えば自然、文化、社会といった広範な領域を取り上げることはほとんどなかった。先述の通り、アメリカでおきた女性開放運動は世界中に知れ渡るようになり、日本にいる女性たちも触発されるようになったのである。

1970年代に入り、従来の「婦人運動」とは異なる運動が出現し、これらの運動は「ウーマンリブ運動」または「リブ運動」とも呼ばれた。アメリカの女性解放運動の影響を受けた日本人の女性たちにより、アメリカの「女性学」が紹介されるようになり、後に広く知られるようになっていったのである。それまでは女性たちはあまり学問の対象とされてこなかったが、次第に女性による女性のための女性に関する学問を広げていくようになっていった。

歴史を「History（ヒストリー）＝男性の物語、男性の生涯、男性の目から見た歴史、男性史」と表すのに対して、女性の視点から「Herstory（ハーストーリー）＝女性の物語、女性の生涯、女性の目から見た歴史、女性史」と言い換え、あらゆる情報や知識を蓄積する取り組みも見られるようになってきている。「Herstory（ハーストーリー）」は、元々アメリカで広まったものである。

現在、女性学はジェンダー研究として総合的・横断的な学問領域に位置づけられるようになってきている。1970年代後半には日本女性学会や国際ジェンダー学会、日本女性学研究会が相次いで設立されている。1977年には国立女性教育会館が開設され、女性学・ジェンダー研究に関する情報提供をはじめ、研修事業や各種イベントなどの事業が開催されている。また、「男であること」「男らしさ」の束縛から解放され、自分らしく生きたいと思う男性も現れるようになり、「男性学」も登場してきている。

(3) 米国にみる「ろう女性学」

アメリカには、「女性学」と「ろう者学」を合わせた「ろう女性学（Deaf Women's Studies）」という、ユニークな学問がある。時代の流れとともに「ろう者学」の存在意義や形態は変化してきている。当初はきこえる、そして男性の人類学者、民俗学者、歴史学者らにより、聴覚障害のある人を取り巻く生活について調査や研究が行われてきた。次第に、聴覚障害のある当事者により「ろう者学」は発展を遂げるようになっていった。

例えば、Carol Padden（キャロル・パッデン）と Tom Humphries（トム・ハンフリーズ）による「Deaf in America : Voices from a Culture（「ろう文化」案内）」「Inside Deaf Culture（「ろう文化」の内側から）」をはじめ、Paddy Ladd（パディ・ラッド）による「Understanding Deaf Culture: In Search of Deafhood（ろう文化の歴史と展望）」、そして Thomas Holcomb（トーマス・ホルコム）による「Introduction to American Deaf Culture（アメリカろう文化入門）」など、「ろう者学」の視点から著した書籍が刊行されてきた。

しかしながら、聴覚障害のある女性と男性それぞれにおける差異について、例えば女性特有の課題とも捉えられる家庭や教育、キャリア、そして地域社会との関わりなど、聴覚障害のある女性を取り巻く境遇や課題など情報はほとんどなく、お互いに共有でさえもされていなかった。また、聴覚障害のある女性のロールモデルの存在でさえも全く見えていなかった。

1980年に米国マサチューセッツ州にあるボストン大学で初めて「ろう者学」の講義が開講されて以降、13年後の1993年にロチェスター工科大学／国立聾工科大学において「ろう女性学」コースが開講されるようになった。それ以降、聴覚障害のある女性を取り巻く歴史についてまとめた「Deaf herstory（デフ・ハーストーリー）」に関する取り組みなど次第に様々な動きが広がりを見せるようになっていったのである。

(4) ロチェスター工科大学／国立聾工科大学にみるろう女性学に関する取り組み

1993年に、ニューヨーク州ロチェスターにあるUniversity of Rochester / National Technical Institute for the Deaf（ロチェスター工科大学／国立聾工科大学、RIT/NTID）において、初めて「ろう女性学」コースが開設された。1983年にCalifornia State University, Northridge（カリフォルニア州立大学ノースリッジ校、CSUN）において、「ろう者学」について学問的に学ぶろう者学学科（Department of Deaf Studies）が開設されてから10年目の時でもあった。

RIT/NTIDは、私立の工科系総合大学で、1,200名以上の聴覚障害のある学生が在籍している。学生の約半数は聴覚障害のある学生への教育を目的に1968年にRITの一学部として設立されたNTIDに、残りはRIT内の他の学部で様々な支援を受けながら高等教育を受けている。

「ろう女性学」コースの開設当初から関わり、当初教えていたのが自身もろう女性であるVicki Hurwitz（ヴィッキー・ハーウィッツ）である。ヴィッキー・ハーウィッツは、「ろう女性学」コースが開設される以前、他のろう女性4人と一緒にロチェスターで全米で初めてろう女性のための団体「Deaf Women Rochester（ロチェスターろう女性団体、DWR）」を立ち上げている。DWRでは、結婚や仕事、教育、家庭、差別、抑圧などをテーマにワークショップを開き、聴覚障害のある女性それぞれが抱えている課題について意見や情報を交換したり、解決方法を見出したり啓発したりするなどして、女性、そして聴覚障害のある人の人権のあり方について討議を重ねてきた。後に登場するDeaf Women United（全米ろう女性団体、DWU）が立ち上がる前の頃でもあった。

ヴィッキー・ハーウィッツは、DWRでの活動に関わる中でより早い時期に教育機関において聴覚障害のある女性を取り巻く境遇などについて学ぶ大切さを痛感するようになっていった。というのも、当時大学に通う聴覚障害のある学生、そして聴覚障害のある女性本人でさえ、聴覚障害のある人全体のことは知っていても聴覚障害のある女性を取り巻く歴史や実態などについて知らない人がほとんどだったからだ。

「ろう女性学」コースが開設されて以降、ヴィッキー・ハーウィッツから聴覚障害のある女性について教わる中で、聴覚障害のある学生たちは聴覚障害のある女性を取り巻く歴史が豊富なこと、法律、教育、科学、健康、または博士、弁護士など様々な分野で活躍している聴覚障害のある女性の存在を知り、よい意味で影響を受けるようになっていったのである。以降、「ろう女性学」コースは一躍人気となり、今でも多くの学生が受講している。現在、コースの名称は「Women and the Deaf Community（女性とろう社会）」で授業概要は、次の通りである。

・聴覚障害のある女性の職業的な自立と私生活における歴史的な概観を行う。
・聴覚障害のある女性に影響を及ぼす社会的、政治的、経済的な状況の探索と、他の女性との比較を行う。
・社会的政治的な分析を通して全体的な傾向を把握し、その学んだことを自らの個人的発達とエンパワメントに活用する。

(5) カリフォルニア州立大学ノースリッジ校にみるろう女性学に関する取り組み

1996年には、CSUNにおいてGenie Gertz（ジニー・ガーツ）により「ろう女性学」コースが開設された。CSUNは、カリフォルニア州立大学系列23校の一つであり、ロサンゼルス北東部郊外サンフェルナンドバレー地区に位置している。1958年に設立され、9つの学部を持ち、69の分野で学士号、58の分野で修士号、2つの分野で博士号の学位を授与する他に、教育分野で28の資格プログラムを提供している。長年多くの障害のある学生を受け入れ、専門の部署を設置して障害学生への支援を行なってきている。毎年約200人の聴覚障害のある学生が在籍しており、聴覚障害のある学生のための支援センター（National Center on Deafness、NCOD）がある。

CSUNにはろう者学学科（Department of Deaf Studies）があることでも知られており、教育学部の中に位置づけられている。手話言語通訳をはじめ、アメリカ手話文学やろう教育、デフコミュニティサービス、ろう文化研究、スペシャルオプション（社会福祉学部とデフスタディーズ学科の内容を両方学ぶことができる）の6コースで構成されている。「ろう女性学」コースの名称は「Deaf Women in Today's American Society（アメリカ社会における現代を生きるろう女性）」で授業概要は、次の通りである。

- ろう社会および一般のアメリカ社会における聴覚障害のある女性について多領域における分析を行う。
- 一般的な女性運動に関する重要なイベントを含む、聴覚障害のある女性の役割に影響を与えた歴史的、社会的、政治的、教育的、経済的要因の研究を行う。
- 聴覚障害のある女性の苦闘と成功の事例についての探究を行う。
- 現代のろう社会における聴覚障害のある女性特有の問題に関する研究を行う。

(6) ギャローデット大学にみるろう女性学に関する取り組み

1997年には、Gallaudet University（ギャローデット大学）においてArlene Kelly（アイリーン・ケリー）により「ろう女性学」コースが開設された。ギャローデット大学は、米国の首都ワシントンD.C.にある聴覚障害のある学生のための私立の総合大学で、“世界のどこにもない大学（There is no other place like this in the world.)”をスローガンとしている。アメリカ手話（American Sign Language、ASL）と英語の併用によるバイリンガル・アプローチが採用されており、約2000人の聴覚障害のある学生が在籍している。学生は、幅広い分野から専攻を選択することができ、専攻に応じて教養学士（Bachelor of Arts、B.A.）または理学士（Bachelor of Science、B.S.）の学士号を取得することができる。

アイリーン・ケリーは、聴覚障害のある女性の人権運動にも関わってきた。ロチェスターではヴィッキー・ハーウィッツ、ワシントンD.C.やメリーランドではアイリーン・ケリーが聴覚障害のある女性たちの人権運動に関わり、それが後にDeaf Women United（全米ろう女性団体、DWU）による集会を開催するきっかけにもなっている。DWUでは、全米各地から聴覚障害のある女性が集い、人権問題をはじめ、様々な課題や医療サービスにおける通訳問題、エンパワメントなどについて討議を重ねてきた。

「ろう女性学」コースの開設に先立ち、1997年4月に開催されたDeaf Studies Conference（デフスタディーズ会議）において、聴覚障害のある女性数人によるパネルディスカッションを行い、「ろう女性学」のあり方について議論を交わしてきた。2011年からはオンラインによるコースも提供している。ギャローデット大学における「ろう女性学」関連コースの授業概要は、次の通りである。

・1848年米国ニューヨーク州で開かれた最初の女性の権利獲得のための会議「セネカ・フォールズ会議」から「女性学」が誕生するまでの歴史を学ぶ。

・聴覚障害のない女性と聴覚障害のある女性が置かれている境遇の比較を行う。
・キャリア、教育的機会、出産、父権社会における議論を行う。

(7) ろう女性史＝デフハーストーリー（Deaf HERstory）

ろう女性を取り巻く歴史に関する
エキシビションのメインパネル

ギャローデット大学は、大学美術館（National Deaf Life Museum〔ナショナルデフライフミュージアム〕）があり、パネル展示などを通して歴史を紹介している。館内には、「Deaf HERstory Exhibition（ろう女性を取り巻く歴史に関するエキシビション）」という、ろう女性史についてまとめたパネルが展示されている。「Women' s Live（女性の人生）」「Movement and Action（運動と行動）」「Overcoming Struggle（苦闘の克服）」「Education（教育）」の4テーマそれぞれのパネルに詳細の説明や写真、図などが掲示されている。

「Deaf HERstory Exhibition」の開催に先立ち、先述のヴィッキー・ハーウィッツ、ジニー・ガーツ、アイリーン・ケリーをはじめ、聴覚障害のある女性運動の先駆け的存在である聴覚障害のある女性達が集い、エキシビションの内容について議論を重ね、インターンシップに参加していた学生達の協力も借りながら開催の実現に至ったという。元々、学内の学生アカデミックセンターというところに期間限定で展示されていたが、後に大学美術館に移動されたものである。

(8) 米国における聴覚障害のある女性に関する書物

「ろう女性学」コースの発展に伴い、あらゆる場面で聴覚障害のある女性の生き方や女性運動、教育やキャリアなどについて議論や研究する機会が増えていった。このような動きはカリキュラムや教材開発の発展にもつながっていった。一般における女性について取り扱った書物ほど数多くはないものの、聴覚障害のある女性の歴史に関する論文や書籍が刊行されており、実際に授業でも活用されるようになってきている。以下、授業等で活用されている書籍や教材の一部を紹介する（表1）。

(9) 米国における聴覚障害のある女性当事者による活動団体

「ろう女性学」の発展に伴い、先述の「Deaf Women United（全米ろう女性団体）」をはじめ、聴覚障害のある女性当事者による活動団体が次々と設立されていった。これを機に、聴覚障害のある女性たちが集まる機会やリーダーも増え、エンパワメント促進や社会参加の後押しをもしたのである。それぞれの団体によって活動目的は様々だが、共通する部分として聴覚障害のある女性の生き方をはじめ、ゴール達成やリーダーシップを図るためのエンパワメント促進等が挙げられる。以下、米国にある聴覚障害のある女性による活動団体のいくつかを紹介する。

① Deaf Women United（全米ろう女性団体）設立年：1985 年

概要：カリフォルニア州で最初の集会が開催されて以降、2 年毎に米国各地で開催されている。経済、虐待、健康、育児、教育、アクセシビリティ、技術、アート、エンタティメントなど様々なテーマでワークショップを開催している。また、カンファレンスでは聴覚障害のある女性としてリーダーシップをとり、インスピレーションを与えた聴覚障害のある女性にアワードを授与している。

② Abused Deaf Women's Advocacy Service（虐待経験ろう女性サポートセンター）設立年：1986 年

概要：虐待を受けているろう女性やその子どもたちをサポートするために設立された。米国各地に 15 の傘下団体を持ち、虐待、性虐待、ストーカ

表１　米国における聴覚障害のある女性に関する書物

	書名	発行年	著者	発行元	内容
1	"Deaf Women: A Parade Through the Decades"（聴覚障害のある女性：数十年に渡る壮観）	1989	Majoriebell Holcombe, Sharon Wood（マオリーベル・ホルコム、シャロン・ウッド）	Dawn Sign Press（ダウン・サイン・プレス）	ろう女性によって書かれた、スポーツ、宗教、教育、それ以外の分野において成功を収めた聴覚障害のある女性の紹介を載せた本。
2	"A comparative analysis of Deaf, Women, and Black Studies"（ろう者学、女性学、黒人学の比較分析）	1995	Charles N. Katz（チャールズ·カッツ）	Dawn Sign Press（ダウン・サイン・プレス）	ろう者学、女性学、黒人学、それぞれの学問について比較分析してまとめた本。
3	"Deaf Women of Canada: A Proud History and Exciting Future"（カナダにおける聴覚障害のある女性：誇り高き歴史と刺激的な未来）	2002	Hilda Marian Campbell（ヒルダ・マリアン・キャンベル）Jo-Anne Robinson（ジョアン·ロビンソン）Angela Stratiy（アンジェラ・ストラトイ）	Duval House Publication（デゥバル・ハウス出版）	"Deaf Women: A Parade Through the Decades" を参考に書かれた本。
4	"Woman and Deafness:A Double Vision"（女性と聴覚障害：二つの視点から見ること）	2006	Brenda Jo Brueggemann（ブレンダ・ジョ・ブルエッグマン）Susan Burch（スーザン・バーチ）	Gallaudet University Press（ギャローデット大学プレス）	様々な著者によってかかれた聴覚障害のある女性の経験についてかかれた本で、章毎に分かれている。
5	"Where is HERstory?"（女性の歴史はどこに？）	2008	Arlene Blumenthal Kelly（アイリーン・ブルーメンソール・ケリー）	University of Minnesota Press（ミネソタ大学プレス）	女性学の歴史やろう女性学の在り方について論じた文献。
6	"Ann Silver: Deaf Artist Story"（アン・シルバー：デフアーティストストーリー）	2014	James W. Van Manen（ジェームズ・バン・マーネン）	Empyreal Press（エムピリーアルプレス）	ろう者のアイデンティティうまく取り入れたアートを集めた本。聴覚障害のある女性ならではの視点をうまく取り入れたアートも数多く掲載している。

ー、デートによる暴力などを受けている聴覚障害のある人や盲ろう者へのサポートによるサービスを提供している。24時間ホットラインやテレビ電話、インスタントメッセンジャー、メールなどによる相談窓口も提供している。また、アメリカ手話（American Sign Language、ASL）による様々なサービスも提供しており、詳細は下記の通りである。

・アドボカシープログラム：虐待に関する予防や関連する法律、セラピー、権利、通訳者を同行する権利などの情報提供
・ポジティブ子育てプログラム：育児に関するクラスやワークショップの提供
・チルドレンプログラム：子どもへのセラピー、サポート、アドボカシーの提供
・ハウス移行プログラム：虐待予防のために女性と子どもを一定期間（2年未満）預ける場所や自立させるためのトレーニングの提供

③ Deaf Women of Color（人種によるろう女性団体）設立年：2005年

概要：アフリカ系、アジア系、ネイティブインディアン、ラテン系、複合人種など、様々な人種の聴覚障害のある女性をサポートするためにワシントンD.C.において設立された。ワークショップをはじめ、カンファレンスやアドボカシーのためのパフォーマンス、エンパワメント、トレーニング、プロフェッショナル発達、リーダーシップ、ネットワークなどを提供している。

④ Global Deaf Woman（グローバルろう女性団体）設立年：2008年

概要：独立や起業をする聴覚障害のある女性同士のネットワークをサポートするために、最初ニューヨーク市でワークショップが開催された。それ以降、米国各地で開催されてきている。

(10) 日本における聴覚障害のある女性を取り巻く環境の変遷

1960年代後半から1970年代は「ウーマンリブ」や「国際婦人年」という社会情勢もあいまり、聴覚障害のある婦人による運動が高まりを見せるようになっていった。1970年前後には、育児を担う聴覚障害のある母親たちが中心となり、各地区で聴覚障害のある婦人のための団体が誕生していった。それが全国的な規模に発展していき、1975年には一般財団法人全日本ろうあ連盟婦人部（現女性部）が設立されている。

以降、現在に至るまで聴覚障害のあるい女性の先輩たちの熱意により、聴覚障害のある婦人の歴史は着実に引き継がれていったのである。このような動きが、日本における聴覚障害のある女性当事者としての自覚のさらなる芽生えや自他ともにエンパワメントを促進させていったことはまぎれもない事実であろう。

以下、全日本ろうあ連盟婦人部設立担当理事を含む歴代婦人（女性）部長を紹介する。

①吉見輝子：婦人部設立担当理事（1971～1973年）。全日本ろうあ連盟で初めての女性理事として選出され、全日本ろうあ連盟婦人部設立担当理事となり、全日本ろうあ連盟婦人部設立準備委員会が発足した。

②土肥芳恵：初代婦人部長（1974～1978年）。婦人部設立準備委員会発足の時から関わる。

③湯浅光子：2代婦人部長（1979～1987年）。1968年に福島で開催された全国ろうあ者大会で、婦人部設立の要望を出した一人でもある。

④肥田才子：3代婦人部長（1988～1990年）。

⑤大槻芳子：4代婦人部長（1991～1993年）。

⑥水田俊子：5代婦人部長（1994～2008年）。

⑦藤原友子：6代婦人部長（2009～2013年）。

⑧唯藤節子：7代女性部長（2013～2020年）。

⑨佐々木柄理子：8代女性部長（2020～現在）。

（11）日本における聴覚障害のある女性に関する書物

1970年前後に聴覚障害のある婦人による運動が高まりを見せるようになって以降、聴覚障害のある女性の社会進出も格段に進み、各方面で活躍する聴覚障害のある女性も増えてきている。以下、聴覚障害のある女性の人生や歴史など、聴覚障害のある女性当事者個人または団体により書かれた書籍やDVDの一部を紹介する（表2）。

表2　日本における聴覚障害のある女性に関する書物

	書名	発行年	著者	発行元	内容
1	『太陽の輝きをいま』	1972	全日本ろうあ婦人集会実行委員会	京都府ろうあ協会	1971年に京都婦人センター京都府立大学講堂で行われた第1回全国ろうあ婦人集会の報告書。当時の聴覚障害のある女性の暮らしや、教育、恋愛、結婚、子育て、仕事、ろう運動などの状況をまとめている。
2	『聴覚障害者女性白書』	1992	財団法人全日本ろうあ連盟婦人部	財団法人全日本ろうあ連盟	20～70歳代1868名を対象に、家庭生活や職場、地域社会など聴覚障害のある女性を取り巻く問題について調査した内容をまとめた本。海外へのアンケート調査回答をまとめたものや、第11回世界ろう者会議（1991年に東京で開催）女性の集いでのパネルディスカッション記録、全国ろうあ婦人集会宣言集なども掲載されている。全国ろうあ婦人集会20周年を記念して発刊された。
3	『アメリカ手話留学記』	1993	高村真理子	径書房	カリフォルニアにある聴覚障害のある学生のためのサポートセンターがあるところとして知られる大学で、世界各地の聴覚障害のある学生との交流や大学生活、現地での生活などを綴った本。

4	『私のアメリカ手話留学記――デフ社会の日本とアメリカの文化比較』	1994	大森節子	御茶ノ水書房	50代で渡米した聴覚障害のある女性による手記。日本と米国におけるきこえない人たちを取り巻く社会の違いについてユニークさを交えながら綴った本。
5	『虹になりたい――ヘレン・ケラーと張り合う母の手記』	1994	御所園悦子	学書	聴くこと、見ること、話すこと、手足を動かすこと……四重、五重の障害との壮絶な闘いが母親の心を強く美しく鍛えてゆく。神経腫瘍という進行性の病気のために「自分以外の人がみな悪人に見えた」ところを通ってきた人の心をゆする手記。
6	『風のレッスン』	1998	宮本まどか	静岡新聞社	耳の不自由なピアニストが障害を乗り越え、人生の苦難を乗り越えてきたレッスンの日々を振り返った本。
7	『18歳、青春まっしぐら――音のない世界に生きる』	2001	今田真由美	ポプラ社	生まれつき耳がきこえない、ぶっ飛び野球少女の18年について綴った本。
8	『ファイト！』	2001	武田麻弓	幻冬舎	いじめに悩んだ少女期、人気ナンバーワンの風俗嬢時代、ニューヨークで黒人ギャングとの結婚、そして長女の出産・・・。障害者の風俗嬢・豹ちゃんのタフで純粋な生きざまを綴った感動の自叙伝。
9	『聾のゆんみがピーターウーマン・浦島花子になる』	2002	ゆんみ	新風舎	パパもママも家族はみんな聾だったから、きこえないことは何でもない。得意の手話でどんな事にも挑戦する。恐いもの知らずで、子どもの心を持ったゆんみが聴導犬サミーとの出会いを綴った本。
10	『ろうあ者の遺言』	2003	月岡花林	新風舎	聴覚障害、過酷な家庭環境、陰湿な村での生活など、数々の試練を乗り越え、新たな気持ちで人生を歩み始めた著者の手記。
11	『もう声なんかいらないと思った』	2004	大橋弘枝	出窓社	先天性聴覚障害者に生まれながらも「小さき神のつくりし子ら」で主演し、第7回読売演劇大賞・優秀女優賞を受賞するなど、女優・ダンサーとして活躍する著者の元気と勇気がいっぱい詰まった青春記。

12	『手話でいこう——ろう者の言い訳 聴者のホンネ』	2004	秋山なみ／亀井伸孝	ミネルヴァ書房	きこえる世界ときこえない世界の接点に向かい合わせに立つ、手話で暮らす夫婦の日常を綴った本。
13	『わたしは心を伝える犬——ゆんみの聴導犬サミー』	2005	ゆんみ	ハート出版	聴導犬とは、道具なのか、それともパートナーなのか。生まれてから音をまったく聞いたことがない著者だから書けた、聴導犬への熱い思いを綴った本。
14	『ろうのゆんみがUSA でサランヘヨ』	2005	ゆんみ	新風舎	アメリカンドリームを追って憧れのギャローデット大学に留学した著者。韓国留学生のセヒュクと恋に落ち、恋に勉強に大忙しになるが……。パワフルな著者の、元気な、そしてほろ苦いアメリカ留学の日々の記録。
15	『虹を見上げて』	2007	甲地由美恵	サンクチュアリ・パブリッシング	18 歳で出会った海に自分の居場所を見つけ、きこえることよりも波乗りを選んだきこえないプロボディボーダーが明かす、これまでのライフストーリー。
16	『息をするように。』	2008	岡田絵里香	ベストセラーズ	タレントでもある著者の初の書き下ろしフォト・エッセイ。
17	『吉見輝子物語「志」をもって——私を支えてくれた人達』	2008	吉見輝子(著)中脇都志子(編集)		聴こえない嫁として、母として、また、ヘルパーとして和歌山の地で力強く生きてきた著者が綴った本。
18	『世界中の人たちに愛されて—— ろう者ちひろママとダウン症たかひろ』	2009	平野千博	文芸社ビジュアルアート	自らも聴覚障害の著者がダウン症の息子を含む 3 人の子どもを育てながら、いまなお続く偏見と差別を乗り越えて社会の流れをよりよい方向へ向けたいと願い、綴った本。
19	『難聴者から見た満州の真実』	2013	紫陽花まき	文芸社	満州・大連市の盲啞学校で学んだ難聴者が闇に葬られようとする真実を明らかにする、貴重な歴史の証言書。
20	『音のない本——優しい声が心に流れる』	2013	森芳江	文芸社	聴覚障害を失った著者が、家族や友の温かさと障害者が暮らしやすい社会を提言し、変えてきたことなどをまとめたエッセイ集。
21	『星の音が聴こえますか』	2003	松森果林	筑摩書房	10 代に聴力を失った著者が、音のない世界の奥深さを知り、コミュニケーションの深さを知った体験を綴ったエッセイ本。

22	『こころの耳 伝えたい。だからあきらめない。』	2004	早瀬久美	講談社	障害者の薬剤師免許取得に制限を設けていた欠格条項の撤廃運動の原動力として220万人以上の署名を集め、日本で初めて聴覚障害のある女性として薬剤師になった著者が綴った本。
23	『筆談ホステス』	2009	斉藤里恵	光文社	独自に編み出した筆談術で銀座No.1ホステスに成り上がる苦闘のすべてを描いた本。
24	『昭和を生きたろう女性たち――これからを生きるあなたへ』	2011	ろう女性史編さんプロジェクト（代表長野留美子）	Lifestyles of Deaf Women（代表長野留美子	道を切り拓いてきたろう難聴女性の先輩たちの講演をはじめ、次世代を担う現代を生きるろう難聴女性たちの多様なライフスタイルや共生社会へのメッセージを紹介した本。DVDあり。
25	『土居文子自伝――ろう女性として生きた百年』	2016	特別養護老人ホーム淡路ふくろうの郷ふくろうまなびあい文庫編集委員会	社会福祉法人ひょうご聴覚障害者福祉事業協会	戦争中に息子を失くしてしまうという悲劇や当時の社会に翻弄されながらも、きこえない人の社会を変えるために奔走してきた土居文子の日々を綴った本。
26	『戦争の時代を生き抜いて――濱田たきゑ』	2016	特別養護老人ホーム淡路ふくろうの郷ふくろうまなびあい文庫編集委員会	社会福祉法人ひょうご聴覚障害者福祉事業協会	兵庫県淡路島で生まれ育ち、20歳でようやく学ぶ機会に恵まれた濱田たきゑ。毎日船で本土の神戸にあるろう学校まで通い和裁を身につける。当時は認められていなかった女性の陸上競技大会への参加に、どうしても出場したいという強い思いで女性として初めての出場を果たすなど自らの意思を最後まで貫き通した人生を綴った本。
27	『ありのままに。筆談議員ママ奮闘記』	2015	斉藤りえ	KADOKAWA	筆談ホステスとして脚光を浴び、2015年東京都北区区議会議員選挙に当選した著者がありのままの自身を綴ったエッセイ。
28	『静けさの中の笑顔 ろう者として、通訳者として、そして母として』	2017	石塚由美子	星湖舎	「きこえないから、分かること」がある。当事者が自身の半生を追って綴る、ろう者の心理と盲ろう者が本当に必要としている手助けとは何かを綴った本。

(12) 日本におけるろう女性学に関する取り組み

時代の流れとともに聴覚障害のある女性当事者より、彼女たちを取り巻く人生や生き方などについて語られるようになってきている。しかしながら、学問領域において、手話言語や教育、文化、人権など多様な学問領域を横断しながら、聴覚障害のある女性を取り巻く境遇について再考していく機会はまだ少ないのが現状であろう。著者が所属する筑波技術大学では、教育研究活動の一環として2011年から「ろう者学」プロジェクトをスタートさせているが、その流れで2016年には「ろう女性学」プロジェクトをスタートさせている。

「ろう女性学」プロジェクトをスタートさせて以降、聴覚障害のある女性を取り巻く境遇について再考するべく、ありとあらゆる情報を収集し、ウェブサイトに掲載したり、レポートや報告書としてまとめたり、各イベントにおけるセミナーや会議などにおいて発表するなど、情報発信や啓発活動を行なうようにしてきている。

また、聴覚障害のある女性を集めたワークショップやセミナーを開催し、様々なテーマに沿って専門的な情報を提供したり、グループワークを通して家庭や職場、地域社会などで直面する課題や改善策などについて自ら模索する機会を作ってもらえるようにしてきている。このような、多様な学びの場づくりや交流、ネットワークづくりを通して、聴覚障害のある女性自身にとっての居場所づくりのきっかけになってもらえればとも思っている。

併せて、国内にとどまらず海外における動向も把握していくことで、日本における聴覚障害のある女性の積極的な社会参加を促し、標準的な生活を送れるための手段の整理と発展に寄与することができればとも考えている。そして、社会への関心を高め問題解決への関与を高めることで、誰一人取り残さないジェンダーインクルーシブな共生社会環境の醸成につなげることができればと思う。

[備考]

本稿は『筑波技術大学テクノレポート』(2016年12月刊行)に掲載された論文(小林洋子・大杉豊・管野奈津美『女性学・ジェンダー論の視点を取れ入れたろう者学教材の開発』を加筆修正したものである。

[参考文献]

秋山なみ、亀井伸孝 2004『手話で行こう——ろう者の言い訳 聴者のホンネ』ミネルヴァ書房

紫陽花まき 2013『難聴者から見た満洲の真実』文芸社

石塚由美子 2017『静けさの中の笑顔——ろう者として、通訳者として、そして母として』星湖舎

井上輝子 2012「女性学と私——40年の歩みから」『和光大学現代人間学部紀要』5: 117-135

今田真由美 2001『18歳、青春まっしぐら——音のない世界に生きる』ポプラ社

大橋弘枝 2004『もう声なんかいらないと思った』出窓社

大森節子 1994『私のアメリカ手話留学記——デフ社会の日本とアメリカの文化比較』御茶ノ水書房

岡田絵里香 2008『息をするように。』ベストセラーズ

キャロル・パッデン、トム・ハンフリーズ(著)、森壮也、森亜美(翻訳)2003『「ろう文化」案内』案内」晶文社

———— 2009『「ろう文化」の内側から——アメリカろう者の社会史』明石書店

甲地由美恵 2007『虹を見上げて』サンクチュアリ・パブリッシング

御所園悦子 1994『虹になりたい——ヘレン・ケラーと張り合う母の手記』学書

財団法人全日本ろうあ連盟婦人部 1992『聴覚障害者女性白書』財団法人全日本ろうあ連盟

斉藤里恵 2009『筆談ホステス』光文社

斉藤りえ 2015『ありのままに。筆談議員ママ奮闘記』KADOKAWA

杉本貴代栄(編著)2019『女性学入門[改訂版]——ジェンダーと社会で人生を考える』ミネルヴァ書房

全日本ろうあ連盟婦人集会実行委員会 1972「太陽の輝きをいま(全国ろうあ婦人集会報告書、第1回)」京都府ろうあ協会

高村真理子 1993『アメリカ手話留学記』径書房

武田麻弓 2001『ファイト!』幻冬舎

月岡花林 2003『ろうあ者の遺言』新風舎

特別養護老人ホーム淡路ふくろうの郷ふくろうまなびあい文庫編集委員会 2016a『土居文子自伝——ろう女性として生きた百年』社会福祉法人ひょうご聴覚障害者福祉事業協会

———— 2016b『戦争の時代を生き抜いて——濱田たきゑ』社会福祉法人ひょうご聴覚障害者福祉事業協会

『日本聴力障害新聞』全日本ろうあ連盟

パディ・ラッド(著)、森壮也(監訳)、長尾絵衣子、古谷和仁、増田恵里子、柳沢圭子(翻訳)

2007『ろう文化の歴史と展望――ろうコミュニティの脱植民地化』明石書店
早瀬久美 2004『こころの耳 伝えたい。だからあきらめない。』講談社
平野千博 2009『世界中の人たちに愛されて――ろう者ちひろママとダウン症たかひろ』文芸社ビジュアルアート
松森果林 2003『星の音が聴こえますか』筑摩書房
宮本まどか 1998『風のレッスン』静岡新聞社
森芳江 2013『音のない本――優しい声が心に流れる』文芸社
ゆんみ 2002『聾のゆんみがピーターウーマン・浦島花子になる』新風舎
―――― 2005『わたしは心を伝える犬――ゆんみの聴導犬サミー -』ハート出版
―――― 2005『ろうのゆんみがUSAでサランヘヨ』新風舎
吉見輝子 2008『吉見輝子物語「志」をもって――私を支えてくれた人達』中脇都志子（編集）
ろう女性史編さんプロジェクト 2001『昭和を生きたろう女性たち――これからを生きるあなたへ』Lifestyles of Deaf Women
Brueggemann Brenda J, Burch Susan.2006 *Women and Deafness: Double Visions*. Gallaudet University Press.
Campbell Hilda M, Robinsion Jo-Anne R, Straty Angela.（Eds.）. 2002 *Deaf women of Canada: A proud history and exciting future*. Alberta, Canada: Duval House
Gallaudet University. Deaf HERstory Exhibition. Gallaudet University website, https://www.gallaudet.edu/museum/exhibits/deaf-herstory-exhibit（2020年11月30日閲覧）.
Gertz Genie, Boudreault Patrick, eds. 2016 *The SAGE Deaf Studies Encyclopedia*, SAGE Publications, Inc.
Holcombe Majoriebell, Wood Sharon. 1989 *Deaf Women: A Parade Through the Decades*. Dawn Sign Press.
Holcomb Thomas K. 2012 *Introduction to American Deaf Culture*. Oxford University Press.
Katz CN. 1996 "A Comparative Analysis of Deaf, Women, and Black Studies." In Katz CN（Ed.）, *Deaf Studies IV Conference Proceedings: Visions of the Past-Visions of the Future*Washington, DC: Gallaudet University College for Continuing Education.
Kelly Arlene B. 2008 "Where is Deaf HERstory?" In Bauman HDL（Ed.）, *Open your eyes: Deaf Studies Talking*. Minneapolis, MN: University of Minnesota Press.
Kobayashi Yoko, Tamiya Nanako, Moriyama Yoko, et al. 2015 "Triple Difficulties in Japanese Women with Hearing Loss: Marriage, Smoking, and Mental Health Issues." PLoS ONE, 10（2）: e0116648. doi:10.1371/ journal.pone.0116648
Paddy Ladd. 2003 *Understanding Deaf Culture: In Search of Deafhood* Multilingual Matters.
Padden Carol A, Humphries Tom L. 1998 *Deaf in America: Voices from a Culture* Harvard University Press.
Padden Carol A, Humphries Tom L.2006 *Inside Deaf Culture* Harvard University Press.
Van Manen James W. 2014 *Ann Silver: Deaf Artist Story* Empyreal Press.

図1　聴覚障害のある女性をめぐる社会の動き

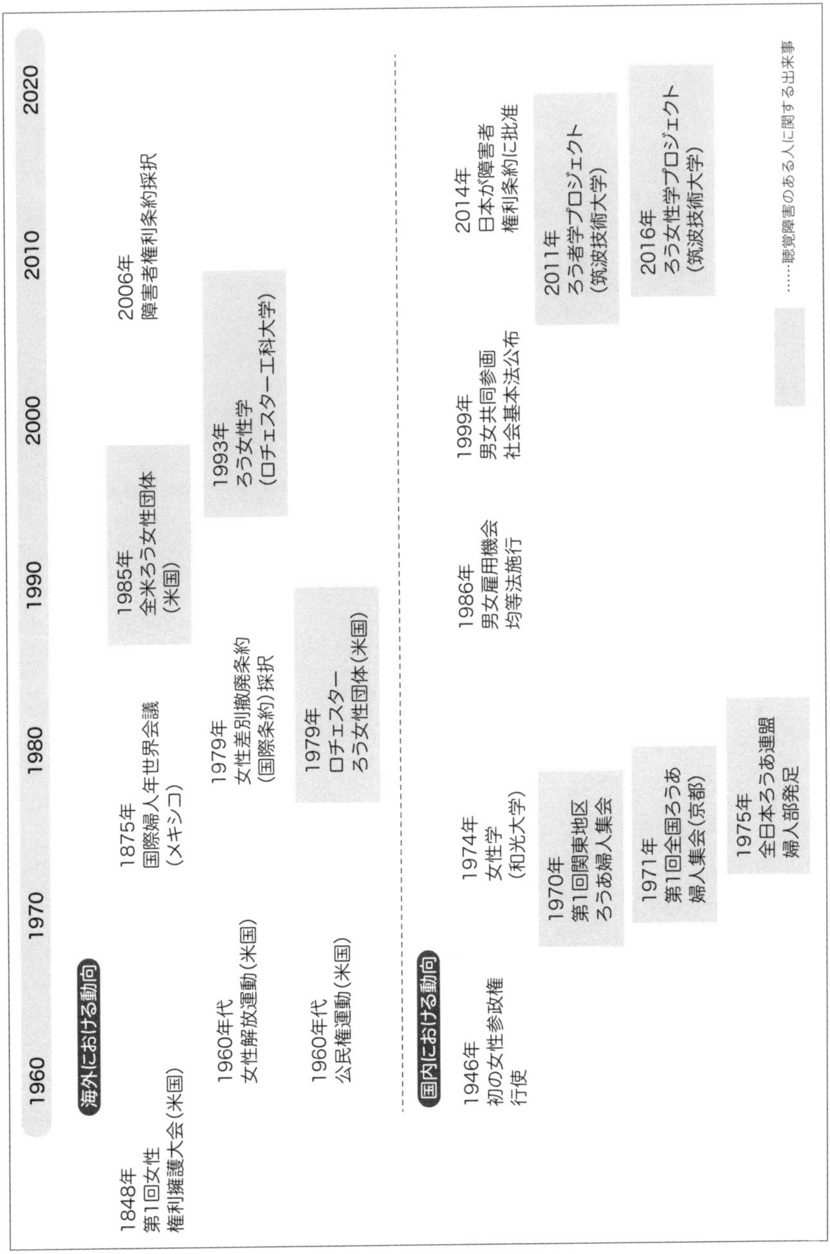
1960
1970
1980
1990
2000
2010
2020
海外における動向
1848年
第1回女性
権利擁護大会（米国）
1960年代
女性解放運動（米国）
1960年代
公民権運動（米国）
1875年
国際婦人年世界会議
（メキシコ）
1979年
女性差別撤廃条約
（国際条約）採択
1979年
ロチェスター
ろう女性団体（米国）
1985年
全米ろう女性団体
（米国）
1993年
ろう女性学
（ロチェスター工科大学）
2006年
障害者権利条約採択
国内における動向
1946年
初の女性参政権
行使
1974年
女性学
（和光大学）
1970年
第1回関東地区
ろうあ婦人集会
1971年
第1回全国ろうあ
婦人集会（京都）
1975年
全日本ろうあ連盟
婦人部発足
1986年
男女雇用機会
均等法施行
1999年
男女共同参画
社会基本法公布
2014年
日本が障害者
権利条約に批准
2011年
ろう者学プロジェクト
（筑波技術大学）
2016年
ろう女性学プロジェクト
（筑波技術大学）
……聴覚障害のある人に関する出来事

第2章
ろう難聴女性 × 歴史

1　ろう婦人活動
——闘病生活を経てろうあ運動の世界へ

及川リウ子

■幼少時代から青年時代の思い出

幼少時に満蒙開拓団の世話係だった両親と満州に渡ったが、敗戦で日本に引き揚げてきた。帰国後の小学校6年間は、無欠席の健康な子どもだったが、中学1年の夏休みに突然発病した。大学病院で入院生活を送り、多数の手術を受けたが、色々な薬や注射のために14歳前後に失聴した。だんだんきこえなくなった時は、周囲に自分が話しても返事がきこえず、悔しくて泣いたこともあったけれど、一番困ったのは学校に通えないことだった。今思えば、同じ年頃の人がどんな勉強をして、どんな本を読んでいるのか、知りたかった。

入院生活していた頃、
ベッドの上にて

寝たきりだったため、仙台の近くの国立療養所にできた玉浦ベッドスクールに入ったが、そこでは自分よりも小さい入院歴の長い子どもたちがいて、「私はまだいい方なんだな」と思ったものだ。そこには6か月だけいて、また大学病院に戻った。その後、大学病院から一時帰宅していた時に、みみより会東北グループという東北地方に住む聴覚障害のある有志の集まりができた。しかし、当時10人ほどいたメンバーがあちこちに散らばっていてなかなか会えないために、メンバー同士で回覧ノートを書いて郵送したりして回していた。私が近況を書いて次の人に送り、その人はまた次の人に書いて送るといったものだった。また、私の家にみんなで集まり、おしゃべりを楽しんだりしていてそれが心の支えだった。運転免許裁判で知られる樋下光夫（といしたみつお）とはこのころからの仲間でもあった。

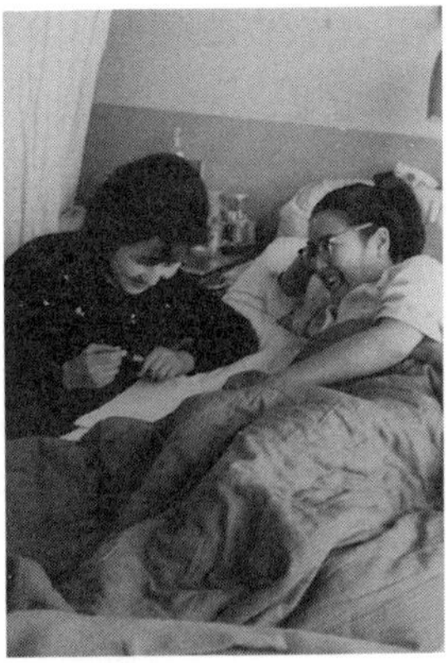

お見舞いにきていた友人と
筆談でやりとりしている様子

発病して10年経ちようやく完治した頃、将来の進路を考えるようになった。入院中から購読していたみみより会の本や日本聴力障害者新聞で、きこえない方々が色々活躍しているのを読んでいたので、「やっぱり自分も彼たちのようになりたい」という気持ちもあった。その後に松葉杖をつきながら、県の身体障害者更生相談所に相談しに行った。もちろん母と一緒だ。なぜならば、一人では何もできない子だったからだ。そこの指導員から、聴覚障害に特化した訓練を受けた方がいいだろうということで東京の国立聴力言語障害センター（現、国立障害者リハビリテーションセンター）入所をすすめられたことが、私の人生の分かれ目となった。色々な人と人のつながりがあったおかげで、その縁がまた別の縁でつながったりするのね。そういう意味でも、自分は本当に恵まれていたと思う。

■聴覚障害当事者による活動に関わることになったきっかけ

退院後、社会復帰訓練のために入所した国立聴力言語障害センターでは、和文タイプ技術を学んだ。当センターでは、ろう学校育ちの人、中途失聴の人など、様々な環境で育った聴覚障害のある人たちが一緒に学んでいて、そこで初めて手話に出会った。入所した当時、周りを見渡せば聴覚障害のある人はみんな手話だらけで話していて、自分だけが手話がわからなかった。入所するまでは、空文字でコミュニケーションを取っていたが、当センターでは全く通用しなかった。当センターの同級生や、卒業した先輩たちが遊びにきてくれる中で、彼たちとの交流を通して指文字や手話のいろはを教わったのだ。

和タイプを打つ仕事をしていた頃

1年間訓練を受けた後、職業能力開発を担当していた貞廣邦彦の紹介で最初は住み込みの会社に入った。当センターにいた時、和文タイプ技術指導担当の先生から、「和文タイプは会社によって打ち方や技術が違うから、将来的に自宅で仕事をすることを考えているなら、3年位したら転職して、様々な技術を身に付けた方がよいよ」と言われていた。なので、3回職場を変え、技術を習得しながら9年間働いた。その間に、銀座の手話サークルこだま会に通っていたことがきっかけで、ろう運動の世界に入ることになった。

銀座の手話サークルこだま会にて

■当時の聴覚障害のある人を取り巻く社会とは

当時の聴覚障害のある人の職業といえば、男性の場合は印刷業や活版印刷、写真植字とかが多かった。今のように、障害者雇用促進法もなかった時代だ。タイピストは、当時は「花のタイピスト」と言われたものだが、この50年間で筆耕から、タイプ、キーパンチャー、ワープロ、コンピューターと移り変わり、聴覚障害のある人が就く仕事の内容も変わっていった。

国立聴力言語障害センターでの訓練内容は、タイプ、印刷、巻線コイル、クリーニング、洋裁とかだったから、当センターの卒業生のほとんどはそういう職種に就いた。洋裁の場合、個人の仕立屋で技術を磨いたり、洋服の流れ作業の会社に入ったりした。クリーニングの場合は一般のクリーニング屋とか大きな会社に入ることが多かった。当時は、特に地域にいる聴覚障害のある人は理容の技術を身につけ、自分の店を持つ人が多かったと聞くが、東京は印刷関係に就く聴覚障害のある人が多かったように思う。

社会人時代の頃

とにかく、当時は聴覚障害のある人は誰もが技術を持たなければいけない時代だった。今の若い聴覚障害のある人のように頭脳労働をする人はあまりいなかった。1947（昭和22）年、学校教育法で全義務教育になって、聴覚障害のある人も義務教育を受けられるようになってからは、高等教育機関に進学し、卒業後は聴覚障害のある児童のための学校でもあるろう学校の先生になる人たちが少しずつではあるが、出てくるようになった。

1965（昭和40）年頃には、大学を出た聴覚障害のある人が聴覚障害当事者団体の役員などにつくなど、聴覚障害のある人たちの中でも中心になって活動をするようになっていった。東京や大阪、京都など、全国各地に活動の場を広げていき、聴覚障害のある人の権利を守ることが必要だという運動が次第に高まっていった。

■ろう運動における数々の歴史的場面に立ち会って

1979（昭和54）年までの間に、私は仕事を通して、聴覚障害のある人や仲間たちと一緒に「東京の夜明け」を経験することができた。当時の東京都知事でもあった美濃部氏との対話集会では、大きな成果を得ることができた。手話講習会事業をはじめ各区の相談員制度や、字幕付き日本映画の製作貸出事業等々、新規にスタートさせることができたのだ。また、1973（昭和48）年には手話通訳派遣事業も始まり、聴覚障害のある人を取り巻く生活も大きく変わった。このように、1970（昭和45）年代に新たに誕生したものは数え切れないほどあるのだ。

先述の通り、運転免許裁判で知られる樋下光夫はベットスクールの頃からの病友だった。岩手県盛岡市で入院していた頃、彼は当時17か18歳だっただろうか、大好きなバイクでよく見舞いに来てくれたものだ。あの頃彼は免許を持っておらず、警察に捕まっては釈放される、その繰り返しでとても心配したものだ。当時は、法的にも聴覚障害のある人が運転免許をとることは認められていなかった。

彼は聴覚障害のある人でも運転できるのに、運転免許を取れないのは不当だと裁判をやることになり、松本晶行弁護士や聴覚障害当事者団体でもある全日本ろうあ連盟が支援活動を展開した。その頃は、1948（昭和23）年から義務教育になったことも関連してか、学校で教育を受けてきた聴覚障害のある人たちがちょうど青年期になっていた頃だ。彼たちは、聴覚障害のある人たちの中でも中心的な存在となり、あらゆる場面で力を発揮していった。

また、その頃は一般の農家で耕運機を使ったり、都会でも印刷や洋裁などの仕事を自営でやる人が出てくるようになり、荷物を運んだり遠路へ移動するためにも車がないと困るとのことで、運転免許を必要とする聴覚障害のある人が増えてきた。そこに運転免許裁判が始まり、全国的に支援活動が広がっていき、私も署名運動や裁判傍聴などに参加したりした。その時は傍聴する立場として裁判所に入るのはいいが、手話通訳は認めないとか、今では考えられないようなことが色々あったものだ。

結局、その裁判は負けてしまったが、全日本ろうあ連盟と大学の研究者たちが協働して、聴覚障害のある人とない人の事故割合の実態調査等を行い、特に違いはないということが証明された。そしてようやく1973（昭和48）年に補聴器付きで運転免許を取得することが認められるようになったのだ。しかしながら、道路交通法88条が撤廃されるまでに長い年月がかかった。毎年、全日本ろうあ連盟の役員たちが警察に足を運び、要望を出しては交渉するというこの繰り返しがようやく実を結び、2008（平成20）年には改正された。ある意味、道路交通法改正実現は、聴覚障害のある人たちの汗と涙の結晶でもあるのだ。

一方、聴覚障害のある女性たちとして婦人部の運動があった。厚生省と交渉し、保育所の優先入所やベビーシグナル（乳児の泣き声お知らせランプ）の配布を認めてもらったりするなど、一生懸命頑張ったものだ。また、東京では東京にいるきこえない仲間たちと毎月のように東京都民生局（現、福祉局）に通い、美濃部知事をはじめ東京都民生局の方たちと話し合いを続けた。そこで学んだのは、こちらが一所懸命誠意をもって説明すれば、相手も一生懸命応えてくれるということだ。

■全日本ろうあ連盟婦人部設立の経緯について

1968（昭和43）年に福島で開催されたろうあ者全国大会で、関西地域の聴覚障害のある婦人の評議員4～5名が立ち上がり、「ろうあ連盟は聴覚障害のある男性たちが中心になって活動している。もっと聴覚障害のある女性も活動に関われるようにて欲しい」との声があがった。全国各地での婦人部設立を要求してきたのだ。その時、300人ほどいた聴覚障害のある評議員の中で女性は10名にも満たない状況だったのだ。結局、その場では「考えておきます」という回答のみで終わってしまった。しかし、聴覚障害のある婦人の先輩たちはそれで諦めることなく、すぐに行動を起こしていった。

まず、近畿地区で婦人部をスタートさせ、続いて関東地区でも婦人部を設立した。1970（昭和45）年には、吉見輝子がろうあ連盟で初めての女性理事として選出され、ろうあ連盟婦人部設立担当理事となり、全日本ろうあ連盟婦人部設立準備委員会が発足した。私は、その発足を機に全日本ろうあ連盟の書記として準備委員会のお手伝いをすることになり、あちこち奔走するようになった。

全日本ろうあ連盟で働いていた頃

1971（昭和46）年には、第1回全国ろうあ婦人集会が京都で開かれて600人ほどが集まった。その集会は「涙の集会」としても知られているが、人知れず家の中で家族から虐げられたり、断種や中絶手術を施され、自分の意思で子どもを産みたくても産めなかったというような人たちが集まり、今では考えられないような苦労話が溢れるほどいっぱい出された集会でもあったのだ。

今で言えば、人権侵害にあたるようなことをその集会ではたくさん聞かされた。自分の意思で結婚して子どもを産むことができるようになったの1965（昭和40）年頃からだろう。1947（昭和22）年には学校の義務教育化が始まったが、その頃から教育を受けた聴覚障害のある人たちが成人になり、ろうあ連盟青年部も登場し、青年部のメンバー同士の結婚も増えていった頃だし、その影響も少なからずはあるのだろうと思う。

ろうあ連盟婦人部関係仲間たちと

こうして、婦人評議員たちが声をあげてから7年後の1975（昭和50）年、全日本ろうあ連盟に婦人部が設立された。設立された当時は、同志のみんなで心から喜びあったのを今でも昨日のことのように鮮明に覚えている。

■婦人部として文部省や厚生省との交渉活動に関わって

1978（昭和53）年に、全日本ろうあ連盟婦人部として、文部省や厚生省との交渉をすることになったが、そのきっかけとなったのは、埼玉県にある国立婦人教育会館での子連れ宿泊をめぐってのやりとりだった。1971

（昭和46）年の第1回全国ろうあ婦人集会以降、自分の意思で結婚して子どもを産み、子育てをする人が増えるようになっていった。

婦人部活動について講演

一方、子育てをしていく中での課題も出てくるようになり、様々なニーズも求められるようになってきたのである。例えば、保育所の優先入所（優先保育）やベビーシグナル（乳児の泣き声お知らせランプ）の給付、保母資格取得などがあげられている。そこで、ろうあ連盟を通して厚生省や文部省と交渉を重ね、優先保育は1973（昭和48）年頃には認められ、青少年への啓蒙活動対策としての副読本が発行されたりと、様々な取り組みの成果を発揮することができた。

そういう取り組みを続けていく中で、第1回全国ろうあ婦人集会開催から10年目を迎え、関東地域で10周年記念集会を開こうということになったのだが、都内に子連れで宿泊できる場所がなかなか見つからなかったのだ。当時は、女性のウーマンリブ運動の高まりや国際婦人年であったこともあり、埼玉県に新しく国立婦人教育会館が建てられた。

10周年記念集会をそこで開催するのはどうかということになり、集会の前年に予行演習として関東研修会を開いた。ところが、当時の国立婦人教育会館は文部省が直接運営しており「婦人達が日頃の家事労働子育ての苦労から解放されて交流する所です」と言われ、当初は子連れの宿泊を認めてもらえなかったのだ。そこで、ろうあ連盟婦人部として直接文部省に交渉に行くことになったのだが、当時の国立婦人教育会館の館長や文部省の担当の方も婦人運動で有名な女性だったこともあり、最終的に理解していただくことができた。

10周年記念集会開催時は、子ども同伴の宿泊を受け入れていただいた上に、保育室やおねしょした時の替えシーツの用意や、ドアベルや振動式目覚まし時計の準備までしてくださり、私たちは喜びあったものだ。記念講演では、関東地区で初めて第1回ろうあ婦人集会を開いたときに講演していただいた婦人参政権運動で有名な市川房枝を招いたが、市川の記念講演を拝聴した時の感動は今でも昨日のことのように鮮明に覚えている。

■地域社会における活動

現在は、自分が住む地域の特定非営利活動法人デフ・サポート足立（旧名、足立区ろう者福祉推進合同委員会）理事長を務めている。1993（平成5）年までは全日本ろうあ連盟職員として勤務していたが、体調の都合でやむなく退職した。それまで足立区ろう者協会会長も10年間担っていたこともあり、聴覚障害のある人をはじめ、手話通訳に関わる人たち、手話を学習する人たちが一体になれる組織をと思い、退職を機に今まで培ってきたネットワークや人脈を生かして合同委員会を発足させたのだ。

そもそも、足立区ろう者協会は1948（昭和23）年に発足したものだが、戦後の焼け跡の中、当時20歳前後だった聴覚障害のある人たちが他の聴覚障害のある人を探し歩いては見つけ出し、「一緒にがんばろう」とスタートさせたものだ。その頃の人たちが今老年期に入ってきていることもあり、だからこそお互いに支え合ってやっていこうという気持ちを持ち続けながら、今も活動を続けているのである。

■聴覚障害のある高齢者が安心して暮らせる社会作りを目指して

2004（平成16）年、合同委員会はこれまでの活動を元にNPO法人に変更し、同時に聴覚障害のある高齢者のためのデイサービス「デフケア・クローバー」をスタートさせた。現在、都内では聴覚障害のある高齢者のためのデイサービスはほとんどないに等しい状況だが、「デフケア・クローバー」では週に3回平均10名ほどの聴覚障害のある高齢者がデイサービスを利用している。障害がない一般高齢者のためのサロンとか交流活動ができる場所はたくさんあるものの、そのような場所は聴覚障害のある高齢者に配慮しているとは言い難いだろう。また、聴覚障害のある高齢者が住む地域に聴覚障害に特化した施設や場所はほとんどないのが実情だ。

このような状況をより多くの方々に知ってもらうために、私たちは「デフケア・クローバー」での活動の様子を発信したりしている。これらの取り組みを通して、聴覚障害のある高齢者に対する理解が広まるとともに、全国各地に聴覚障害のある高齢者が安心して暮らせる取り組みが広がるとよいと思う。今、全国に聴覚障害のある高齢者のための養護老人ホームや特別養護老人ホームは10か所のみと聞いている。せめて、各県に一つはあれば良いと思う

西日本の兵庫県淡路島には、聴覚障害のある高齢者のための特別養護老人ホーム「淡路ふくろうの郷」がある。兵庫県の聴覚障害のある人たちをはじめ、関係者を含む仲間たちの血のにじむような努力や運動によって建設された施設としても知られている。そこでは、働く場としての「ふくろう工房」をはじめ、学ぶ場としての「ふくろう大学」「ふくろう農園」「ふくろう喫茶」などがあり、入所している聴覚障害のある高齢者が中心となって活動している。手話語りの紙芝居を見たり、廃校になった中学校でボランティアの人が作ってくれた食事を食べながら交流して、施設内の畑で作った野菜をお土産に帰るというような方法で、夏休みとかに1泊2日でもいいから行ってみるのもよいだろう。

このように、地域社会で生活している方々の様子を自分の目で確かめたり、地域社会の活動に参加したりして、他の人たちと歩み寄りながら何か形になるものを作っていこうとするという姿勢が今後ますます求められてくるのではないだろうか。自分の周りにいる仲間たちを大切にして、お互いに支えあいながら、日々の暮らしを豊かにしていってほしいと思う。私もたくさんの人に支えられてきたのだから。最後に、人と人のつながりを大切にしてほしいと思う。

表３　人生年表

年	年齢	自身の出来事	一般の出来事
1942年（昭和17）	0歳	9月15日、岩手県に生まれる。直後、母と一緒に父のいる満州へ渡る。	
1945年（昭和20）	3歳	敗戦により、家族で満州から引き揚げる。引き揚げの途中、年子の妹が亡くなる。	衆議院銀選挙法が改正され、女性の国政参加が認められる。
1946年（昭和21）	4歳		日本国憲法公布（男女平等明文化） 第１回総選挙（初の女性参政権行使39人当選）。
1947年（昭和22）	5歳		教育基本法公布（男女共学・機会均等）
1948年（昭和23）	6歳		「日本聾唖新聞」創刊※1952年から「日本聴力障害新聞」。 ヘレンケラー女史来日。
1954年（昭和29）	12歳	中学１年夏休み骨髄炎を発病し、病院での長期入院（～21歳頃まで）。	
1956年（昭和31）	14歳	薬による副作用のため失聴、玉浦ベッドスクール（国立療養所の中にあった私設養護学級）で学ぶ（6か月）。	
1966年（昭和41）	24歳	国立聴力言語障害者センターへ入所。	
1967年（昭和42）	25歳	国立聴力言語障害者センターを卒業、同時に印刷会社に勤務。	国連婦人に対する差別撤廃宣言採択。
1969年（昭和44）	27歳	東京都聴力障害者団体連絡協議会の活動に参加。	
1970年（昭和45）	28歳	全日本ろうあ連盟書記担当。 東京都聴力障害者協会（当時）理事（婦人部担当）。	第１回関東地区ろうあ婦人集会。 美濃部都知事との対話集会。 全日本ろうあ連盟初の女性理事選出（吉見輝子）。
1971年（昭和46）	29歳		第１回全国ろうあ婦人集会（京都）。
1975年（昭和50）	33歳		国際婦人年（第１回世界女性会議メキシコ）。　全日本ろうあ連盟婦人部発足。
1976年（昭和51）	34歳		国連婦人の10年（1976年～1985年）。
1979年（昭和54）	37歳	全日本ろうあ連盟書記職員（～1993年）。 足立区ろう者協会理事。	女性差別撤廃条約採択（国連）。 全米初地域ろう女性団体発足（ロチェスター）。
1980年（昭和49）	38歳		参院選にて市川房枝トップ当選。
1981年（昭和56）	39歳	文部省と、第10回全国ろうあ婦人集会開催場所として国立婦人会館と交渉。	
1984年（昭和59）	42歳	足立区ろう者協会会長。	

1985年（昭和60）	43歳		女性差別撤廃条約批准。 男女雇用機会均等法制定。 第1回全米ろう女性集会（カリフォルニア州サンタモニカ）
1986年（昭和61）	44歳		女性差別撤廃条約施行。 男女雇用機会均等法施行。
1987年（昭和62）	45歳		世界ろう連盟初の女性理事長（リサ・カウピネン）。
1989年（平成元）	47歳		学習指導要領改定（高校家庭科の男女必須化）。
1991年（平成3）	49歳		育児休業法公布（現：育児・介護休業法）。 第11回世界ろう者会議（東京）にて、女性のつどい開催（全国ろうあ婦人集会20周年記念事業として）。
1993年（平成5）	51歳	体調を理由に全日本ろうあ連盟を退職。 足立区ろう者福祉推進合同委員会委員長に就任（～現在）。	
1995年（平成7）	53歳		第4回世界女性会議北京宣言。
1997年（平成9）	55歳	東京都聴覚障害者連盟理事（～2002年）。	
1999年（平成11）	57歳		男女共同参画社会基本法施行。
2000年（平成12）	58歳		地方自治体の男女平等条例の制定が始まる。
2001年（平成13）	59歳		2001年には内閣府に男女共同参画局が設置され、いわゆるDV法が制定。
2003年（平成15）	61歳		次世代育成支援対策推進法公布。 全日本ろうあ連盟「婦人部」から「女性部」に名称変更。
2004年（平成16）	62歳	足立区ろう者福祉推進合同委員会がNPO法人を取得、デフ・サポート足立理事長に就任（～現在）。 地域活動支援センター「デフケア・クローバー」施設長（～現在）。	
2006年（平成18）	64歳	足立区ろう者協会会長退任。 特別養護老人ホームハピネスあだち（聴覚障害者専用ユニットあり）がオープン。	男女雇用機会均等法の改正で、性別による差別禁止の範囲を拡大し、男性に対するセクシャル・ハラスメントも対象になる。
2007年（平成19）	65歳		仕事と生活の調和（ワーク・ライフ・バランス）憲章策定。
2014年（平成26）	72歳		日本政府が障害者権利条約に批准。
2015年（平成27）	73歳	社会貢献者表彰を受賞。	

2　ろう女性史講演会（手話言語による自分史語り）から

長野留美子

欧米では、聴覚障害のある女性を取り巻く歴史についてまとめた「デフ・ハーストーリー（Deaf herstory）」に関する取り組みが見られている。一方、日本における聴覚障害のある女性を取り巻く歴史はあまり知られていない。ろう運動リーダーや文筆活動はどちらかというとまだ男性によってなされていることが多いのではないだろうか。聴覚障害のある女性の発信は男性と比べるとまだ少なく、歴史的にも記述があまり残されていないように思う。

かつて、聴覚障害のある女性は結婚、妊娠、出産というライフイベントを自分の意思で決めることができなかった時代があったのはご存知だろうか。また、手話通訳派遣制度が導入される前までは、育児を担う母親たちには大変な苦労があったという話を聞く。こうした時代を切り拓いてきた聴覚障害のある女性から直接お話を伺うべく、ろう女性史講演会を開催してきた。そして、講演会の内容を下記の通り小冊子としてまとめている。

書　名：『昭和を生きたろう女性たち——これからを生きるあなたへ』
発行年：2011 年
著　者：ろう女性史編さんプロジェクト（代表・長野留美子）
発行元：Lifestyles of Deaf Women（代表・長野留美子）

本節では、講演会で手話言語による自分語りをしてくださった岩田恵子と大槻芳子、そして藤田孝子を紹介する。なお、講演会での手話言語による語りをそのまま文字起こししてまとめており、文体は「です・ます」のままにしてある。

2-1　きこえる祖母、きこえない母、そしてきこえない私
――昭和時代から現在までのろう女性の暮らしを語る　岩田恵子

■はじめに

私がこの世に生を受け、今生きていることは、両親のおかげなのだと今まで様々な活動を通し、最近思います。私の両親はろうです。2人がろうであることを不満に感じ、きこえない事で損していると思っていました.後々考えてみると私がこうやって活動をしてきたのは両親が在ってのことだと気づきました。先祖がいたからこそ生命が繋がって私がここにいるのだとわかり感謝の気持ちを持つようになりました。

若い人は、昔のことを知りません。苦しい思いをされてまでも昔を生きたご先祖様がいるからこそ、今の幸せな生活があることを忘れてはいけません。歴史そのものを風化させることなく、きちんと把握し受けとめて、正しい情報を伝えることが私たちに課された仕事だと思っています。

■２人の祖母のこと

父方の祖母は1905（明治38）年生まれで、82歳まで生きました。

私が祖母にとって初孫であったということもあり、簡単な口話で「食べる？　美味しい？」など、細かい話はできなかったのですが、ずいぶん可愛がってもらった記憶があります。

母方の祖母は母がちょうど10歳の時に亡くなったので、会ったことがありません。東京大空襲で亡くなったそうです。とにかく料理が大好きな人で、戦時中で食べ物もままならない頃でも、ドーナツなどを作ってくれ、優しい祖母であったと母から聞かせられました。

父方の祖母は6人の子どもを産みました。昔は子沢山が当たり前で6人という数は特に珍しくなかったと思いますが、ろう3人、聴者3人で、一番上が私の父、弟と妹がろうでした。

■両親のこと

1930（昭和5）年に父が生まれた頃はまだ手話が広まっておらず、差別のある時代でした。もし会うことができるのならば、3人のきこえる子どもと3人のきこえない子どもを育てた祖母に当時の子育てについてぜひ聞いてみたいものです。父の実家は材木屋を経営していたので、初めての子が男の子で、跡取りが出来たと喜んだのでしょう。父は、現在80歳ですが、現在も荒川区に住んでいます。ろうの弟は7歳の頃河原で遊んでいる最中に川に落ちて亡くなったそうです。ろうの妹も事故で亡くなり、ろうのきょうだいで残っているのは父だけです。きこえる妹2人とも父の家の近所に住んでいます。

父方の叔父叔母とあまり話したことがないのですが、隣に住む叔母は手話を一生懸命勉強し、私の両親とも手話で話してくれています。

1935（昭和10）年生まれの母は8人兄妹の末っ子です。母親が早くに亡くなったので、兄姉に育てられたようなものでした。上にきこえない兄がいて、きこえる兄弟は6人いました。

■両親の結婚・出産

ろうあ協会の活動で、両親は出会いました。はじめは結婚を反対されたそうです。2人とも、きこえないから、結婚を反対されたと思っていたのですが、違いました。母には両親がいないことで、父の両親は、「育ちが悪い」と結婚を反対したそうです。両親がいればろうでも良かったということですね。母の父は病気で、母は戦争で亡くなりました。

現在では好きなら結婚できたでしょうが、昔は家と家との結びつきという考えがあり、厳しい状況がありました。それが、なぜ結婚できたのでしょうか？　実をいうとなんと、父が食事をとらないという「ハンスト」をしたのですね。

「結婚を許さないなら食事しない」ということで、父方の祖母は心配しました。

祖母が手話のできる社長に相談し、社長が説得してくれて、許してくれたという経過があったそうです。今の父からは想像もつかないのですが、昔の父は度胸があったのですね。こうして結婚しました。近所には、祖母のきょうだいがたくさんいましたが、挨拶してくれず、すれ違っても振り向きもせず行ってしまうという状況でした。小さい頃に私は遊んでいると石をなげられたことがありました。

「どうして石を投げられるの？」と母に聞いても、黙ったままでした。汚い格好をしているわけでもないのに。当時は「耳がきこえないのはうつる病気だ」という誤解がありました。両親も私もろうでしたので、うつる病気ではないかということで、私から離れていったのです。今はそういうことはあまりありませんが、昔はそういう偏見がありました。

両親は結婚して実家の近くの一軒家に住みました。祖母はきこえない2人だけでは心配ということで、きこえる弟に夜だけでも泊まるように話しました。しばらくして、母は妊娠しましたが、母のきょうだいが反対しました。「子どもを生んだら縁を切る」とまで言われました。「ろうのきょうだいもいるし、ろうの子どもが生まれるに決まっている」とも言われました。

でも、祖母は「生んでもいい」と言ってくれました。自分が3人のろうの子どもを育てた経験があったからでしょう。母は父と結婚したおかげで子どもを生むことができました。祖母のおかげだと思います。

■母から聞いたこと

母は自分の母親が小さい頃に亡くなっているので、子どもに発音を教えるのは無理だと思い、祖母に手伝ってもらうよう頼んだそうです。そうすると祖母から「自分の子どもなんだから自分でやりなさい」と言われ、ショックをうけたそうです。でもそう言われたおかげで、それから自分でやるようになったようです。もし祖母に全部任せていたら、何もわからないままだったと思います。

父は長男だったので、祖母はまだ下の子の面倒をみていて、孫の面倒をみるまで手が回らなかったのかもしれません。

それで、母は私を自分の手で育ててくれました。嬉しかったこともあったそうです。私が幼稚部に通っていた時のことです。突然の大雨で傘がなかった母はとっさに祖母に電話をかけたそうです。今なら携帯電話がありますが、当時は公衆電話しかないのでそれを使い祖母に電話をかけ傘を持ってきてくれるように伝えました。電話が通じたのか、それとも祖母が留守なのかもわからなかった母でしたが、祖母が傘を片手に駆け付けてくれて、そこで初めて電話が通じたことを知ったそうです。普段は「自分で自分で」と言っていた祖母だったようですが、大事なときは手伝ってくれる優しい面があったと母が話してくれました。

母が育ててくれたおかげで、娘にもその話をすることができました。教育のモットーというか、私の子育てにも自然に伝わってきたと思い、感謝しています。

■優生保護法の悲劇

妊娠後、何らかの理由で産めない場合、中絶という選択肢が認められている法律です。

私が老人ホームで働いていたときに、80歳くらいのおじいさんから聞き、今でも忘れられない話があります。その方は亡くなってしまいましたが、今思うときこえない子どもでも産んでもいいと奥さんに言えばよかったと話していました。妊娠発覚後、奥さんは産みたいと言っていたのですが、自分の両親に反対され、結局授かった子をおろすことになったそうです。その後、2人とも不妊手術を受け、子どもを産めない体になってしまいました。

奥さんの悲しんでいる姿を前に、仲よく2人暮らしていこうと話したけれど、今になって奥さんの気持ちが初めてわかったとおっしゃっていました。奥さんの気持ちをなぜその当時理解してあげられなかったのだろう、そして反対する親を振り切ってまでも２人の意思を通しきれなかったことを、とても悔やんでおられました。

やはり時代がそういう差別を生み出し、なかなか容易にお２人の意思を通すことができなかったのではないかと話し、決してご自身を責めないよう言いました。そして今の若い人にその分頑張ってもらえばいいと。それでも寂しそうな顔をなさるので、とっさに「私を娘だと思って、かわいがってね」と伝え、私の娘を連れて行ったりしたこともありました。

今お話ししたことは決して過去の話ではなく、今もなおある話です。障害を持つ夫婦が妊娠した際、障害を持った子どもが生まれる可能性が高いと、本人の許可をとり、中絶するということができます。昔はきこえないとコミュニケーションがとれないので、本人の代わりにきこえる親が勝手に医師と話をし、盲腸の手術と称して不妊手術が行われたこともあったそうです。

こういう悲しい昔の話は多々あります。ある女性は、結婚後なかなか子どもに恵まれないので、おかしいと思い産婦人科へ行ったそうです。そこで医師からすでに不妊手術をしていたことを聞いたそうです。その後彼女は母親に事情を聞いてみたところ、「あなたには言えなかったけど、盲腸だと言って、妊娠できなくなる手術をした」と言われたそうです。自分の意思で決めるならともかく、知らない間に不妊手術をされていたというのはひどいですよね。今でいう虐待がそれに値するのかもしれませんし、そしてこれはまさに人権侵害です。

■昔は泣かされた女性が多かった

昔、結婚は家と家との問題だという風に考えられていたため、跡継ぎの生めない嫁はいらない、子どもができないと離縁だし、女の子が続くと男の子を生まなければいけないなど様々なしがらみがあったと思います。今なら女の子が生まれて家族みなで大喜びとなったりするのに不思議ですね。

もちろん今は子どもを作らないという考えもありますが、昔はそんな基本的権利さえ奪われた悲しいことがあったことをみなさんも忘れないでください。

きこえないという理由から、子どもが生まれてすぐにおばあちゃんに引き取られ育てたりということもあったそうです。実際に私自身も娘を産んですぐ、義母に娘を取り上げられてしまうということがありました。ろうであることで、娘に言葉を教えられないからと言われました。

自分自身ろうの母に育てられた経験も踏まえ、母としてきちんと向き合っていきたかったのですが、義母からは認めてもらえなかったのです。2人で娘の取り合いになり、娘には申し訳ないことをしてしまったなと感じています。女性として悲しい時代だったのだなぁと思います。

私自身夫の親との同居を通し、言葉に表せない位の苦労がありました。子育てへの考え方の違いから、言い合いになってしまったこともあります。きこえる人もきこえない人も子育ての考え方で姑とぶつかることは同じだと言われますが、それは多少違うと思います。きこえる者同士なら意見の交換を容易にできますが、きこえない場合書いて何かを伝えようとしても口での言い合いではなかなか意思の疎通ができません。そのように姑と嫁の立場の違い、そしてきこえるきこえないの違いで苦労をしたこともあります。

幸い私の母の場合、父の両親にはまだ幼い子どもたちがいましたので、同居という形をとらずに済んだようです。結婚して子どもがもし障害を持って生まれた時、必ず言われることがあります。障害を持った子が生まれたのは嫁のせいだと。妊娠するということは、1人ではできないこととわかっていても、母親の血が悪かったせいだという風に女性のせいにされることが多々ありました。

1人だったら生んでもいいと言っていた父方の祖母も、私がろうで生まれた後、母の姉（私にとっての伯母）に電話でろうの子どもが生まれたのは母の血を受け継いだからだと話していたそうです。母方の家族は子どもを産むのには反対だったので、いまさら責任を押し付けられてもと思っていたのでしょう。ずいぶん時間が経ってから、母はその話を聞き、複雑だったと思います。時が経ち昔のことを落ち着いて聞くことのできる自分もいます。田舎では、今でもこういう話があるのかもしれません。

ろうが生まれたことで、離婚をし、その後母親が引き取るという話もあります。今では考えられないことですが、昔は家の考え方、家長の考え方ひとつで全てが決まってしまいました。今は民主的に家族みんなで相談して物事が決められるようになりました。そういう時代があったからこそ、私たちは強くなったのかもしれません。そういう歴史をきちんと理解することも大切だと思います。

■従姉妹の結婚

1973（昭和48）年頃のことですが、母の姪が結婚することになりました。実はその時に、結婚式の招待状がこなかったのです。その代わり手紙が届き、「黙って嫁ぐことをお許しください」とありました。姪のことをかわいがっていたのにと、母はとても怒りました。子どもながらにその情景を私も覚えています。そのときは母も私も姪が悪いと思っていましたが、姪も大変だったようです。ろうの叔父叔母がいるということで、結婚が2回も破談してしまったそうです。やっと3回目で結婚にこぎつけ、ろうの叔父叔母の存在を隠し結婚をしようとしていたわけです。昔は親戚にろうがいるということで結婚が破談になることはよくあったことなのです。

結婚後、出産前はろうの子どもが生まれるのではと非常に心配していたようです。2人のきこえる子どもに恵まれた後も、叔父叔母のことは隠し続け、旦那さんの母親が亡くなって初めて打ち明けたそうです。その後私の家族も旦那さんにも紹介してもらい、今では従姉妹の娘さんも、看護師になり、手話を勉強しています。時代が変わったんですね。私は長い間従姉妹が悪いと思っていたのですが、本当は時代がそうさせたのだと今は思えます。昔に比べ、私たちは今いい時代に生きています。そんな中でもまだ差別の壁は厚く、一つ一つの状況をこれからも変えていくことが必要になってくると思います。ろう者であること以前に、同じ人間であることは変わらぬ事実です。もちろん誰を好きになるのもそれぞれの自由ですし、そのことで差別されるということがあってはいけません。男女平等でなければいけないのに、結局女性が不利な立場に立ってしまうことが沢山あります。

■母から学んだこと

私が幼いころ勉強がわからない時に母に聞くと、決まっていつも「一緒に調べよう」と言っていました。母自身幼いころに両親を亡くしていたので、親からの教育を受けていなく、知らないことも多かったのかもしれません。調べ物の後には必ず「あ、そうかこうなんだ。私も知らなかった、ありがとう」と言っていました。母の言う「ありがとう」の意味はその当時の私にはわかりませんでした。今思うと、母は私に自分で調べるという気持ちを教えてくれたのだと思います。知らないことを全部教えてくれていたら、私は母に頼ってばかりになっていたのかもしれません。母は自然とそのように仕向けてくれていたのでしょう。

■「なぜ私を生んだの」

両親がろうであることで、私はろう学校の先輩から「親はきこえないの」といじめられたことがありました。昔はろうのことを「つんぼ」と言っていました。中学部一年で年頃の私は、それが悔しく、「なぜ私を生んだの？　どうしてお父さんとお母さんはきこえないの？」と泣いて両親に話しました。両親はそんな私の姿を見て、「あなたが何か悪いことをしたの？　盗みや人殺しなどしたりしたの？」と聞き、「してないよ」と答えると「じゃあ堂々とすればいいじゃない」と言いました。

他の親は泣く我が子を見て「ごめんね」と抱きしめるのかもしれませんが、両親はただ「あなたは悪いことをしていないでしょう」と言うだけでした。でも母は陰では泣いていたのかもしれませんね。ある日病院に行き、耳がきこえないことを書いて伝えると、「耳がきこえないということは脳の神経が切れているのですか？」と聞かれ、ショックを受けた私は家に戻り、すぐに布団をかぶりいじけていました。それを見て、母は「耳がきこえないだけですと書けばいいのに、何も言わなければわからないでしょう」とも言われました。直接教えてもらうというよりも、母の後ろ姿を見て学ぶことが沢山ありました。

■結婚と出産

私も好きな人ができ、結婚しようという話になりました。でも、相手はろうで、本家の一人息子でした。当時は結婚相手はきこえる人がいいという風潮がありました。両親もろうであることを話したら相手の親から反対されましたが、自分の親からも反対されました。「きょうだいがいたほうがいいよ。家のことなどで大変だから」と。当時、寝たきりの義父、義母、独身の叔母がいましたので、将来の介護のことがかかってくるのではと心配されました。私も若かったので、好きだから結婚したいと言いました。

母も私の性格から反対しても無駄とわかっていたのでしょう。実際、結婚しないとわからないことがたくさんありました。

1983（昭和58）年に結婚しました。妊娠したときの私はなぜか、暗い顔をしていたようです。というのは、義母が「ろうの子が生まれると困る。きこえる子どもが生まれるように」と神頼みをしているのです。私はどちらでもよかったのですが、そのこともあって、暗い顔をしていました。まだ妊娠中なのに、「きこえる子か？」と聞かれたりして、生まれた後もやはり、「おめでとう」のあと、必ず「きこえるの？　きこえないの？」と聞かれました。

きこえる義母との同居生活は、本当に大変でした。結婚当初の忘れられない思い出があります。「食事中に話すのはお行儀が悪い」「食べながら話をしてはダメだ」とよく注意されました。夫はテレビを見ながら食事するので、私の顔をみてくれません。夫は家族の会話に入れないことから、食事中にテレビを見るのが普通になっていました。「箸を置いて手話で話すのも行儀が悪い」「テーブルをたたいて呼ぶのはみっともない」とも言われました。きこえる人とは常識が違うのだなと思いました。そんなときによく結婚に失敗したと思ったものです。

ある日、夫に台所を手伝ってもらおうとすると、義母に怒られました。昔は、「男は台所に入ってはいけない」という考え方がありました。実は、夫はインスタントラーメンの作り方さえ分からず、鍋に水を入れて、すぐ麺を入れようとしたので、少し位は料理を覚えたほうがいいと、少しずつ教えたら、だいぶ上達しました。今は、義母も息子の作ってくれた料理は美味しいと喜んでくれています。

他にも色々と苦しい事がありました。当時はお風呂も嫁が最後に入るのが当たり前でした。嫁ぐ前は、時間交代で自由に入っていたので、夫の家でも先にお風呂に入っていたら怒られました。私を含め５人の大家族だったので、家でえらい者から先に入り、私は最後です。やはり最後にはお風呂に垢が浮いていて、シャワーもない時代ですので、垢を少しでも取り除いて入ろうと大変でした。まだ20代でしたので、なんでこんなに汚いお風呂に入らなければいけないのかと苦労の連続でした。

子どもが生まれた後も、里帰りは認められませんでした。荒川の実家からいつ帰って来るの？と聞かれても、義母は岩田家に嫁いだ以上、里帰りはできないとの一点張りでした。そこでどうしても帰りたいと言うなら、子どもを置いて行きなさいと言われてしまいました。

母乳をあげなくてはならないのに、子どもを置いてなどと義母の言動が理解できませんでした。やっと実家に娘を連れて戻ることができたのは出産から１年した頃でした。義母に反抗してまでも連れて帰ればよかったのに、と思われるかもしれませんが、当時それは私にはできませんでした。義母には絶対的権力があり、無理に里帰りでもしたら、離婚にでもなりそうと私自身びくびくしていました。義母としての威圧感だけではなく、きこえる義母だから強いというように感じ、なかなか反発できませんでした。

今は私も年を重ね、同居生活の中での考え方の違いに慣れてきたというか、時代も変わって、いろいろ言うことが出来るようになりました。

■日常生活の移り変わり

昔のろう者の生活について話したいと思います。

昔のろう者の起床方法です。水を沢山飲むと、自然とお手洗いに行きたくなるので、その時に時計を見ればあと何分、何時間で起きなければいけないというのがわかります。またはわざと雨戸を閉めず、日の出と共に起床するということもありました。現在使っているのは、バイブアラームとか振動式時計といわれるものです。他に携帯で起きることも多いですね。昔の方はこういうものがない時代にいろいろな知恵を使って起きていたのですね。

それから、来客を知る方法として、戸に滑車を付けて、紙をヒモにぶら下げ、戸が開くと、その紙が上下に動くというものがありました。昔の実家にもありました。今は玄関に防犯カメラが設置してあり、来客者の顔が画面に映ったりして便利になりました。今は便利な世の中ですが、昔は生活の知恵を振り絞りながら生きていたのだと思います。改めて昔の方々の偉大さを感じます。

赤ん坊の泣き声を知る方法として、私の時はベビーコールというものを使っていました。赤ん坊が泣くと、昼間はランプが点滅し、夜間は振動でわかるようになっています。私の母の時代は、紐で赤ん坊の足と母親の手をつなぎ、泣いた振動で赤ん坊の状態を把握できたそうです。または腕枕をして、赤ん坊が泣いて動いたときに母親が察知できるようになっていたそうです。そのように涙ぐましい努力をされ、子育てをなさっていたわけです。今はシルウォッチを使っている人が多いと友人から聞きました。今の若いお母さんはどうしているのでしょうか？

連絡方法についてですが、結婚当初の1983（昭和58）年にはファックスもありませんでした。親元を離れた事のなかった私を両親はとても心配していたので、手紙で報告していました。夏には、やっとミニファックスという小さなものでしたが、両親とのやり取りができようになりました。

母の70歳の誕生日には、携帯電話をプレゼントしました。今はテレBBといって、テレビ画面を通し互いに手話で会話ができます。ビール好きな父の赤くなった顔を見れば、すぐにその夜にビールを飲んだのかわかってしまいます。ファックスだと、相手の顔までは見られないので、心配することもありますが、こうやって元気な姿を見ることができるとやはりホッとします。やはり連絡方法一つでもきこえる人と、きこえない人とでは違いますね。

■乳児健診の場で

子育てを通し、忘れられない思い出があります。

出産後の定期健診に娘を連れて行きました。そこで必ず聞かれることは、赤ん坊がきこえるのかきこえないのかということでした。まだ1か月だったということもあり、わからないと伝えると、「すぐに検査してください」と言われてしまいました。1984（昭和59）年当時、聴力検査は生後6か月後に行われると決められていました。今は脳波ですぐにわかりますが、昔はそうではありませんでした。

ろう者のことをよく知らない人から、「言語発達が遅れるのでは」と保育所への早期入所を勧められることもありました。ろうの両親に育てられたので、ろうのことなら私がわかっているのにという気持ちもありましたが、教育専門家からはどうしても違う意見を言われることが多くありました。「どうしてきこえないとだめなのか？　聴こえたほうがいいのか？」と直接問いただすこともありました。私からそのように言われた相手は黙ってしまいました。

ろう者の存在を否定するような発言であり、ろう者でも私が育てますと言うと、相手は必ず「早く言葉を覚えないと社会参加ができないから」と言いました。

■優先保育

昔は、きこえない親から生まれた子どもはすぐに、保育所に預ける方がいいという考え方が一般的にありました。「優先保育」というのは、優先的に保育所に子どもを預けることができるよう、全日本ろうあ連盟の婦人部（現在は女性部に改称）が当時の厚生省と交渉したおかげで、両親がきこえない場合、優先的に保育所に入所できるようになりました。今は共働きの家庭が増え、きこえない親であり、共働きの家庭なら優先的に保育所に入れますが、実際には厳しい状況であると聞いています。

逆にこの優先保育でつらい思いをされるケースもあったようです。自分の手で育てたいのに、行政側に無理に入所を勧められ、その結果子どもは手話を覚えず、親子間の意思の疎通が難しくなった例もありました。自分の手で子育てがしたいという思いに反する内容になってしまった部分もありましたが、子どもの音声言語の発達には役立ったことは間違いないと思います。

■娘に育てられた15年間

子育ては、逆に娘に育てられたようなものだと思っています。娘の誕生日には、「お誕生日おめでとう」ではなく「母にしてくれてありがとう」と娘に伝えています。娘が１歳の時に保育所に預けました。義母が家に居たため、本当は預けることはできなかったのですが、義母が病弱のためと申請し認めてもらいました。義母は自分で孫を育てたいと納得していなかったようですが、保育所に預けることに決めました。

今でも忘れられない思い出があります。ある役員会の時に、なかなか会長が決まらない状況でした。私は手話通訳者に「なかなか決まらなければ私がやってもいいんだけどね」と言ったところ、なんと、手話通訳者がそのまま通訳したのです。拍手が起き、それとなく私が会長になってしまいました。確かにあの手話通訳者のやり方はやり過ぎだったかもしれませんが、私の気持ちをつかんでタイミングよく通訳してくれたと感謝しています。

家に帰り、娘に怒られるかと思いながら「会長になっちゃった」と言ったら、娘は「いいんじゃない、手話通訳者をつければいいし」と逆に励ましてくれました。いろいろな場でも、手話通訳者を伴って挨拶したり、子どもからも手話で話してくれたりとそういう時代になりました。娘は欲張りすぎて、そろばん、ピアノ、水泳、書道、英語と習い事をいろいろやりましたが、娘に感謝しているのは、習い事の送迎時に、いろいろなお母さんと知り合えたことです。保育所の会長をしたことがあることを知っているお母さんから、「役員やってよ」と言われて、小学校で保健部副部長、中学校では広報部の役員をやりました。それも手話通訳者のおかげで情報交換ができました。

手話通訳者がいない時は筆談でやることもありました。ろう学校で育った私は役員をしたおかげで、きこえる学校の様子もいろいろわかり、視野も広がりました。ろう学校でもバレーをやっていたので、ママさんバレーをやりました。共働きで忙しかったのですが、なんとか時間を作ってやったことは、懐かしい思い出です。たまたまバレーで一緒だった人が義母の介護保険のケアマネジャーになり、私のことも理解してくれ、スムーズに連絡できています。遠慮はせずに積極的に関わりを作ることは人の輪を広げることにつながるのだなと思いました。ろう学校時代の私は引っ込み思案でしたが、娘のおかげで世界が広がりました。

ほめ方の難しさですが、娘がピアノや本の音読をするとき、「きこえないのにうまいねとかは言わないで」と怒られました。私は頑張っている姿をみて褒めていたつもりですが、逆に娘の気持ちを傷つけたのかと思いました。そのときは互いに感情的になっていたのですが、今では笑い話になりました。

それから、電話通訳について、私の友達のお子さんは電話通訳をしてくれるという話を聞きますが、娘は「ファックスを使えば」と言うし、「通訳して」と言っても、「手話通訳派遣事務所があるじゃない」と言われて、結局自分で娘に頼らずにやるようになりました。

■子育て班を作って

埼玉県聴覚障害者協会婦人部の中に子育ての悩みがある人やお母さんが集まり、「子育て班」を作りました。その後、ふたごの子育て中の人や障害児を育てているお母さんから取材してその経験談を本にまとめました。必ず出る問題は、「手話を子どもにどう教えていいのか」でしたが、親子が通じればどの方法を使ってもいいのではないかという話にまとまりました。ただ、子どもが小さいときは問題ないのですが、大きくなると細かいことが話せなくなり、寂しいというのがあるので、小さい時から手話を使いながら会話したほうがいいという意見も多く出されました。

■娘の体験

英語の弁論大会に娘が選ばれた話ですが、自慢話ではなく悲しい話です。娘は英語が好きです、小学校１年から英語を習いました。発音もうまいから選ばれたととても喜んでいました。「3年間の剣道部で得た仲間」をテーマに話をしようと思っていたのですが、先生からは、「きこえない親のことを話しなさい」と言われ、「親がきこえないから選ばれたの？」とショックを受けたようです。「話したいテーマで話すと言えばいい」と言いましたが、娘は非常に悔しい思いをして、結局「盲ろう者について」というテーマで英語スピーチをしました。埼玉県で２位になり全国大会に進みました。盲ろう者に対する理解がまだまだの時代だったので、娘はよく頑張ったなと思います。「ろうについて話せば」という先生の話でしたが、当時はそのような雰囲気でした。英語だけではなく、手話も一緒に交えながら話しました。

■留学して10年

娘は6年生の夏、縁があって、私の友人が住んでいるワシントンD.C.にホームスティの形で暮らした時期がありました。得意だと思っていた英語が実際には通じなくて悔しい思いをしたことから、高校１年から高校、大学とカナダで暮らし、その後、アメリカに行き、現地で仕事をしています。義母は孫に家の跡取りを期待していたこともあり留学に反対しましたが、私は娘の思い通りにさせたいと思っていました。そのことで、「私が育てればまともになったのに」と義母から嫌味を言われたこともありました。今は、義母には、「育て方が悪くてごめんね」とうまくかわすことが出来るようになりました。

娘は、アメリカ手話も習い、ろう学校の寄宿舎で仕事をしています。日本では手話が出来ても、ろう関係の仕事をしようと思ったことはなかったのに、アメリカに行って、「ろう者ときこえる人の橋渡しが出来たら」という気持ちになったのは皮肉ですね。できれば、日本でそういう仕事ができるといいのですが。今はのびのびと活動しています。ある日、「ろう者と結婚するかも」と珍しいことを言ったので、私たちとも話せるからいいねと話しました。そんな娘ですが、これからの成長を楽しみにしています。

■仕事と私

亭主関白な父に尽くしている母を見ていたので、若い頃は独身を貫こうと思っていました。そんな私でしたが、好きな人ができ、自然と結婚したいと思うようになりました。それでも結婚後も仕事を続けていきたいと思っていました。

その結果、相談員として24年間勤めました。決して人助けではなく、人と付き合いながら仕事をするのが楽しいのです。お話をした後に、相手が変わっていく様子を見るのが好きなのです。ろうだから、年配だから無理という概念を変え、成長していく姿はまるで子育てのようです。もちろん悪い結果に終わることもあるのですが、良い方向に変わっていくのを見届けるのは、この仕事の醍醐味だと思います。もちろんこの仕事を24年もの間続けられたのは、家族の協力、そして周りの友人の助けがあってのことです。

そんな相談員生活の中でも3年間の空白の時間があります。というのも相談員という仕事上、時間に余裕がなく義母と子どもの取り合いになることがしばしばありました。保育所への送迎は義母がし、娘が急病で病院に行かなくてはいけないときも、近くにいる義母が連れて行き娘を奪われてしまったような気がしました。この状況を続けながら、子育てと仕事の両立はできないと思い、3年間近くの会社でパートをしました。その時ちょうど娘が3歳だったので、まさに「三つ子の魂百まで」と言いますが、その時期に子育てに集中できたことはよかったと思っています。

■ななふく苑での2年間

相談員として勤めた後、老人ホームで2年間働きました。建設直後ということで、初の施設長を務めました。埼玉の社会福祉法人だったからこそ、ろう者の管理職として採用してもらえたのだと思います。それが普通の会社となると、また別だったのかもしれませんが、埼玉だからできたことだったと思います。

2年間の老人ホーム勤務は、ろうの人生の先輩たちとの関わりというのに尽きると思います。先程お話ししましたように、ろうの子どもが欲しかったなど、涙なしでは聞けない話ばかりでした。貴重なお話を後に残そうとカメラをまわしたこともあるのですが、慣れない年配の方たちはカメラの前に立つとピースサインなど写真を撮るときのようにポーズをしてしまうのです。できるだけ目立たないところにカメラを設置したりもしたのですが、うまくお話を引き出すのは至難の業でした。

その中でもみなさんが決まってお話してくれたのは、戦争に関することでした。8月15日と口にすると、みなさん一斉に自身の戦争体験を話してくださいました。戦争のことは、やはり記憶に鮮明に残っているようで、悲しい歴史なのですがその時あったことを詳しくお話ししてくださいました。日本の降伏を国民に伝えた玉音放送の際、家族に内容を教えてもらえなかったことなども話してもらいました。聞きたいお話しをこちらから「どうでしたか？」と聞いてしまうと、カメラの前ということもあり、うまくお話を引き出すことが結局できませんでした。手話を通して語られたこれらのお話は、まさに生きた財産です。もっとたくさんの人に見てほしいと思っていましたが、2年という短い勤務でたくさんのお話を撮れなかったことは、今でも心残りです。

それから、きこえる人と、きこえない人の文化の違いがわかってきました。きこえる職員にはストレートに話さないで、少し遠回しに話すように努力しました。それがきこえない職員に同じように言うと、思っていることがなかなかうまく伝わりません。誰が相手かで、言葉のニュアンスなどを考えるように心がけました。

■東京大空襲があった日

さて、3月10日は何の日でしょうか。新聞をすでに読んだ方もいらっしゃると思いますが、そこにはこう書かれています。「きこえないというだけで冷たくされ、親がないことで寂しく悔しい思いをした。空襲で大切なものを全て失ったのです」

私の母と同じように、疎開先に両親が迎えにこなかった孤児の一人の言葉です。戦争で失ったものはたくさんありますが、ろうであり、女性である上に両親を失うといった三重の苦しみを持った女性がいた証です。3月10日に東京都庁で空襲犠牲者を悼む式典があるのをご存じでしょうか。テレビでいつも見ているのですが、母に「行かないの？」と聞いたところ、通知が来ない事がわかりました。インターネットで名簿の募集というところがあり、もしかしたら母の一家全員名簿の登録をしていなかったのではと思い、すぐに届け出を出しました。亡くなった4人の登録をお願いしたところ、すぐに母のところにも通知が届き、さっそく手話通訳者を付け式典に参加したそうです。母は式典に参加したことで、区切りがついたと話していましたが、私はそう思いません。母のように犠牲者の家族で名簿登録を済ませていないろうの方はまだおられるのかもしれません。空襲で7万人の方々が亡くなりましたが、登録済の方が6万人ですので、1万人分の空白があるとの話でした。

■最後に

やはり声なき声をきちんと記録に残すということは大切です。

特に、ろうの女性の歴史や戦争のときのろう者の声をきちんとDVDまたは本などの形で記録に残す必要があります。ろう者の先輩の財産は、やはり手話です。手話のおかげで私たちも手話で話が出来るわけです。昔の先輩から手話が受け継がれてきたというのは、私たちにとって素晴らしい財産です。お金がなくても、手話という財産が受け継がれていることは本当に素晴らしいことだと思いますので、手話に誇りを持ち、若い人たちにもその歴史を伝えて行って欲しいと思います。

（2010年4月3日　於：江東区総合区民センター）

2-2　女性パワーはすごいのです！
——ろうあ運動と子育て、夫婦二人三脚で歩んできた　大槻芳子

■はじめに

こんにちは。どんなご縁か、本日、こちらの会場によらせていただきました。

この会、なんていう名前でしたっけ？　女性…難しい、英語の、デフ・ウーマンヒストリーというものでしたが、ご依頼いただきましたとき、内容を読んだらとっても難しいものでした。

みなさん、普通の学校を卒業して、大学まで卒業して、一流の会社に就職したり、起業をするなどして、頑張っている女性のみなさんの会で恐れ多いなと。私なんかは大学にも行っていないし、小さいときにちょっと普通校に通ったこともありますが、そんなに高い目標があったわけでもなく、あまり考えないで、今まで暮らしてきたのでごく普通の主婦なんです。

たまたま色々なご縁がありまして、あれやこれと色々な活動をしてきました。今日は私の活動についてお話ししたいと思います。

■失聴した小学校時代

６歳、小学校に入る時の４月ですが、急に耳がきこえなくなり一晩で失聴しました。全くきこえなくなりました。不思議ですよね。

家の仏壇にお供えがあります。「食べたいな」と言ったら、母に怒られました。なぜ怒られたのかは忘れましたが、私はすごく腹を立てて大泣きしたんです。おとなしい子だったんですけれど。泣き疲れてお昼寝をして、夜ご飯の時に、母が起こしにきました。多分、「ご飯だよ」と言われたと思います。けれど気づかずに寝ていたみたい。起こされて「ご飯だよ」と言われたのですが、「あれ、きこえないな」と思っていて、その時は全くきこえなくなっていました。

食事には、おじいさん、おばあさん、兄たちがみんな集まっていて、「耳がきこえない」と言ったんです。そしたら、家族みんなビックリしました。

今から思えば、突発性難聴か、みんなが言うには仏様のお菓子を勝手に食べて、大きい声を出したから神様のバチが当たったのだとか。耳の神経がきれたのか、諸説ありますが、それはともかく、一晩で全くきこえなくなってしまいました。

小学校１年の６月の時です。家族は非常にあわてでどうしようと。父は私が２歳の時に病気で亡くなっていました。

それで、そのままその小学校に通い続けたのですが、母方の祖父が村長さんをやっていましたので、新潟にはろう学校があるという情報を教えてくれました。ただ、母は、「こんなに小さいのに、遠いろう学校にいかせるなんて」と心配して、小学校４年まではそのまま近くの学校に通っていました。兄が３人いますので、勉強などは兄達から教えてもらいました。私は何も考えずに普通に学校に行っていました。小学校５年の２学期に、新潟のろう学校に転校しました。

■新潟ろう学校での口話教育

ろう学校の寄宿舎に入ったら、みんなが手話で話していましたが、全然分からなかったのです。でも、寄宿舎にいたからということもありますが、みんなにすぐになじめました。手話も覚えていって、どんどんやり始めました。みんなとコミュニケーションができて、とても楽しかったです。

声は一応、普通に声を出せますが、月日がたつとだんだん崩れてきたみたいです。ろう学校入学後は、口話教育でしたから、「声を出しなさい」です。よくしゃべれると、先生がいつもほめてくれたりしました。先生は私に教えるわけではなく、「とにかく声を出しなさい」と言いました。しかし、古くからの先生に私はいじめられてしまいました。学校では、活発な子がいじめられる、めだつと何かされるというのは今も同じかもしれません。特に、口話教育に権威のある女のH先生にいじめられていました。私は読話と口話でいじめられてトラウマになっていた時期があります。例を一つ話します。

ろう学校はどこも同じだろうと思いますが、話のできる声を出すのがうまい子が、何かあると必ず挨拶の時に、生徒代表になって挨拶などをやります。いつも私が挨拶をやっていました。H先生は、「あんたの声は変だった。にわとりが首を絞められたような声だった」と私に言うのです。私の舌のことを、「そんな長い舌は切りなさい」とか怖いことを平気で、言うのです。

ろう学校の中では発音指導がうまいと定評がある先生で、私は転校生だからH先生の指導はうけていません。同じクラスが1年から3年生までH先生の担任で指導をうけていたのでなおさらひどかったのでしょう。仕方がないのですが、とにかくいじめられて、だんだん私は怖くなりました。

そこでは、先生方の私に対する評価が二つに分かれていたようです。いつもまん中がない感じです。自分の人生はずっとそうだったなと思います。「いいな。大槻は素晴らしい」と言ってくれる人と、「ダメだ」とこっぴどく言う人と、いつも2つに評価が分かれてしまいます。まん中がない私の人生だったと思うのです。

■読唇をめぐるH先生とのこんくらべ

私は読話も得意だったのです。口の動きが分かると読話が分かりやすいのです。ある時、担任が休んで給食の時間に隣のH先生が来ました。弁当を食べ終わったらやかんのお茶を貰うためH先生の前に出て、「お茶をください」と話します。発音がよければH先生が『読話』として何か話し、その言っていることを当てればお茶がもらえます。よく発音できて読話もできたらお茶が飲める。終われば、昼休みでみんな外へ遊びに行けるわけです。

その時、私は先生に、「お茶をください」と言いました。読話で先生が何かを言っていました。先生の口が動くのです。教室の中を探して、話していそうなものを見渡します。「何と言っているのかな？」と。私は負けず嫌いだったので、先生と1対1になって、弁当箱を手元に抱えながら考えました。「『黒板』という口型でもないし、なんて言っているのだろう？」。どんどん時間が過ぎていきました。先生は、「あなたわからないでしょ。唇が読み取れないでしょ」と言います。「先生、何を言っているのだろう？　この口の動き何だろうな？」と思っているうちに、お昼の休み時間は終わり5時間目が始まる時間になりました。

先生は「わからないでしょう」と言うけれど、降参したくなくてこんくらべになりました。負けたくないので、決して「わからない」とは言いませんでした。もう5時間目が始まる時間です。H先生は「クルクルパーね」と言い、「サン」だと黒板に書きました。

「サン」と言われてもわからないでしょう？　みなさんわかります？　何だと思います？　障子の「サン」でした。教室に障子なんてありません、なぜ「サン」って言うんでしょう。「私のクラスの子どもたちはみんな『サン』がわかるのに、あなたのクラスの子どもたちはわからないじゃない」と言いました。私は弁当箱を手元にもったまま、「もういい」と言われても、そのまま抵抗していました。次の時間の数学の担当の先生が来て、「まあまあ、いいから、いいから」と言ったので、仕方がなくお弁当箱をさげました。小学校4～6年生の時は、H先生には絶対に負けたくないという気持ちがすごくありました。

■学校の先生になることを夢見た中学時代

そして中学に入りました。先生方は優しいのですが、ベラベラしゃべっていて生徒たちは唇が読み取れません。私が通訳します。「今、こういうふうに言ったよ」と先生と他の生徒の通訳をするのです。そういう経験もしました。

寄宿舎にいましたので厳しく指導してくださったのだと思いますが、口話が読みとれないと先生は怒るのです。怒るとますます口形が早くなり、そうするともっと読みとれなくて怒られる。「速すぎてわからない。もっとゆっくり話してください」と間に入って私が言いますが、ますます怒って早口になる。おかしな先生だなあと思いました。

私の家族も学校の先生が多いので、私も学校の先生になりたいという気持ちが芽生えてきました。中学、高校では一生懸命勉強しました。その勉強のおかげで、後々少し楽になりました。でも、「学校の先生になるのは難しい」と先生から言われてしまったのです。筑波大学附属ろう学校にいた林先生が新潟ろう学校の校長でした。「学校の先生になりたいのはわかるが、ろう学校の先生にきこえない人がなるのは本当に難しい」と言われました。みんなからも難しいと言われて、「先生になれないのかな」と思ってしまったのです。

■上京、そして夫との出会い

高校を卒業する頃、和文タイプの仕事を先輩が探してくれました。新潟で働くつもりでしたが、校長先生に「東京に行きませんか？」と言われました。東京には興味がなかったのですが、校長先生が担任の先生と相談して、私の身元引受人や連帯保証人になって下さって、国立ろうあ更生指導所——今、所沢にある国立障害者リハビリテーションセンター——に入所することになりました。

そこで今の主人の大槻との出会いがありました。私はまだ18歳で、彼は28、29歳くらいでした。彼の方がすごく熱心でした。「30歳前に結婚しなければ」と言われてあせっていたようで、私に迫ってくるのです。気がついたらいつも側に彼がいました。21歳で結婚しました。なぜ結婚したのか今でもよくわかりません。不思議な感じです。

■洋裁学校へ通ったやさきの妊娠、子育てに熱中した専業主婦時代

学校の先生に対する憧れがずっとありました。そのように私は主人に言いました。「大学に行ってもいいよ」と主人が言ってくれました。でも、学力がないですよね。洋裁は得意でした。「洋裁だったら、師範科を出て免状を取れば、ろう学校の先生になれるかな？」と思いました。いい主人ですよね、奥さんに勉強を進めてくれたわけですから。私は喜んで洋裁の学校に通いました。

1年半後、もうすぐ卒業という時に妊娠してしまいました。やめようかと思いましたが、「頑張って卒業したほうがいい」と言われました。大きくなったおなかがわからないように、ふわーっとしたドレスを着て通い、卒業することができました。

赤ちゃんを産みました。学校の先生という夢はなくなってしまいました。子育てに熱中しました。母としての仕事を全うしました。息子を産み、娘を産み、一生懸命子育てしました。ぬかみそを漬けたり、白菜を漬けたり、洋服を作ったり。みんなに「うそつけ」と今は言われますが、本当にいい専業主婦でした。人は見かけでは内面はわかりません。みんなの目は節穴ですね。

その時は、杉並区に住んでいましたが、横浜の青葉台団地に一生懸命応募して30回目にやっと当選しました。主人も辛抱強いですね。やっと当

選して、横浜に引っ越しました。青葉台の駅に近い日本住宅公団団地です。そこで生活をして、子育てをしました。

■転機となるアメリカ視察のきっかけは夫とのけんか

その頃、通訳やノートテイクがついてろうあ者が勉強できる環境があるアメリカの大学に、見学にいくという企画がありました。私はあまり興味がありませんでしたが、忙しいけれども行きたいと主人がその企画に申し込みました。

でも、実際に時期が迫ってくると、主人は仕事の都合で参加できなくなりました。キャンセルすれば参加料30万のうち28万円が返ってきます。経済感覚が主人と私とでは違いました。私は28万円が嬉しかったのですが、主人は2万円取られるのは損だと、私に「自分の代わりに行ってこい」と言います。「普通の主婦なのに、なんで自分のために28万円も払うのか。とんでもない」と思いました。娘のピアノだったら払います。主人の背広にも払います。でも、私個人のために28万円も使うのはもったいないという感覚でした。

でも、主人は「行け！」と。それでけんかになりました。そのうちに、旅行の日が迫ってきたわけです。それで行くことになりました。アメリカのカリフォルニアです。日本とは雰囲気が違います。3月だったと思いますが、到着するとぱーっと明るかったわけです。「28万円はもったいない」と嫌々行ったのですが、飛行機のタラップをおりるとすごく明るいんです。考え方がいっぺんで変わってすっかり元気になりました。けんかしたことも忘れてしまいました。

先頭に立って歩いていました。暗い色の地味な洋服を着ていたので、まずデパートに行ってハイビスカスの花がついている明るいムームーの服を買って、おしゃれをしました。

■カルチャーショックを受けたアメリカの大学の状況

大学は、州立のカリフォルニア大学ノースリッジ校です。みなさん行ったことがありますよね。そちらを見学に行きました。カルチャーショックを受けました。手話通訳がいます。手話で話もしています。心理学の勉強をしているところを見学したら、大勢のろう者がいました。みんな落ち着いて授業を聴いています。

青い目で白髪の手話通訳者が、紺のスモック服を着てピンクのマニュキュアをつけていました。顔はしわだらけですがきれいな顔をしている年配の通訳者でした。ひげ面の先生が歩きながら授業をしていて、そのおばあさんが通訳を担当していました。隣にはノートテイカーもいました。ろうの学生は余裕の状態で授業を受けていました。

日本のろう者は必死で勉強しなければならないのですが、全く様子が違っていてショックを受けました。科目に『手話』があることにも驚きました。大学生がアルバイトで手話通訳をしています。例えば、数学科は数学科の学生がアルバイトで通訳する。そういうシステムができているのです。私立ではなく州立大学です。色々と驚いて、勉強して帰ってきました。

帰国して3か月ぐらいはボーッとしていました。とにかく私はカルチャーショックを受けたんです。

■1枚のハガキから始まったNHKディレクターとのつきあい

それから2、3か月して、私が入っている「みみより会」に、NHKのデイレクターの玉谷さんが講演にいらっしゃいました。私は、ボーッと話を聞いていて内容はよくわからなかったのですが、玉谷さんが私の方にきて「大槻さん、久しぶりですね」と言うんです。NHK教育テレビに私が出たことがあって、「お世話になりました」というようなことを言われました。本来なら私から「お久しぶりです。この間は大変お世話になりました」と言うべきだったのに、ボーッとしていて、玉谷さんの方から言ってくださったのです。

「悪かったな」という気持ちがあり、ハガキを１枚書きました。「玉谷さん、すみません。実はアメリカに行ってすごくカルチャーショックを受けて帰ってきたばかりで、ボーッとしていてすみません。もっと若かったら留学できたのに、結婚して子どももいるし、残念だけどこれはかなわないことです」と書いて玉谷さんに送ったのです。それから、玉谷さんとのおつきあいが始まりました。

■番組「聴力障害者の時間」ができるまで

「聴覚障害者のための番組を作らなくてはならないと言われています。ろう者の番組を作るにはどうしていったらいいのでしょう。盲人の番組はあるが、ろう者の番組はありません。どのように作ればいいでしょう？」と、玉谷さんからお話がありました。頭の中に色々な構想が浮かんできました。内容は忘れましたが、考えた案を出しました。「ろう者が司会をした方がいいのではないか」など、アメリカで体験したことから考えた話もしました。40年も前なので細かい話は忘れましたが、色々話し合って、試作番組を作りました。NHKの上の方の企画会議に持っていき見てもらいました。「いい番組じゃないか。なんで今までこんな番組を作らなかったのか」とみなさんから言われたそうです。こうして、番組「聴力障害者の時間」ができました。

アナウンサーがしゃべって、隣に手話通訳がいて、時々字幕を出すという案に対しての意見があります。「ろう者の視線はあちこちは見られません。一箇所に集中できるように、司会自身が手話をやる。または通訳者が司会をやるか。とにかくそういう方法がいいと思う」と言いました。「背景に映像があると、通訳を見たり背景を見たり字幕見たり、色々大変です」という話もしました。

■批判と賞賛を浴びながら務めたテレビキャスター経験

玉谷さんが、丸山さんと飯塚さんという２人の司会を連れてきて番組が始まりました。その前の試作番組は私がキャスターをやりました。明るい模様のついている服をきていたら、ろう者から批判されました。ろう者の番組を作るのはみな初めてで、注目されていました。

特に、女性からは、「あの服はよくない。あんな派手な色はよくない」など批判の声がどんどん来ました。「とてもよかった」という声と、「なんだ、あの服はちらちらしていて見ぐるしい」と、私の場合これもほめていただくか、けなされるかどちらかです。

主人がいつも支えてくれたので、批判に耐えられました。「何かあったら家に入って鍵をかければいい。家の中は無事だから君は好きなことをやればいい」と言ってくれたので、私は喜んで何を言われても NHK の番組に協力しようと続けてきました。

ろう者は、テレビから色々な知識や教養を得ていきますが、字幕がないのでわからないわけです。字幕をつければろう者も色んなことが理解できるようになります。テレビに関しては、若い時だったので、自分の意見をいろんな処に言ってきました。テレビに対して、私はそういう形で挑戦していきました。

たまたま、ろうあ連盟の事務所長という立場にいた、阪神淡路大震災の時でした。「聴力障害者の時間」は、前もっていろいろ取材をした映像をそのままテレビに流していました。震災の大変な時で、しかも情報が入ってこないのに前に撮った映像を流している。私はそれにカチンときました。

ろう者はテレビを見ても情報がわからないのです。安否の文字が字幕で出てきますが、「聴力障害者の時間」は前もって撮った番組を流しているので、「何をしているのですか」とディレクターに言いました。「耳がきこえない人が情報をほしがっている時に、なぜ前に作ったものを流しているの？」と。4 週分撮った物をやめて、阪神淡路大震災の様子を流すようになりました。ディレクターの意気込みはすごく、連盟本部事務所に通って情報を NHK に送り、新しい震災情報や対策本部の情報を流しました。

大槻の顔がテレビに出ることで有名になることもありますが、批判と称賛と2つを浴びることにもなります。実物と映像がかけ離れていることも事実です。テレビの大槻芳子と実物の私のイメージは違っているように思う時があります。

たった1枚のはがきをディレクターに出したことで、NHKとのおつきあいが始まりました。世の中は不思議だと思います。その時に何か目標があったわけではないのです。向こうからご挨拶をしてもらって、「こちらから先にご挨拶できなかった。申し訳なかった」という気持ちから、NHKとの関係が始まったのです。

■ろうあ者相談員として奔走した日々

その頃、私は横浜のろうあ者相談員をしていました。資格がないから通信教育をうけて、社会福祉主事の資格を取りました。1年間勉強しました。通信教育ですから、いろんなところで調べ、自宅で勉強して資格を取りました。横浜市のろうあ者相談員として10年間活動しました。

ろう者の方が相談にきます。本当に苦しい、頭を抱えるほどの問題です。とても深刻な話もあります。「そうですか。大変ですね」と何でもまずは、相手の話を聴いてあげました。どうしょうもないこともあります。ろうあ者相談員も、ろうあ協会役員や婦人部の役員、講演会の担当も何でもやりました。主人も家で家事をやってくれていました。私は色々な活動をやっていました。主人にも子育てを手伝ってもらい、子どもも大きくなっていきました。

たまたまその頃、一つパッと明るいことをしたいなと思ったのです。相談はきりがないのです。「大変ですね。困りましたね」と言うだけではだめですね。どうしたら社会を変えていけるか、どうしたら人々の意識を変えていけるか。自分ができることは何か。

みなさんから手話講習会での講演なども頼まれるようになり、土日になると各地に講演に行っていました。そこで、どこかでまとめてみんなが集まるところで講演したいと思うようになりました。「手話の美しさや素晴らしさをみんなに見せたい。口で言うのではなくて、手話で見て欲しい」と、色々な気持ちがまとまってきました。

■歌と踊りの１人ステージへの挑戦

私は元々音楽が好きで、歌もダンスも好きだったので、これを1つにまとめて、大槻芳子オンステージをやってみようかと考えました。「私には家庭もあるから、厚かましく批判がきてもいいや」ということで、桜木町の福祉センターで、300人集まるホールを借りてやりました。私１人のステージです。

ただではありません。入場料は参加整理券にしました。1200円。300人からお金をとったのよ。お金を取る以上は、変なことはできませんよね。素晴らしいステージをと、デパートで10万円ぐらいする衣装を買って、アクセサリーも主人からもらった指輪をつけました。

問題は歌ですね。声を出すと音程がうまくとれません。丸山浩路さんのステージを見たら、松田聖子さんの『天国のキッス』をやっていました。ろう者がみても、内容がわかりません。「負けるものか、よーし、丸山さんを負かすぞ！」と。テープを流しながら、丸山さんは踊っているわけです。「何あれ？テープを流してやるなら、私だってできるわよ」と。

問題は、テープに合わせて歌のリズムをとることです。『見上げてごらん　夜の星を』とやるわけですが、音と私の手話が一致していないといけない。テープと自分の手話を合わせようと、通勤の電車の中で吊り革につかまってリズムを合わせました。手話は得意ですから簡単です。とにかく、リズムに合わせることを練習しました。

色々あって、舞台をやりました。その時に、新潟の林校長先生やろう学校の先生が東京に来て下さって、スピーチをして下さいました。

「大槻さんは、私がろう学校にいたとき、先生になりたいと言っていました。でも、私はダメだ。無理だと言いました。でも今、この舞台を見て、大槻さんは学校という狭いところではなく、広い舞台でいろんな人に教育する。そういう立場の人だったのですね。」

先生はお亡くなりになりましたが、この言葉がすごく心に残りました。そのステージで、みなさんがすごい拍手をしてくれました。私はおだてられると喜ぶタイプです。「彼女の舞台やダンスは何だ」という声もありましたが、称賛する声がとても多かったのです。

■ NHK 放映がきっかけで全国公演どさ回り

それではと、11月に2回目の公演を開きました。気が早いと言うか、図に乗るというか、おだてにのりやすいというか、それらが重なって、内容を変えて東京でステージをやりました。NHK の玉谷さんが取材にいらっしゃいました。それが NHK で放送されると全国からいろんな連絡がきました。それで全国どさ回りが始まったわけです。

ステージに立っても、ろうあ者相談員もやめないし、ろうあ協会の婦人部長もやり、どさまわりもやったし、あれもこれもやっていたのです。でも、体はこわさなかったです。やっぱり若くて元気だったからじゃないかなと思います。やっぱり女性は、根が強いのだと思います。

■ろうあ婦人部活動中に舞い込んだ連盟事務所長就任の話

全国のろうあ婦人部長を3年間担当しました。全国各地の婦人部に出向いていた時に、ろう児を生んだ女性が、同じろう者から差別や好奇の目で見られたということで涙を流しながら発言していました。そういう悲しい思い出もたくさんあります。色々なことがありました。婦人部理事と相談しながら3年間で土台作りをして良い環境をと考え、「組織を固めないといけない」、「ろうあ婦人パワーは強いのよ」と言って頑張っている時に、本部事務所長の話がきました。正直、本部事務所にはあんまり興味はなかったのですが、「婦人部は私がやるから連盟に行った方がいい」と言って勧めてくれた人がいました。「連盟は今困っているから、あなたが行った方がいい」と。まだ土台づくりもできていないのに連盟に行くのは困るとも思いましたが、松本理事からの話でした。松本さんは主人にも話したようです。

ろうあ連盟は、会員が2万7000人の大きな組織です。たたき上げの人たちが選出役員です。すごい男性が理事になります。「その中核に入るのか」。歌を歌っていた方がいいと思いました。主人は「やれば、自分で決めればいいじゃないか。好きなことばかりしないで貢献もしないと」と言いました。

しぶしぶですが、お受けすることにしました。理事会にその話が出されました。私がいないところで話せばいいのにと思いましたが、松本さんからそのままいてほしいと言われ、私の目の前で討議されました。賛成も反対もゼロでシーンとしています。「大槻さんでどうですか？」と提案されても反応がないわけです。松本さんが「時間だから、反対がないなら決めましょう」ということで、決まったわけです。

組織としてはみなビックリしました。「女性が入るの？」という感じでした。今まで入ったことがないのです。50年間男性だけでした。50年間、組織の中核に入る女性がいなかったのです。まして、歌って踊ってお金をとるような人が入るなんてとんでもないという意見もあったわけです。私には直接言いませんが、松本さんは相当ご苦労なさって理事会に提案したみたいです。

■ろうあ連盟初の女性事務所長として

私は決まったなら頑張ろうと、敵陣に乗り込むつもりでいました。都知事選で当選した美濃部さんが、東京都庁に入る時、敵陣に乗り込む気持ちだと言ったことを思い出しました。事務所の職員は長く経験しているプロです。腹をくくる必要があります。

案の定、はじめて事務所へ勤務した日、私が入り口のドアを開けると、知らん顔で机に向かっています。挨拶もしません。しらーっとしているわけです。私のことを見下しているのかな。こういうの私は好きなんです。

「闘うわ！　こちらを見させるわ！」という感じでした。
みんなは事務をしていますが、私は大きな声で「おはよう！」と言ったわけです。きこえる人は顔をあげて「おはよう」と言いました。ろうの人は２人いましたが、そばまでいって肩をたたいて「おはよう」とそれぞれ挨拶しました。その人たちは顔を上げて、わかったという感じでした。それを３か月ぐらい続けました。「おはよう」と大きな声で言い続けました。毎日毎日言い続けました。その後、ドアを開けると、みんな笑顔で「おはよう」と言ってくれるようになりました。職員と仲がよくなれば、組織としてきちんとできる。私は事務的な知識はないのですが、職員は長く勤めているのでプロです。職員を味方にすれば怖いものはない。仲良くなれば何とかなるという自信を持つことができました。
三役と静かな喧嘩もしました。高田さんは想像力・創造力の大きい方で、学校を作るとか手話研究所を作るとか色々言ってきます。そういうことはいいのですが、実務は本部事務所でそれに即した内容を作らなければならない。できることとできないことがあります。ただでさえも忙しいのに、いろいろ仕事をやらされるから困りました。私は運動の理念を理解しながらも、現状の職員を守らなければならない。そこをどううまく調整していくかでした。夢の大きい人でした。
安藤さんは、真面目な方です。九州男子です。九州では役員から天皇と言われていると聞きました。骨の髄までたたき上げた活動家ですが、会員には優しい気使いをしたり、無言で優しいまなざしをむけているのを私は時々見ることがありました。私の最初の上司で厳しかったですが、最後まで私を守ってくださいました。三役でも決断はすごく、大きな事業を次々に決めていきました。
松本さんは、「良きに計らえ。責任は自分が持つから」というタイプでした。厚生省との交渉も人任せで、事務所にはめったにきません。安藤さんの後の事務局長でした。私の外部向け名刺が「事務局長代理」で、理事長の代理として出なければならない行事には、「理事長代理事務局長代理本部事務所長」という何がなんだかよくわからない肩書きが席に書いてあったことがあります。私は平然として出ていました。肩書きにあまりこだわらなかった事と、何であろうと私が好きなように仕事が出来れば嬉しかったのです。パートナーで次長の秋間さんがいたからできたことです。裏で三役を調整するのが楽しみということもありました。ろうあ連盟の中心にいた方々です。素晴らしいと思うのは、それぞれ考え方、タイプが違いますが、組織で決まったことは必ず協力しあうということです。反対していても、組織として決まったことには協力するのです。

婦人部長3年と事務所長6年、合わせて9年。色々と勉強しました。高田さんが言うには、「大槻はいいね。事務所に遊びにきて楽しくやっていて、給料もらって」と。海外出張も含めて大変な激務でしたが、いかに楽しかったかがおわかりでしょう。ろうあ運動の素晴らしいところは団結です。決まったことに向かって進んでいくところが素晴らしいところだと思います。

■病気による連盟退職後の生活で考えた手話通訳との関係

さて、手話通訳についてです。プロの通訳は、大学で勉強した人並の力が必要です。厚生労働省も色々考えて、専門の力を伸ばすことが必要だという時に、私は病気になりました。脊髄の難病です。いまだに治す方法がないそうです。でも、私のいいところは、障害受容が簡単だということ。簡単というのは、諦めも早いということです。努力しないという意味でもあります。そういう悪い面もあります。

車椅子が来て「これって便利だな」と思いました。6輪で切り替えもできたりして家の中もスムーズに移動できて便利でした。でも足の力が落ちてしまいました。10年目に「あ、立てなくなった」と気付きました。みんなに「馬鹿ね」と言われます。今頃リハビリで立つ練習をしています。元プロ野球監督の長嶋さんがいますね。いい環境もありますが、本人も努力をされたのでしょう。お元気で歩けています。真屋順子さんも歩けなくて、旦那さんが自分で料理、洗濯をして助けていると前にテレビでみましたがとてもすてきな夫婦です。

私は明るくて元気ですが、なまけ者なのでしょう。気が入らないと努力もしません。便利ということで使ってしまいます。しかし、トイレに行く時には、立たなくてはいけません。ある時、車椅子から転げおちてしまいました。主人を呼んでもきこえなくて来ない。きこえないということと動けないということがセットになった生活の大変さに気付き、これから立つリハビリをしようと思っています。

今では、トイレのために立ってズボンをおろすことが少しずつできるようになってきました。車椅子から完全に立つのは難しいのですが、乗りっぱなしには気をつけないと、と思い、今は、そんな生活をしています。

■手話ボランティア「ポレポレ」の立ち上げ

歩けなくなって、仕事を辞め家に帰りましたが、昔手話を教えた人たちがたくさんいます。家に帰ってくると、みんなが協力してくれます。困っていないかとみんなが私を助けてくれます。所長のとき、「技術の高い専門性の高い通訳者が必要だ」と活動してきました。家に帰ってくると、プロじゃなくても、技術が高くなくてもいい。「ちょっと来てよ」「どうしたの？」と走って来てくれる気持ちを持った人が必要です。「助けて」とメールを打っても、「技術がまだまだだから」と手話を習っている人はいうかもしれません。

でも、「ちょっと来てよ。通訳手伝って」と言って、「手話の技術まだまだですから」と言えますか？「来てよ」と言ったら「いいわよ」と来てくれる。それは、プロの通訳にはできません。そのことに気づきました。普段の生活の中で、プロの技術の高い手話通訳は必要ないんだと。「来てよ」と言えば来てくれる近所の人が必要です。

例えば、自転車と車にぶつかって倒れていて、「ちょっと来て」と言ったら、「技術がまだだから」と言われたらどうでしょうか。とにかく走ってきてくれて、「病院に電話しようか？」とか「手話通訳を頼もうか？」といって助けられることはたくさんあります。それをプロの手話通訳に頼むのは難しいわけです。こういうことなんだと気づきました。

人間は機械ではありません。公的な手話通訳の制度は必要です。でも、サークルもあっていいと思うし、個人のおつきあいやボランティアグループもあっていいと思う。いろんなものがろう者の周りにあって、選ぶ権利や選択肢はろう者が持つ必要があります。

こうして、手話ボランティア『ポレポレ』を作ったわけです。その時に、また批判の矢が飛んできました。「公的な手話通訳制度を壊すつもりか」と宣伝されてしまいました。「そんなことはない」と言っても、とにかくそういう噂が広がりました。それはどうでもいいことですが。

今、ポレポレの会で活動しています。若い時は、相談員や踊り、婦人部長やいろんな役職を経験してあちこち活動をしていました。今は、家に戻り、スローでスリムでシンプルな活動を目指して、身辺整理中です。不要なものはどんどん整理して、今の生活があるわけです。

■女性のパワーはすごい！　何をやっても遅いことはない！

若い時はいいですよね。いろんなことをやってね。色々ぶつかってやるのは構わないと思います。ノースリッジ校に行かせてくれたのは主人です。28万円返ってくるから嬉しいと思っていた時に、「2万円損するから行け」と夫婦喧嘩した頃から私の生活は変わってきました。

人生、何をするのも遅いことはないのです。私が仕事を始めたのは38歳の時です。一生懸命、主婦をやっていた。その後、ろうあ者相談員になり、通信教育で資格をとり、ろうあ連盟の所長になったのは、53歳の時。何かやろうと思ったときに遅いことはありません。

今は、外にでないようにして、活動しています。私は図に乗りやすいし、ほめられるとすぐに調子に乗るし、舞い上がっていくタイプなので、若い人に頑張っている姿を見せられたらいいなと思ってこちらにまいりました。

昔は講演をよくやっていました。10年ぐらいやって、その後は一切断るようになりました。外に出るのも怖い感じなのです。家と家の回りを動くくらい。ずっと家にいて、テレビを見たりパソコンをしたりとか、家の中で行動するだけで十分生活できます。

だから、外にはあまりでませんが、時々、講演のお声がかかって、その縁で今日は来ました。女性のパワーはすごいということをお伝えしたいと思います。

（2010年7月31日　於：東京都障害者福祉会館）

2-3 NHKドキュメンタリー「歳月」に出演して
——取材を受けたいきさつ・時代の背景を語る　藤田孝子

■『暮しの手帖』と「歳月」

こんにちは。藤田孝子です。私は口話なので、手話はうまくありませんが、よろしくお願いします。

昭和33年5月に『暮しの手帖』に手記を投稿したことがきっかけとなり、取材を受け、『暮しの手帖』45号:昭和33年7月号に掲載されました。昭和36年には『名もなく貧しく美しく』という映画が制作されました。聴こえない事をもっと多くの方に知ってもらいたいという趣旨でこの映画が作られましたが、残念ながら、あらすじは同情を誘うような内容になっています。

昭和39年に「歳月」というタイトルのNHKドキュメンタリー番組に出演する機会に恵まれました。戦後は、食べるものも少なく、貧しい暮らしをしている人が沢山いました。

■結婚と子育て

昭和21年12月、私はろう学校の5年先輩であった威（たけし）と結婚しました。子どもも2人産みました。当時は子どもを育てられるかどうか情報もなく、心配で先輩に色々と聞いたのですが、「やはり聴こえないのだから、子どもはいない方がいい」とも言われました。「子どもの声がわからないから育てるのが難しい」とも言われましたが、負けず嫌いの私はどうしても納得できませんでした。

夫と結婚した時も、相手が難聴ということで、ろうの私と結婚することに対して周りからはとても反対されました。威は立派な人で、頭もいい方でしたので、「彼が、孝子のような人と結婚するのはもったいない」という意見も多かったのです。難聴の威は話せますが、聴こえない私は話せなかったので、「子どもを育てるのは無理では」とずいぶん反対されました。私もとても悩みましたが、夫がこんな私を選んでくれて結婚をすることになりました。

いざ結婚してみると、周りからは「子どもが出来ないように気をつけなさい。」とよく言われました。昭和30年代から40年の間は、「断種手術」という風潮があり、子どもが出来ないようにという考え方がありました。

なぜ、障害者は断種手術をしなければいけないのでしょうか？　その手術は殆どろう女性が対象でした。夫からは「自然に産まれるのがいい。わざわざ手術をするのは反対だ」と言われ、その結果、すぐに妊娠してしまいました。階段から落ちて流産でもと考えたこともありました。それでも、お腹の子どもはどんどん大きくなり、様々なストレスを感じながらも実家でお産しました。

やはり、みなに祝福されて生まれてくることが一番ですね。長女みどりは昭和23年に生まれ、次女るりは昭和25年生まれです。

■夫の実家で暮らしたこと

当時の威は、仕事がなくて、食べるのがやっとでした。実は、「ろう学校の先生に」という話がありましたが、もっと自由に絵を描きたいという理由で、お断りしました。夫の実家に居候の形で兄夫婦と一緒に暮らしていましたが、そこでは、色々な差別がありました。当時、義兄の長男がうちの長女より一年上でしたので、お菓子があっても「おまえは女の子だから半分ずつ」と言われ、私たちの子どもたちには、1つしかもらえず、2人で半分に分けて食べたのでした。子どもなりに自分が差別されていることがわかるのか、次女がお菓子を投げたこともありました。

その頃は「男尊女卑」の時代で、男性は尊ばれていましたが、女性の扱いには厳しいものがありました。早く独り立ちしたいと思っていましたが、当時の威は無職のため生活力がなく、兄の力を借りないと暮らしていけませんでした。その後、下の娘が重い病気にかかり、これ以上兄に頼ることができない事がわかった夫は、かつて声がかかっていた教師の仕事に就くことになりました。ろう学校は島根県にありました。

■浜田へ生活を移して

夫は絵が好きだったので、先生の仕事をやる気があまりなく、ろう学校にはあいまいな返事をしていたそうです。それが、娘の病気のこともあって夫も考え直してくれ、こうして遠い島根県に向かうことになったのです。夫は兵庫県の日本海側の浜坂町出身だったので、日本海側の島根県に行くまでが大変でした。当時の給料が1万円でしたので、それだけでは生活するのは厳しく、他の人から色々なものを借りた思い出もあります。

島根県には2つのろう学校があり、古くからある松江ろう学校と、1年後に新しく建った浜田ろう学校がありました。夫は初めは松江ろう学校へ1年半、その後浜田ろう学校に赴任しました。元師範学校だった建物が校舎と寄宿舎になっていたので、そこで新生活をスタートしました。

■娘が小学校に入って

娘が小学校に入学した時、「私は聴こえませんので、よろしくお願いします。」と職員公舎の奥さんに挨拶したところ、「自分の子だから、自分で責任を持つことが大切でしょう」と逆に聴こえる方から言われて、ハッとしました。

今まで小学校に入った人たちは、親も聴こえる方が多かったので、親が聴こえないことは珍しかったのです。まず担任の先生に聴こえない事を話し、筆談の出来るお母さんを紹介してもらいました。ただ、筆談を頼んだものの、やはり書くのは苦手というお母さんが多かったので、やむを得ず元小学校の先生をされた方にお願いして席を隣にしてもらい、書いていただきました。

小学校にはクラス換えがありますが、そのお母さんにはずっと同じクラスにしていただき、大変お世話になりました。本当にありがたかったですね。両親が聴こえないといじめを受けるという話を聞いたことがありましたが、娘に聞いても「ない」と言うので安心していました。

■「うぶし」と言われて

ところが、次女が小学校に入ってしばらくした後、ある日、むくれて帰ってきました。「どうしたの？」と聞くと、「うぶし」と言われたことがわかりました。現在は、あまり聞かない言葉なので、わからないかもしれませんが、生まれたときから聴こえず話せないことを「うぶし」と言っていました。50年から60年前のことで、古い言葉ですから、今の若い人が聞いてもわからないですね。

友だちから「うぶし」と言われた時に、次女は「自分は聴こえないのではない。私はしゃべれる」と言ったようです。次女はいつも誇大に言うことがあるので、念のために長女に確認したら、本当にそういうことがあったことを知り、大変ショックを受けました。2年間も我慢していた長女はなぜすぐ私には言わなかったのでしょうか？

「このままではよくない！」と思い、担任の先生、校長先生に手紙を渡しました。当時は第一次ベビーブームで、子どもがとても多く、1500人ですから、1学年だけでも6クラスありました。今なら1から2クラスですが。校長先生が、「障害をもつ両親の子どもをいじめてはならない」ということを話してくれました。長女が学校から帰ってきて、嬉しそうにそのことを報告してくれて初めて知りました。

■『暮しの手帖』に投稿して

この問題は大きいと思い、「どんな方法で自分の思いを伝えたらいいか？」と考えて、そういういきさつがあったことを『暮しの手帖』に投稿しました。色々な出版社があったのですが、「ある日本人の暮し」を取り上げている『暮しの手帖』にしました。

私が書いたものを出版社の方がうまく編集して下さいました。いかにも苦労していると思われるのが嫌でしたので、「聴こえなくても明るく頑張っています」ということをわかってもらいたいと思いました。発行する本に文章が載るということになり、編集長さん、カメラマン、担当者の３名がわざわざ東京から取材に来て下さいました。ありのままの姿を撮ってくださったので、とても感謝しています。トップに載っているラジオに夢中になっている２人の子どもの写真ですが、編集長がその写真から強く感じるものがあったということで、大きく掲載されました。

聴こえない私たちには不要なラジオですが、聴こえる子どもには必要だろうと思っていたところ、下の子の入学祝に私の妹夫婦がお古のラジオを送ってくれました。最初はラジオの付け方もわからず、聴こえる先生にダイヤルの合わせ方を教えてもらい、時間になると私がラジオをつけるようにしました。あまり関心がなかった子どもたちも笑いながら聞くようになりました。ラジオの時間はちょうど食事の時間なので、ラジオに夢中になり、箸が進まない時もありましたが、当時は子どもの時間が中心でした。何を放送しているのかは私たちにはわかりませんでしたが、そういうこともわかってもらいたいと思ったから、編集長にうまくまとめていただきました。

日常生活のことも知ってもらうために「買い物をどうするのか？」「コミュニケーション手段はどうするのか？」について、口だけでやりとりをしなければいけないことや、値段がわからないときは、大体の見当で例えば

500円札を出しておつりをもらうことがあることなど具体的に書きました。
結婚当初は義兄夫婦と一緒でしたが、島根に越して、私たち夫婦だけで何でもしなければならず、どうしたらいいかと迷うこともありました。映画も好きでしたが、邦画には字幕がついていなかったので、字幕付きの洋画ばかり観ていました。評判の良い邦画は見たくて出かけましたが、その時は職員公舎の先生方に同じ映画を観た方から内容を教えてもらっていました。聴こえる方との会話方法は筆談でしたので、その写真も載せてあります。

■「名もなく貧しく美しく」が上映されて

この本に寄稿したものが載ってから3年後、「名もなく貧しく美しく」という映画が上映されました。横浜市立ろう学校の校長先生をしておられた櫃田祐也先生は島根県出身で、当時は東京のろう学校で勤めておられました。当時今西孝雄先生も浜田ろう学校の校長先生でした。お2人とも友人関係のようでした。
映画が作られる時に、ちょうど東京にも聴こえない人のための会館建設（ベル会館）の話が出ていましたので、この映画が作られました。映画の内容は、私のことも載っていますが、色々な方がモデルになっています。櫃田先生の紹介もあって、教え子が結婚して子どもが生まれた等、苦労話も入っています。
松山善三さんが監督でした。この映画をご覧になった方はわかると思いますが、靴磨きで苦労したときの話、赤ん坊が亡くなった話、ミシンを盗まれたこと、弟さんが悪さをした話は、取材に基づいた本当にあった話です。映画のシーンにあった「紐付きのベル」で赤ん坊の泣き声がわかるというしくみは、実際、夫威が考えたものでした。上の子の時はすぐ泣きやみましたが、下の子は大柄で泣きやまないので、よく隣で寝ていた義母に教えてもらったものでした。下の子は1月生まれでしたので、寒い時に迷惑をかけてはいけないということで、夫が紐で結んで知らせる方法を考えました。そのことを絵にして送り、日本聴力障害者新聞にも載りました。それはいいということで、映画でも同じようにということでしたが、誇張された形で、紐を引っ張ると頭にザルが落ちる仕掛けでした。

子どもも大きくなると、自然とお母さんがきこえない事がわかるようになり、何かがあると私を揺すって起こしてくれるようになりました。上の子がはいはいのときから、下の子の泣き声に気付くと起こしてくれるようになりました。今となっては「お知らせランプ」の前身ですね。

■ NHKドキュメンタリー「歳月」に出演して

3年後、昭和39年にNHKから撮らせてほしいとの話がありました。障害者への理解を深め、障害者問題を理解してもらうことが趣旨だったのですが、「私の他にも色々な方がいるので私でなくても」ということで、断りました。そうしたら、『暮しの手帖』を取り出して、「ぜひ！」と言われましたので、断り切れず、取材をお受けすることになりました。

実際に作られたシナリオは「名もなく貧しく美しく」と同じような流れでしたので、その内容には納得できず、夫が私の言いたいことを代弁してくれました。NHK側にもなんとかわかってもらえて、実際にろう学校を見学してもらったり、店にも取材したりして、シナリオの内容を3回程書き換えてくれました。例えば、子育てのことを取材したいと言われても、娘たちはもう中学2年生と小学校6年生になっていましたので、仲人をした夫婦のお子さんを紹介して撮ってもらいました。ただ、祖母が面倒を見てくれるようなケースだったので、聴こえなくても自分の手で育てているのがいいと主張しましたが、テレビを作る立場では同情を引くような場面を撮りたいのですね。

最後の場面に結婚の様子を撮りたいということだったので、結婚式のシーンも撮られました。撮影は暑い夏の日でしたが、実際の放映日が11月3日でしたので、服装も秋らしく変えなければなりませんでした。現在ならば、ピンマイクがありますが、以前はなかったので、マイクをひざの下に隠して、そこで音を集めるという方法でした。その時に私の声が入っては困ると言われたのです。それを聞いて、私は「聴こえなくても声を出している人もいることをわかってもらいたい」と怒りましたが、「聴こえない人の声はおかしいから、声を出さないで」と厳しく言われた時代でした。「名もなく貧しく美しく」の時もそうでした。実際のモデルの女性の声が出るので、男性の役者は声を出さないで、女性の役者が声を出していました。取材の時も映画と同じように「声を出さないように」と言われたのでした。NHK も当時はあまり予算がなかったようでしたから、私たちへの謝礼はありませんでした。

普通の生活を 30 から 40 分撮るのに、フィルム 3 本が必要なのですが、カメラマンが私たちを見て感動したのか、フィルムが間に合わないということで、松江の NHK 局へ行き、倍のフィルムを取り寄せて来て一生懸命撮影してくれました。子どものこともたくさん撮っていただきましたが、ディレクターとも色々とやりあいました。夫は聴こえる方と相手するのが上手ですが、私ははっきりと物事を言うので、ディレクターもさぞかし気を悪くしたでしょうね。映画と違って、生の生活が放映されるのですからありのままの姿を撮ってほしいと何度もお願いしました。

結婚式のシーンも田舎ですから、とても盛大な結婚式でした。披露宴の最後に、夫のドジョウすくいが見たいとの声が会場から出て、いざ踊るということになったらなかなか踊れなくて、大変でした。夜の 6 時から 12 時までかかりました。「日本全国の聴こえない人のためにも我慢してもう一度お願いします」とディレクターも私も手を合わせて頼みました。学校の先生であるプライドを持った夫でしたが、一生懸命踊りました。それがテレビに映りました。

結婚、子育てのことについても周りの人と色々と話し合いました。当時の世間の認識というか「親が聴こえないと子どもと話すことが大変だから、聴こえる人に任せた方がいい」という考え方が浸透していましたが、本音で話し合えない例を沢山見ていました。ですから、小さい時からの子どもとのコミュニケーションが大切だと私は強く主張していました。

■自分の生い立ち

私は4歳で京都ろう学校に入りました。当時は、母や叔母に見てもらい、小学部からは親元を離れ、担任の家に5年間お世話になりました。私の親は、同級生の親から寄宿舎生活よりも家庭的な生活の出来る家に預けた方がいいと勧められて、経験のある教師を紹介され、小学部6年生から卒業まで9年間お世話になったのです。地方から出たろう生徒は寄宿舎経験をしましたが、私にはそういう経験がなかったわけです。

夏休みになると、寄宿舎の子どもは「家に帰って美味しいものを食べるよりろう学校の友だちと話をしたい」と言っていました。家にいると孤独感があり、コミュニケーションがとれる友だちといる方が楽しいという意味です。小さい時に親と別れる子どもの気持ちもわからず、「マナーができていない」と嘆く親もいます。

私の母も89歳で脳梗塞のため半マヒになり、「孝子の気持ちがやっとわかった」と言ったので、「長い間不自由していたよ」と話したら、泣いていました。田舎では、差別の目で見られたこともあったので、母の気持ちもわかりますが、やはり、本人が経験しないとわからないというのはありますね。話を聞いてもなかなか理解できないですね。

■「歳月」の思い出

NHKの話に戻りますが、取材を受けた時は子どもたち2人とも思春期でしたので、気を使いました。「両親が聴こえなくて何が大変ですか？」と聞かれると、本当に嫌な気持ちになったと思いますが、NHKさんは誠実な気持ちで、丁寧に話を聞いてくれました。

NHKのコンテストで、「歳月」が2位になったそうです。大量のフィルムで撮ったのですが、全部のフイルムを使ったわけではありません。次女が結婚して子どもができたとき、既に夫は亡くなっていたので、孫におじいさんの姿を見せたいとNHKに連絡してみたのです。当時のディレクターがまだ勤務されていて、「フィルムを貸し出すのは難しいが、ビデオとして編集する」と言って下さいました。

当時は字幕はありませんでしたが、そんなことまで考えも及ばなかったのです。テレビで放映された時は字幕がなく、「聴こえない人が見てもわからなかった」と言われましたので、「字幕がないとわからない」とNHKに話しましたら、字幕付き映像も後で作っていただきました。本当に字幕付きが見られたのは、次女のおかげであると言えます。アーカイブスといって、古い映像がNHKの中に残っています。もちろん出演者、子どもにも許可をもらってのことです。今でもそのディレクターさんとの手紙のやりとりは続いています。

今になって思えば、当時は色々な行き違いやごたごたもありました。しかし、字幕の必要性を認識して下さり、字幕付きビデオも作って下さったのです。

■「歳月」が蒔いた種

昭和40年頃、私が取材を受けた時には、手話通訳者はいませんでした。車の免許も取れず、ろう者の理解も得られませんでした。昭和50年代に入り、ろうあ運動が盛んになり、手話通訳派遣制度も整い始めてきました。つまり、島根でまいた種があちこちに広がっていったということです。「歳月」という映像を通して全国の方に広がっていったということです。

障害を持つ子どもは、暗いのではなく、普通の生活をしているということがわかってもらえたのでしょう。当時の私は厚かましかったのかもしれませんが、あえて投稿したことで逆に「恥ずかしい、迷惑！」と言われたこともありました。威もよく言ったものでした。

夫は小さいアトリエで絵を描いていました。アトリエをもっと広くしたいということで、銀行からお金を借りたいと思っていましたが、聴こえないというだけで断わられてしまいました。ろう者が海外旅行に行くときも聴こえない人だけでは断わられてしまうそんな時代でした。色々な差別がありましたが、50年代に入るとそれがなくなり、だんだんよくなってきました。

■亡き夫との思い出

夫は、「妻は家にいるべき」という考えを持っていましたので、婦人部の活動を頼まれることが多くなると、あまりいい顔をされませんでした。夫が亡くなった後、「夫がやっていた活動は何だったのだろう？」と思い始め、少しずつ外の世界に入りました。夫は、夫というよりも私にとっての「師」でした。難聴であった夫は、聴こえない人に多い暗さはなく、何でもやっていました。三年後輩の明石欣造さんと夫は親しかったので、明石さんからも沢山の刺激を受けることができました。

学生の時に夫と出会いお付き合いを始めたわけですが、私は手話もうまくなかったので、口話で話をしていました。夫は口話ができましたが、逆に読み取りがうまくできませんでしたので、やむをえず、手話で話していました。夫は、もっと女性らしく柔らかい手話で話して欲しかったようでした。それで、筆談でやり取りをしていましたが、「もっと聞きたいことがあるけれども、どうしたらよいか？」と聞くと「手紙を書いたらいいのでは？」と言われ、聞きたい事柄を手紙に書きました。その時、夫からもらった返事は、「候文（候文）」でした。昔の手紙の書き方で、失礼な書き方ではないのです。昔の手紙のしたため方です。私は負けず嫌いなので、質問して、また答えの手紙が返ってきて、それを一生懸命に読みこなし、そして返事を書くという繰り返しでした。

夫にしてみれば、「何だ。これは」という感じだったかもしれませんが、めげずに何度も手紙のやりとりをしました。2年間に8回だけの文通でした。今になって思えば、男性と女性で違うのかもしれませんが。

■夫が若いろう者に言い続けた言葉「碧宇・へきう」

夫の威が若いろう者に言い続けた言葉が「碧宇」でした。いつも、「ろう者は閉じこもってないで、どんどんと出て行って欲しい」と言っていました。

「若い人たちよ　青い宇宙のように、夢と希望を持ってはばたいて行け！」という意味ですね。夫が亡くなった後、教え子たちが、「藤田先生はいつも夢を語っていた」と話されていました。「好奇心」を持つことが大切とも話していたそうです。「前例」がないからやらないのではなく、新しい時代だからこそどんどんやりなさいとも生徒さんには話していたと聞きました。

■最後に

昭和30から40年代のことを色々と話して来ましたが、子どもをあきらめなくてはいけなかった時代と違って、今は子育てを楽しむ聴こえない人が増えてきましたね。とても嬉しいことです。

いくら文明が発達しても、ろうの世界はなくならず、続いていくものです。その辺を理解していただき、ろう運動を続けていただければ嬉しく思います。日本にも外国の方がいらしていますし、世の中がどんどん変わっていくと思います。これから先どんなことが起こるかどうかはわかりませんが、視野を広く持って生きて欲しいと思っています。

（2010年11月20日　於：文京区男女平等センター）

3　聴覚障害関連新聞の掲載記事から

長野留美子・大杉豊・小林洋子

(1) 聴覚障害のある女性に関する研究、文献調査の少なさ

第1章でも記述しているが、米国では高等教育機関において聴覚障害のある女性に関する教育研究活動の一環として「ろう女性学（Deaf Women's Studies）」というコースが開講されている。聴覚障害のある女性に関する歴史をはじめ、教育やキャリア、人生などについてまとめている文献や教材等がある。日本でも聴覚障害のある女性に焦点を当て、とりわけ家庭や地域社会での生活、キャリア等に関して、当事者団体等により作成された活動報告書等あるものの、学問領域の視点から聴覚障害のある女性について取り扱った文献調査や研究に関してはまだ少ないのではないだろうか。聴覚障害のある女性を取り巻く歴史や境遇、課題などについて情報を集めてその内容を可視化させていくことは、聴覚障害のある女性の社会的自立やエンパワメントを促すだけでなく、周りへの理解にも繋がるのではないかと考える。

(2) 聴覚障害関連新聞に掲載されている記事の整理

聴覚障害当事者団体機関紙として最も古い歴史を持つ日本聴力障害新聞（以下、日聴紙）の縮刷版に所収されるバックナンバー全号を元に、創刊当初の戦後1948年から2014年の間におけるろう難聴女性に関する記事（1948年5月1日号より2014年12月1日号までの788号分）の中から、聴覚障害のある女性が今までにおかれてきた境遇などについて動向を調べた。日聴紙は、日本最大の聴覚障害当事者団体である全日本ろうあ連盟の機関紙として発行されている。日本におけるろう者社会の動向や世論などを反映しているもので、創刊時は「日本聾唖新聞」と呼ばれていた。なお、日

表4　日本内外におけるろう女性史年表

時代区分	日本の女性史	日本のろう女性史	海外のろう女性史
①戦後～国際婦人年前 （1945～1974）	・女性の選挙権が実現 ・ヘレン・ケラー来日	・全日ろう連初の女性理事 ・初の全国ろうあ婦人集会開催	
②国際婦人年～1989年 （1975～1989年）	・国際婦人年 ・女子差別撤廃条約採択 ・男女雇用機会均等法施行	・全日ろう連婦人部設立 ・婦人部、文部省・厚生省と初交渉	・全米初の地域ろう女性組織 ・初の全米ろう女性集会
③1989年～現在 （1989～2014）	・育児・介護休業法施行・男女共同参画社会基本法	・婦人部から女性部へ名称変更	・ろう女性初の世界ろう連盟理事長

聴紙発行前の文献としては、日本手話研究所の手話総合資料室に所蔵されている文献資料の中でも最も古いと思われる「聾唖界」（聾唖倶楽部会報1914年～1956年発行）、聾唖年鑑（1935年発行）等があるが、いずれも「ろう女性」に関する記事はなく、個人名による投稿記事が散見される程度である。

「ろう女性」もしくは「聴覚障害女性」をキーワードに、創刊当初の1948年から2014年の間に日聴紙に記載されている記事の抽出作業を行い、記事で使用されている言葉の表現や内容の傾向を後述①～③のように分類した。時代区分の分類については、内閣府男女共同参画局Webサイトを参考にした。次に、それぞれの時代における主な出来事（日本の女性史）、日本国内における出来事（日本のろう女性史）や海外における出来事（海外のろう女性史）に分類した（表4）。

① 戦後（1945年：昭和20年）～国際婦人年前（1974年：昭和49年）まで
② 国際婦人年（1975年：昭和50年）～1989年（平成元年）まで
③ 1989（平成元年）～男女共同参画2000年プランの策定（1996年：平成8年）および現在（2014年：平成26年）

表5　記事内における言葉「ろう女性」の使われ方

年代	言葉の使用
1940～1950年代	「聾啞婦人」、「聾啞娘」、「オシ娘」、「ローア女性」、「啞のお母さん」
1955年頃	「ろうあ婦人」
1960年代後半～1970年代	「ろうあ女性」、「ろうあ婦人」、「ろうあのお母さん」、「きこえないお母さん」 「ろう協婦人部」、「婦人部活動」、「婦人の要求」、「母親大会」、「婦人活動家」
1980年代以降	「ろうあ婦人」、「ろう婦人」、「難聴婦人」、「聴覚障害をもつ女性」、「ろうあ女性」、「ろう女性」

分類したあとは、「言葉の使用」の面で分析した（表5）他に、記事の内容から描き出される日本のろう女性社会の動きを、一般女性社会及び世界のろう女性社会の動きと比較した。

(3) 聴覚障害のある女性に関する言葉の使われ方の変化

日聴紙の記事内における言葉「ろう女性」の使われ方について、「ろう女性」に関連する言葉が時代ごとにどのように表現されていたか調べてみたところ、戦後の1940年代から1950年代前半までは、米国から来日し日本のろう社会に大きな希望を与えたヘレン・ケラー女史を「三重苦の聖女」と称える論調が多い。一方で、ろう者を「不幸な人」、「不具者」、「聾啞者」、「聾唖者」、ろう女性を「聾啞婦人」、「聾啞娘」、「オシ娘」、「ローア女性」、「啞のお母さん」と表記し、全体的に不遇な境遇を嘆く悲観的論調の傾向にある。そうした論調が変化を見せてきた最初の兆しは、1955年京都で第1回近畿ろうあ婦人大会が開催された頃に見られる。ろう女性の表記もそれまでの漢字表記である「聾啞婦人」、「聾唖女性」から、ひらがな表記の「ろうあ婦人」と言う言葉が使われるようになってきている。

1960年代後半から1970年代の全日ろうあ連盟婦人部設立運動が隆盛を極めた頃には、「ろうあ女性」、「ろうあ婦人」、「ろうあのお母さん」、「きこえないお母さん」といった言葉に加えて、「ろう協婦人部」、「婦人部活動」、「婦人の要求」、「母親大会」、「婦人活動家」のように、ろうあ婦人権利獲得運動に関わる言葉が多用されていた。1980年代からは、「ろうあ婦人」、「ろう婦人」、「難聴婦人」、「聴覚障害をもつ女性」、「ろうあ女性」、「ろう女性」と多様な表記が使われるようになり、内容も教育・子育て・仕事・活動など多岐の範囲にわたって、権利獲得に向けて積極的な姿勢で取り組む論調に変わってきている。

(4) 日本における一般女性史の動向との比較

次に、日本における一般の女性史の動向が、日本のろう女性史においてどのような社会的影響を及ぼしたかについて関連する記事を抽出し、比較検討を行った。歴史上重要な出来事がおきた時には、数年後にろう女性の運動でも社会的に影響を受けた動きが出ていることが確認された。

①戦後（1945年：昭和20年）から国際婦人年前（1974年：昭和49年）

わが国では、1925年に普通選挙が実現したが、男性のみの普通参政権であったことから、戦前より市川房枝らによる婦人参政権獲得運動が進められ、戦後の1945年に女性の普通選挙権が認められた。同時期のろう者社会では、戦後の1948年に聴覚障害当事者団体の全国組織である全日本ろうあ連盟の結成以降、全国的にろう運動の気運が高まりを見せたことを示す記事が見られる。1950年代には、こうしたろう運動に奔走したろう男性運動家を夫に持つ妻の立場にいるろうあ婦人たちを中心に、日聴紙や一般雑誌等への自主的な投稿が相次ぎ、育児や家庭生活に課題を抱えるろうあ婦人同士の結束の声が上がり、1955年に京都で開催された第1回近畿ろうあ婦人集会を皮切りに各地で婦人集会が開催されたとする記事がある。

1960年代には、ろうあ夫婦を主役とした映画「名もなく貧しく美しく」や1964年NHKのドキュメンタリー番組「歳月」（出演：藤田威・孝子夫妻）が上映され、社会的な反響が広まったことを報道する記事がある。1970年に全日本ろうあ連盟役員に初の女性理事が誕生すると、翌年の1971年に初の全国ろうあ婦人集会が京都で開催され、全日本ろうあ連盟における婦人部設立運動は一層の高まりを見せ、同時期の日聴紙は毎月号に婦人部の動向を掲載している。

②国際婦人年（1975年：昭和50年）～1989年（平成元年）

国連は、1967年に国連総会にて採択された「婦人に対する差別撤廃宣言」を受けて、1975年を国際婦人年としている。日本でも1985年には男女雇用機会均等法の成立や女子差別撤廃条約の批准など、国内外で男女平等社会の推進に向けた様々な取り組みがなされてきている。1973年には、ろうあ婦人が抱える育児や教育の問題を全てのろうあ婦人の共通の課題として取り組んでいく必要があるとして、全日ろうあ連盟婦人部結成に向けた準備委員会が発足し、1975年に全日本ろうあ連盟の中で正式に婦人部が発足したことが伝えられている。そして、1978年には、初めて厚生省や文部省と交渉を行うまでに至ったことは、ろう女性史においても社会的自立に向けた画期的な出来事だったといえよう。

こうした全日ろうあ連盟婦人部設立運動のうねりの中で、2度にわたって婦人参政権運動の先駆者である市川房枝を講演に招いたことにも、当時の婦人部運動関係者の意気込みが窺える。この市川講演では、「ろうあ者の中から議員を出したらどうか」との助言があったことが発言記録に残されている。ろうあ婦人の要求運動の動向について、当時の日聴紙の論調では、「家に閉じこもっていた婦人も活動に」「ろうあ婦人が変わる」といった表現を用いて、婦人部活動に参加して悩みや課題を共有するようになったことでろうあ婦人共通の要求に変わってきていると評した記事を掲載している。

1969年から日聴紙内に婦人欄が設けられ、結婚の話題だけでなく、ろうあ婦人が労働・経済・育児・教育・生活の各分野で長期にわたるライフプランを立てていけるように知識や情報が提供されていた。1977年7～8

月号の紙上討論では、婦人部運動を進める複数のろうあ婦人から結婚・家庭・仕事について「婦人の力で変革を」「ろう婦人の地位向上」「婦人の要求」という言葉を用いて、主体的な議論を交わす様子が見られている。

③ 1989年（平成元年）から2000年プランの策定（1996年：平成8年）および現在（2014年）

1995年、北京で開催された国連による第4回世界女性会議にて、女性の権利の実現やジェンダー平等の推進をめざす「北京宣言」及び「行動綱領」が採択された。それを受けて日本国内では、1996年男女共同参画社会実現に向けた行動計画「男女共同参画2000年プラン」が策定され、使用用語も従来使われてきた「婦人」という言葉から男性と対語である「女性」と言う言葉を使用することが総理府婦人問題担当室から関係機関に通知された。1999年には、男性も女性も性別に縛られず、個性と能力を発揮できる社会の実現を謳って「男女共同参画社会基本法」が制定された。

同時期のろう者社会では、1991年に東京で開催された第11回世界ろう者会議や1997年の全日ろうあ連盟50周年大会にて、海外で活躍するろう者が多数来日した時の様子や、アメリカ留学経験者のろう女性による著書も記事として紹介された。このことは、日本国内の多くのろうの若者が海外へ目を向ける契機となり、留学意欲の向上につながった可能性が考えられる。全日本ろうあ連盟婦人部では、1992年全国ろうあ婦人集会20周年を記念した「聴覚障害女性白書」を発刊した。2003年には、「婦人部の活動内容が次代を反映して以前にも増して幅広くならざるを得ず、それらに対応するために組織を見つめなおす時期がきていた」として、婦人部から女性部へ名称変更している。

1990年代の社会情勢は、ろう者や手話を扱った漫画やテレビドラマが相次いだことで手話が静かなブームとなり、1999年にはろう女優が主役を演じた映画「アイラブユー」（主演：忍足亜希子）が上映され、ろう演劇分野に光をあてられることになったことが記事になっている。2000年代に入ると、様々な職種で働くろう女性が日聴紙で紹介されるようになり、地方議員にろう女性が当選したことは、情報保障環境が整えば政治活動にも参加できることを世間にアピールする機会になったとする記事が見られる。一連の出来事は、長年の聴覚障害者の差別解消に取り組んできた全日ろうあ連盟による地道な運動により、様々な分野へのろう女性の社会進出が可能になってきたことを示していると言えよう。

(5) 世界におけるろう女性史の動向との比較

世界のろう女性史の動向と日本国内との比較検討を行ったところ、日聴紙では世界の先進国とりわけ米国の動向の紹介記事が複数みられ、米国の影響を強く受けている点が明らかになった。1960年代に世界で広まったウーマンリブ運動に端を発し、米国のろう女性史においても1979年全米初の地域ろう女性組織ロチェスターろう女性団体（Deaf Women of Rochester）が創立され、1985年には初の全米ろう女性集会がサンタモニカで開催されたことが、小さい記事ながらも紹介されている。1987年には、フィンランド出身のリサ・カウピネンがろう女性初の世界ろう連盟理事長に就任し、日本でも複数回講演活動を行ったことで、日本のろう社会とりわけろう女性に大きな希望を与えたことが日聴紙でも紹介されている。リサ・カウピネンは、2014年には国連人権賞を受賞している。

2000年には、米国の難聴女性の内科医キャロリン・スティーンの存在が日聴紙で紹介され、ろう女性にとっては従来困難とされていた医師職にも就けるという希望を日本国内にもたらしたことが記事になっている。海外のろう演劇分野においても、1987年米映画に主演したろう女優のアカデミー主演女優賞受賞は世界の注目を集め、1991年には英国難聴女性打楽器奏者やミスアメリカに選ばれた米国難聴女性、そして、フランスのろう女優の活躍が日聴紙だけでなく、一般紙やTV媒体でも大きく紹介されたことは、日本国内のろう演劇分野にも大きな影響を与えたとする記事が見られる。

(6) 掲載記事から読み取れることとは

日本のろう女性史の動向を反映していると考えられる日聴紙記事を整理し、「ろう女性」「聴覚障害女性」をキーワードに戦後の創刊当初から2014年の間に掲載されている記事の抽出作業を行なった。同紙に掲載された記事は、あくまでも当該新聞の編集部の価値観が許容する範囲で話題が取り上げられる側面があり、必ずしも社会的関心の変化が析出されているわけではない。こうした限界があることを踏まえて解釈する必要はあるが、本調査から、明らかになったこととして、以下の2点があげられる。一つは、「ろう女性」は「障害者」と「女性」という二重差別の中で言語化の機会も乏しく、聴覚障害当事者団体の機関紙である日聴紙の中でも取り上げられる頻度は少なかったということ、2つ目に、そうした状況の中でも、一般女性史における社会情勢を受け、ろう女性自身による社会的自立に向けた動きが見られるようになってきたことである。このように日本におけるろう女性史の動向を整理できたことは大きな意味を持つだろう。

［備考］

本稿は筑波技術大学テクノレポート（2019年3月刊行）に掲載された論文（長野留美子、小林洋子、大杉豊『日本聴力障害新聞記事の「ろう女性」データベース作成～戦後から2014年までを対象に～』を加筆修正したものである。

［参照文献］

小林洋子・大杉 豊・管野奈津美 2016「女性学・ジェンダー論の視点を取り入れたろう者学教材の開発」『筑波技術大学テクノレポート』; 24（1）: 16-21
全日本ろうあ連盟『日本聴力障害新聞』
内閣府男女共同参画局「男女共同参画社会基本法制定の歩み」内閣府 http://www.gender.go.jp/about_danjo/law/kihon/index.html（2020年11月30日閲覧）

第3章
ろう難聴女性 × ライフキャリア

1　はじめに

小林洋子

■ライフキャリアとは

近年における女性の社会進化の拡大に伴い、働き方やライフスタイルも多様化してきている。仕事に限定するキャリア（ワークキャリア）だけでなく、結婚や出産、介護など人生に関わるキャリア（ライフキャリア）の考え方も注目されるようになってきている。我々は年齢を重ねるにつれてライフスタイルも変化していくが、人生において結婚、出産、育児、地域社会との関わり、家族の介護など様々なライフイベントを経験する。長い歴史の中で男性は仕事に勤しみ、一方、女性は妻として、そして母親として家事、育児、介護、地域との付き合いなど負担を引き受けることが当たり前という性別役割分担意識があった。現在は社会進出する女性も増え、男女の役割分担の在り方も変わってきているが、まだ女性の負担は大きいといえるだろう。

一般に、女性は男性と比べてキャリアおける課題を抱える傾向にあると言われている。例えば、20 ～ 30 代に結婚・出産などでいったん離職した後しばらくして 40 代頃に再就職するケースが多いという。近年、各地で女性の活躍促進をめぐる動きが見られるようになってきているが、いまだに女性が働きやすい環境が整備されている状況にあるとは言えないであろう。これらの課題は世界各国に共通するものではあるが、特に日本は先進国の中でも遅れをとっていると言われている。

最近、「米国で史上初の女性副大統領が就任し、『ガラスの天井』を打ち壊したことになる」というニュースが飛び込んできた。ガラスの天井とは、企業など組織内で女性の昇進を拒む見えない天井になぞらえた比喩表現である。女性はもちろん、障害のある人、外国人、高齢者など社会的マイノリティ全体に共通する課題とも言えるのではないだろうか。

■聴覚障害のある女性を取り巻くライフキャリアの多様化

聴覚障害のある女性においても、高等教育に進学する人が増え、様々な分野でキャリアを築いている人、仕事と家庭の両立をしている人など、多様化してきている。同時に、家庭、教育、キャリア、地域社会など様々な場面において抱える課題も複雑化してきているのではないだろうか。ひと昔前までは、聴覚障害のある人は結婚を反対されたり、結婚できたとしても出産・育児の経験をすることを許されないという周囲から偏見・差別を向けられた時代があった。

今でこそ、昔に比べて偏見・差別はなくなりつつあるものの、聴覚障害のある女性は、個々人のライフイベントに加えて、女性そして自身の障害を持つことの複合化により、特に情報へのアクセスやコミュニケーションの面において様々な課題を抱えていると言われている。聴覚障害があることで周囲とのコミュニケーションが取りにくい、なかなか情報が得られず孤立しやすいなど、聴覚障害のある人特有の課題はまだたくさんあると思われる。

例えば、子どもが高熱を出したなどの緊急時になかなか電話ができない、地域のイベントに参加したくても情報保障がついていない、きこえるママ友との交流が難しく、育児についての情報交換がしにくいなど様々な課題を抱えている。仕事においても、聴覚障害のある女性は同じ女性でも聴覚障害のない女性以上に情報へのアクセスやコミュニケーションなどの課題も大きくのしかかり、キャリアにおける課題はより顕著であることが想定されよう。

このような問題を解決するために、子どもを持つ聴覚障害のある母親同士、またはきこえるママ友と情報交換できる場が各地で開かれるなど様々な取り組みがされるようになってきている。また、育児を終えて落ち着いたと思ったら、次は家族、特に両親の介護問題に直面する聴覚障害のある女性も少なくない。それだけではなく、いずれ自分自身が老いた時、聴覚障害のある高齢者が待ち受けるであろう問題、例えば地域社会との交流や介護サービスの利用のしにくさなどの課題も見られている。一方でこれらの課題について、根拠となる情報の蓄積はまだ少ない状況にあり、明らかにされていない部分も多い。ひいては、聴覚障害のある女性に配慮した働き方とライフスタイルをめぐる多様な学びに応える機会もまだ少ないのが現状であろう。

本章では、「ろう難聴女性のためのグループ」「テレワーク」「国際結婚」「発達障害児の子育て」「聴覚障害のある女性当事者団体」「デフママの会」「アカデミア」「ろう教育」「ユニバーサルデザイン」「医療従事者」「盲ろう」「アート」「LGBTQ+（セクシュアルマイノリティ）」という、実に多様なテーマを取り上げ、それぞれのジャンルで活躍する14人の聴覚障害のある女性を取り巻くライフキャリアを紹介する。

2　ろう難聴女性グループ「Lifestyles of Deaf Women」を立ち上げて

長野留美子

■ガラスケースの中の「人形」

「どうしてきこえる人には、このガラスケースの存在が見えないのだろう……」。

子どもの頃、ずっと抱き続けていた素朴な疑問であり、諦観でもあった。

しかし、かつての私には、自分の周りに立ちはだかる壁の存在を、他者に伝える術を持たなかったし、それ以前に言語化できなかった。だから、黙することで、ともすれば押しつぶされそうになるプレッシャーの中で自分を守ってきた。長い年月を経て、様々な経験を積み重ねた今、ようやく言語化できる心境に至ってきた。

■米国留学への夢

きこえなくして生まれ、ろう学校で厳しい口話教育を受けた後、一般校へインテグレートした。成長するうちに、障害をもつ側が自助努力を求められる社会の在り方に疑問を感じながらも、なす術もなく諦観していた。

そんな中でかすかな希望を持ったのは、高校時代に、米国のカリフォルニア州立大学ノースリッジ校の大学院で手話通訳やノートテイク（筆記通訳）をつけながら学ぶ高村真理子さんについて紹介された新聞記事を目にした時だった。その日以来、米国留学への夢が、私の心にほのかな灯をともし続けてきた。

■「情報保障」を求めて活動した大学時代

大学入学後、自主ヘルプ活動団体である関東聴覚障害学生懇談会で活動を本格的に始めた。「講義保障」を永久スローガンに掲げていた関東聴覚障害学生懇談会やそれに関わる学生ボランティア団体での活動では、「コミュニケーションは、視覚的に見える形で行う」というルールでの活動だったため、関わる学生すべてが手話をはじめとしたコミュニケーション手段を用いながらの参加が求められた。そこで、初めてきこえる学生とも対等な立場で会話を交わすことが可能となった。

聴覚障害学生団体での活動にて

私が学んだ1990年代は、FAXやポケベル、パソコンが普及し始めた頃で、聴覚障害のある学生が学ぶにあたって受けられた支援は、ボランティアによるノートテイクや手話通訳が主流だった。高校まではほとんど独学で対処してきたが、講義内容が高度になる大学では対処できなくなり、行動を起こさざるを得なくなった。同じ大学の仲間と一緒に、大学構内に「ノートテイクボランティア募集」の貼り紙を貼って回り、集まってくれたボランティア学生に対する講習会を開いたりしたが、すぐに限界の壁にぶちあたることになった。これは私のみならず、当時、高等教育機関に通う聴覚障害のある学生に共通する悩みでもあった。

こうした現状を打破するため、関東聴覚障害学生懇談会で活動していた仲間有志と、「聴覚障害学生サポートセンター構想」の実現に向けて行動を起こした。1995年には、「第15回全国聴覚障害学生の集い」の実行委員長を務め、翌年の日本特殊教育学会では自主シンポジウムを開催するなどして奔走した。その活動の一環として、携わった関東聴覚障害学生サポートセンターで、関東近辺の大学等に通学する聴覚障害学生の支援活動を行ったが、前身の関東学生情報保障者派遣委員会が1984年設立されて以来、学生ボランティア団体として各年度でスタッフの交代の中で継続してきたのを、学生スタッフが大学卒業後も引き継いでいくことになり、1999年より任意団体となった。

現在では、筑波技術大学を拠点としたPEPNet-JAPAN（日本聴覚障害学生高等教育支援ネットワーク）が中心となって、全国各地の高等教育機関内の聴覚障害学生支援体制の構築の支援を展開している。

大学時代の4年間は、活動に明け暮れた日々だったが、現状に諦観するだけだった高校までと違って、自分が抱える課題を解決するために行動を起こすゆえの苦労は伴ったものの、主体的に生きている実感があった。週末は、夜行バスに乗って全国各地の仲間たちに会いに出かけ、手話で夜通し語り合い、泣いたり笑ったり、時にはけんかをしたりとかけがえのない青春を過ごした。

大学時代、もうひとつ印象に残った出来事がある。当時、NHKで山崎豊子氏原作『大地の子』というドラマが放映されていた。中国残留孤児をテーマとしたドラマで、日本と中国の2つの祖国を背負った主人公が、自らのルーツを辿る中で悩み葛藤しながら自分の立ち位置を決めていくという、国同士の複雑な歴史も絡んだ非常に重いテーマだったのだが、その主人公の姿に、口話教育の中で揺れながら生きてきた自らの境遇を重ねずにいられなかった。今でも深く印象に残っているドラマである。

■米国ギャローデット大学で過ごして

大学卒業後、高校以来の念願の夢であった米国留学を実現する機会に恵まれた。留学先の米国ギャローデット大学では、当時はDeaf Women's Studies（ろう女性学）は開講されていなかったため、Deaf Studies（ろう者学）を受講した。このクラスでは、世界中から集まった留学生たちも交えて、ろう者の先生から直接アメリカ手話で、ろう難聴者としての生き方や考え方、自立に必要な知識などを学んだ。今まで、そうした内容の学問を学ぶ機会がなかった私にとって、Deaf Studies（ろう者学）を同じ立場の仲間たちと共に学び、やはり同じ立場の先生から薫陶を受けたことは、身体中に力がみなぎるような感覚の伴う生きた経験となった。

また、ギャローデット大学内では、様々なイベントが開催されていたが、その中でも、米国最大の女性組織であるDeaf Women United（全米ろう女性団体）が主催するイベントに何度か足を運んだ。そこでは、米国のろう難聴女性たちが、社会の中で経験する様々なバリアに対して臆することなく力強く主張し、前向きに活動する姿に圧倒された。

ギャローデット大学キャンパスにて

Deaf Studies（ろう者学）に続いて、女性特有の経験や声をもとにしたDeaf Women's Studies（ろう女性学）が開講されたことを知ったのは、帰国してからだいぶたった後であった。そこで、日本のろう難聴女性たちが学べる‘場’を発信していこうと、2006年度から2009年度にかけて、活動仲間たちとともに英語文献をリサーチしたり、日本国内のろう女性に関する文献資料を集めたりするなどして、自主勉強会を積み重ねてきた。

■ろう難聴女性グループLifestyles of Deaf Womenの立ち上げ

近年のろう難聴女性の高等教育進学率の高まりにより、卒業後、社会で活躍するろう難聴女性が増加しており、企業や公務員、福祉、研究職などで自分のキャリアを築いている人、育児や主婦業に専念している人、家庭と仕事の両立を目指している人と立場も様々で、生き方やライフスタイルも多様化している。

しかしながら、ろう難聴女性は、同じ障害のある男性とは立場や経験が異なり、また、同じ女性の中でもきこえる女性とは立場や経験が異なる。言わば、「きこえないこと」と「女性であること」で、社会的に二重のハンディを背負いかねない存在であるのもまた事実であるが、中々可視化されにくい状況にある。

そうした女性のライフステージにおいて、ワーク・ライフ・バランスをとりながら、『自分らしい生き方』を創っていくことが大切だと考えた私は、2006年に〝きこえない女性たちのライフスタイル発信の場〟として『Lifestyles of Deaf Women（ライフスタイルズ・オブ・デフウーマン）』のサイトを立ち上げた。

当初は、自分一人で気が向いたときに情報発信する程度だったが、拙サイトを見た昭和女子大学の大学院生だった吉田仁美さんから「共に活動しませんか？」とお声かけいただき、グループとして発足するに至った。

その後、賛同するスタッフが次々と加わり、現在、8名のスタッフと日々の生活に関する情報交換をしあいながら、ろう難聴女性の生涯にわたるキャリア発達支援やエンパワメントを促進するための情報発信や啓発活動に取り組んでいる。

■ろう女性史編さん作業を通して

ろう難聴女性グループのサイトを通してつながった同世代の同じ立場の仲間たちと意見交換を重ねていく中で、ふと私の中に浮かんできた素朴な疑問。

「私と同じきこえない女性の先輩たちは、どのように生きてきたのだろう……」。

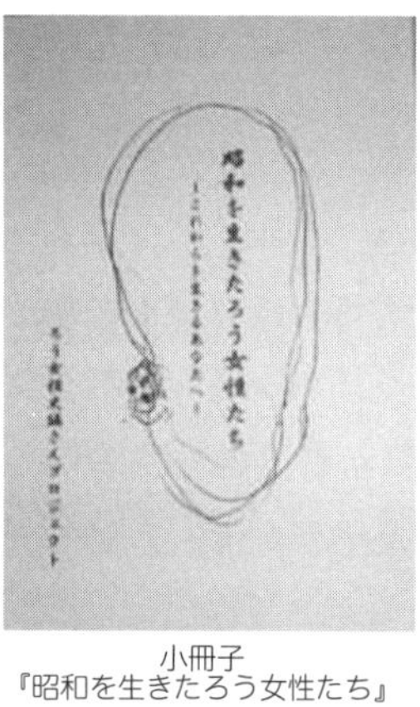

小冊子
『昭和を生きたろう女性たち』

その疑問が芽生えた瞬間から、ろう女性史編さん作業が始まった。

ぜひ、その足跡をたどってみたいと思っていた時、拙サイトを見たという岩田恵子さんからお声かけいただいた。岩田恵子さんとお会いして色々お話を伺う中で、過去においては、社会的理解を得る面から、現在以上に卒業後の自己実現が困難であり、女性が生きていく上で悲しい時代があったということを知り、衝撃を受けた。

そこで、こうした時代を切り拓いてきた先輩方の「手話による自分史語り」を聴き（手話を見る）共有することで、私たちの世代をはじめ次世代を生きる人々が、今後の自分の生き方を前向きに考える機会の契機となるのではないかと考え、2010年にろう女性史講演会シリーズを企画した（企画実施にあたっては、東京ボランティア・市民活動センター2010年度「ゆめ応援ファンド」による助成をいただいた）。

DVD『昭和を切り拓いたろう女性からあなたへ』

また、講演会開催と並行して、ろうあ者相談員として長年の経験をお持ちである岩田恵子さんにご協力をお願いして、全国各地のろう女性の先輩方6名に対して聞き書き取材を行い、DVD「昭和を切り拓いたろう女性からあなたへ」や小冊子「昭和を生きたろう女性たち」にまとめた。時間や紙面の都合で限られた範囲での取材となり、他にもたくさんいらっしゃったであろう方々の聞き取りまで及ばなかったことを、あらためてここでお詫び申し上げたい。

この編さん作業を通して学んだことは、今より格段に厳しい偏見に晒された時代に、女性として、母親として生き抜いてきたたくましさ、生命力の強さであった。前例がないことに挑むにはパワーが要るが、少しずつ周囲の理解や協力を得てゆきながら数々の道を切り拓いて来られた先達の生き方からは、たくさんの生きた知恵をいただいた。

■コロナ禍を契機として広まったオンライン学習の効用

私には2人のきこえる子どもがいるが、子育てをする中で、自分が育ってきた環境との違いに気づかされる場面が多々ある。

2020年には、コロナ禍を契機として広まった小中高校生対象のオンライン学習について、ICT環境が推進されている学校とそうでない学校との学習環境格差や、PC環境の有無をめぐる家庭状況の格差が話題となったが、ろう難聴の母親の育児にも少なからず影響があった。

小学生以下の子どもの家庭学習の付き添いは、主に母親が担う家庭が多いが、一般的に、ろう難聴の母親は、国語の音読や外国語学習といった聴覚情報を要する学習に付き添うことを不得手とする人が多い。また、一定年齢に達すると、教科の中には、抽象的な思考や複雑な言語理解を要する場面が出てくるため、家庭での母子間の会話が重要な役割を果たすが、ここで、子ども側の手話の語彙数は日常会話の範囲と限定的であることに加え、複雑な言語理解を伴う会話を要するところで母親側の読唇力の限界も出てくるため、母子間のコミュニケーション疎通は難航することが多くなる。

近年のICT技術の目覚ましい進歩の一端に、子ども向け学習用の教材動画YouTubeがあるが、最近の動画には音声文字変換ソフトが挿入されていることが多く、話者の音声と同時にリアルタイムで字幕を提示することが可能となっている。現時点では、まだまだ音声認識技術の精度が低く、文字の誤字変換が多いのが難点ではあるが、母子で視聴可能になったことで付き添い学習に伴う負担感が軽減されたことは画期的と言えよう。ただし、ろう難聴母親側にもICT技術を駆使して活用するスキル獲得が必要となり、これを習得する場は限られているため、手話コミュニティなどで互いに教えあうといった方法で対処するケースが多い。

また、女性のライフスタイルや働き方が多様になっている現代では、出産や育児、介護等の事情で一時離職した後も働き続けることを模索するろう難聴女性が増えており、そうした意味で、生涯学習はろう難聴女性のキャリア形成を考えるときに大きな意味を持つ。

しかしながら、ここでも情報保障の壁に阻まれることになるため、音声文字変換を活用したオンライン学習が普及すれば、様々な事情で在宅せざるを得ない場合でも生涯学習の継続が可能となり、キャリア形成の中断が回避されるであろう。今後のICT技術の進歩に大きく期待したい。

■今後に向けた展望

ろう難聴女性は、経済的自立や自己実現を求めて就職しても、就職後に聴覚障害ゆえの困難に加えて、一般的な男女格差に伴う数多くのバリアも経験することになる。また、結婚・妊娠・出産・育児・離婚・介護等のライフステージの変化によってやむなく、離職・転職を経験する人もいる。その場合、再就職や職探しがさらに厳しくなるケースが残念ながら多いのが現状である。

それに加えて、見過ごされやすいことの中に、聴覚情報獲得の機会の少なさによってもたらされるバリアがある。とりわけ幼少時からの聴覚情報獲得の不足状態が積み重なると、情報弱者という立場に甘んじることになり、はた目から見ると、情報強者に追随するといった受け身の姿勢に映らざるを得なくなる。

このバリアをとりのぞくためには、自らを取り巻く聴覚情報を視覚的な手段に代えて獲得し、日常生活の中で当事者意識をもって様々な経験を積み重ねていくことで、幾多ある情報の中から取捨選択して自己判断・自己決定する力が育まれてゆくのではないだろうか。

また、人間関係構築のベースとして、手話コミュニティをはじめとした同じ障害を持つ立場同士のコミュニティでの交流を通して心の拠り所を得ることで、きこえない人間として生きていくというアイデンティティ形成がなされてゆくことも、人生の大海原をしなやかに生き抜くうえで大切な糧となりうるであろう。

このように、視覚化された聴覚情報の獲得や人間関係構築の経験の蓄積によって自己決定力を培い、高めてゆくことは、ろう難聴女性の『主体的に自分の生活を形成してゆく』力の醸成につながると言えよう。

そのためにも、ろう難聴女性の教育や生活、就労等の生涯にわたる様々な場面での情報保障環境の整備が必要不可欠であり、手話コミュニティをはじめとした同じ立場同士のコミュニティとのつながりとの両輪をもって初めて、主体的な社会参加が可能となると言えるのではないだろうか。

3　テレワークと子育ての両立、地域活動を通して

窪田祥子

2020年2月ころから新型コロナウィルス感染症の世界的大流行により、これまでの当たり前だった日常ががらっと変わってしまった。今までは「職場に出勤し、同僚と仕事をして、帰宅する」という仕事スタイルが通常だったのに、職場ではなく家や別の場所で1人で仕事をするという「テレワーク」が急激に普及した。

私自身は、2014年6月からテレワークをして6年半になる。テレワークが普及しつつあるこのご時世、おこがましくも先駆者といえる立場として今までテレワークをしながら2回の産休・育休を挟み、育児や地域活動をしてきた中で感じてきたことを書きたいと思う。

■テレワークを始めることになったきっかけ

2011年3月に大学院を修了し、同年4月に産経新聞社に入社した。入社に先立ち、東京本社で行われた内定者研修に参加していた時に東日本大震災を経験した。地震が起きた瞬間、私たちは本社のあるビルの14階にいた。ビルは船に乗ったように大きく揺れたものの、特に避難せずにそのまま研修を続けることになった。社内では「自宅に介護が必要な者、小さなお子さんがいる者は早く帰宅するように」という音声放送が流れていた。幸いにも手話通訳者がその場にいたおかげで社内放送や同僚の会話といった音声情報などを把握でき、本当に安堵したものだ。研修が終わった後に、震災による交通網の乱れから帰宅できる状況ではないということを知った。結局その日は深夜まで会社に残らざるをえなくなり、同僚でもあった内定者たちと一緒に震災に関する新聞の号外を配りに行った経験は今でも忘れられない。ネット情報はデマが拡散されやすく、テレビ放送は手話通訳や字幕がついていない、そのなかで毎朝届く新聞は、情報の信頼性が高

く、文字で確実にわかる安心感が満載だった。震災に関する見慣れない用語、例えば目では見えない放射線やベクレルといった単位……、あの頃は本当に情報に飢えていたことをとてもよく覚えている。

そんな波乱冷めやらぬうちに社会人生活が始まった。入社し、当初は文章やグラフィックを紙面にレイアウトし、見出しをつける「整理記者」の仕事をしていた。10月からは地図やグラフを作成する「デザイン記者」に配属されることが決まった。希望の職種ではなかったので、配属先を聞かされた当初は戸惑いを覚えたものだった。落胆している私を見て、「伸びしろがあるということだよ」と同業他社に勤めるベテランの粋に入っていたろう者が励ましてくれた。「石の上にも3年」との思いで、未知のグラフィックの世界に飛び込んだ。

配属後、マウスの使い方から教わり、ミスも多く失敗の繰り返しだった。日にちを重ねるごとにいろんな仕事を覚え、充実してきた3年目を過ぎたころに結婚が決まり福島県に引っ越すことになった。東京本社でないと続けられない仕事だろうと思っていたので、退職を申し出たところ、上司をはじめ人事部の方々から「辞めるのは簡単だし、いつでも辞められる。辞める代わりに辞めないで続ける方法を探してみてはどうだろう」と引き留められた。「他の職種でも続けられるのであれば……」と返事をさせていただいたところ、自宅で仕事をする、つまりテレワークにし、FAXで仕事の依頼を受けて会社から貸与されるパソコンでグラフィックを作成し提出するという方法で仕事を続けることになった。ただし、当時は前例がなかったために特例としての扱いになった。

ここで、弊社での「デザイン記者」の仕事の流れについて書きたいと思う。まず、情報を収集してきた取材記者がこういうグラフィックを作って欲しいと紙に書いて依頼書をデザイン部に持ってきてくれる。上司や先輩がその依頼書を見て、担当を割り振ってくださる。あるいは自分で依頼書を見て、できそうな仕事を自分から取りに行くこともある。依頼書を受け取ると、書かれてある指示内容を見て、そのリクエストに合わせて地図や

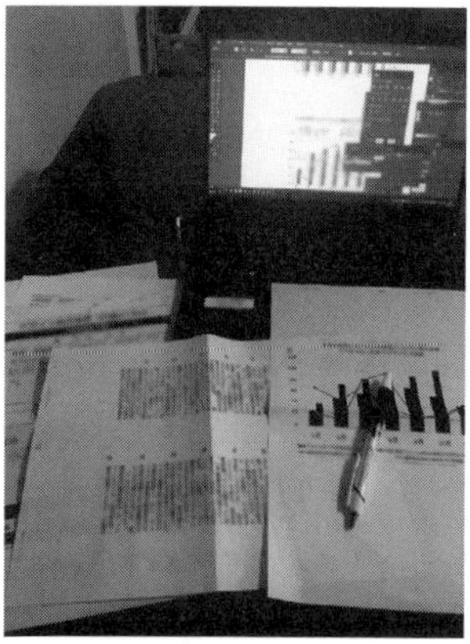

仕事の様子

最近作成したグラフィック例

グラフなどを作る。情報の内容が分からないとか、指示通りの大きさに作れないとかいうようなことがあれば、依頼書に書いてある依頼者記者の携帯電話番号か内線番号に電話をして相談する、という流れになる。

私の場合電話はできないので、同僚にお願いして「こういう内容を電話して伝えて欲しい」と代わりに電話をしてもらっていた。それが、テレワークに切り替わってから、連絡手段はほぼメールだけになっていった。1日ずっと家で1人で仕事をするようになり、連絡する相手はメールで1人か2人だけ……という日々が続き、なんだかフリーランスになったような気持ちだった。上司や同僚たちも「(テレワークの仕事をしやすくするために）意見をどんどん言ってほしい」と、常に気にかけてくださっていた。しかし、当時の自分は自分を取り巻く環境に満足してしまっていたため、どのように何を言えばいいのだろうと思いあぐねていた。

2020年の新型コロナウィルス感染症が流行するまでは月に1、2回東京本社に出社し、同僚と顔を合わせたりしていた。部内の雰囲気や空気を吸いつつ、新しい情報を得たり本社所有のパソコンに入った新しいデータを持ち帰ったりし、翌日から緊張感を持って家で仕事をするというパターンだった。途中で2回の産休・育休を挟み、復職する都度パソコンの操作をはじめ、休みに入る前までの体制と違うことなどに慣れるのに時間がかかることもあったが、テレワークを始めた当初とほぼ変わらない仕事をしていた。テレワークを始めたばかりのころは、家でずっと1人で仕事をするのがとても寂しくてどうしようもなかった。たまたま生後1か月くらいの野良猫を拾ったことで、話し相手になってもらい寂しさを紛らわせることができた。その猫も今ではすっかり大きくなり、日中はとても静かな家で、のんびりと寛ぎながら暖をとっている姿に日々癒されている。

当時住んでいた家から車で20分くらいのところに夫の実家があったため、子どもが生まれてから毎週水曜日に行き、そこで私が仕事をする傍ら義父母に子どもたちの世話をしてもらっていた。当初、義父母はテレワークの存在を知らなかったのか、「(私は) 自宅待機 (呼び出しがあるまで自宅で待っている) の状態」と思い込んでいたようだ。義父母宅で実際にパソコンを使いながらグラフィックを作成している様子を見て、今ではテレワークがどういうものかを理解してくれている。

テレワークを始めてから、上司が変わる度に一度も面識がない私の存在意義を認めてもらえるのだろうか、仕事をうまく進められるだろうかというような不安な気持ちに駆られたりすることもあるが、幸いにも今こうして変わらず仕事を続けられている。社内のさまざまな状況を鑑み、また異動がないということで、賞与、退職金の部分において他の正社員とは少し違う扱いになっている。2016年に専門正社員という枠組みが新たに設けられ、私の身分は現在専門正社員となっている。しかし、入社当初と立場はほとんど変わっておらず、仕事の内容も責任も特に変わっていない。

■コロナ禍を機に、一気に変わっていったテレワークを取り巻く環境

この6年間変化のなかったテレワークだったが、新型コロナウィルス感染症の世界的大流行によりがらりと変わった。出社するデザイン記者も半数に減り、取材記者もテレワーク勤務になったため、彼らたちと直接メールなどでやりとりをするようになった。それまでは、デザイン部にいる1人の同僚としかつながっていなかったが、コロナ禍を機に一気に何人もの人とつながるようになり、より社員としての実感を持てるようになったの

だ。メールでのやり取りのなかでもちょっとした話題を織り交ぜたりすることで、相手と会話している気分にもなれている。

さらに社内のパソコンデータも、いつどこでも共有できるようなシステムに変更になったために、データ共有のための本社への出社が不要になった。ちまたでは、Zoomなどによるオンライン会議が増えていることが話題になっているが、もともと部内での会議などに出席する機会が少ないので、今のところはまだオンライン会議に参加したことはない。

コロナ禍を機に変わったテレワークだが、自分1人ではなくテレワーク仲間が増えたという嬉しさがある反面、他の社員たちが間に合わせの環境で自宅で仕事をしなければならないという状況のなかで、自分は恵まれた環境で仕事ができているという一層の緊張感を持つようにもなった。

緊急事態宣言中は、子どもたちが通っている保育所も休みになり、家にいる時間が増え、毎日昼ごはんにおやつを用意しなければならなくなった。また、子どもたちが遊んでいる様子に気を配ったり、子どもたちがケンカして泣いている時はなだめて話を聞くなど、なかなか集中してテレワークできる状況ではなかった。幸いにも、夫が午後帰宅するようにしてくれたおかげで、そんな状況を乗り切ることができた。

弊社は、このコロナ禍でテレワークを導入しているものの、臨時的な制度であり今後どうなるかはまだ決まっていないと聞いている。

■テレワークにおける課題とは

テレワークをしてきている中で、私自身が難しいと感じていることが主に3点ある。1つ目は「部内の雰囲気を感じる」こと、2つ目は「自分から仕事を取りに行く」こと、そして3つ目は「ミスした時の対応」である。

1つ目の「部内の雰囲気を感じる」というのは、職場にいれば同僚たちとのコミュニケーションや何気ないやり取りの中で知りえるであろう情報がなかなか入ってこないということだ。テレワークを始めた当初は、社員同士が立ち話をしたりしている時に、「何か話しているようだけど、わからない……。でも、気になる……」とか、「話している内容がさっぱりわからないけど、相槌を打っとこう」というような気遣いをする必要もないし、その分疲れることもあまりないだろうと思っていた。テレワークにより、このような煩わしさから解放された一方で、自分から聞かないと教えてもらえない、または相手から情報などを教えてもらうのを待つしかないという状況になってしまったのだ。

職場にいるとしたら、何気ないやり取りや服装の変化などを見たりして、同僚たちのプライベートの小さな変化に気づくこともできるだろう。例えば、妊娠や通院といったデリケートな話題をあえて口にしなくても感じとることができるであろう。そういったことが、テレワークでは全く把握できないのだ。入社して1年目の頃はまだ東京本社に通勤していたが、職場にいたからその場で雰囲気を察してすぐに確認できたことが何度かあった。ある日、他部署の人がデザイン部の先輩社員と、何かのグラフィックの内容について話し合っていた時があった。

当の自分はきこえないこともあり、話の内容を把握することはできなかった。その後に、先輩社員が新聞を広げて何かを探している様子を見て「どうしましたか」とさりげなく聞いてみた。先輩社員の話を聞いてはじめて、先ほどの他部署の人が、ミスではないものの、「ここの線はなくてもいいのかもね」と教えてくれたことを知ったのだ。もしかしたら自分に関係ある、または役だつ情報かもしれないとその場ですぐに確認したことで、先輩社員が作成したグラフィックに対する指摘の内容を知ることができた。もし、自分が作ったグラフィックなら直接自分に教えてくれていたのかもしれないが、自分以外の人たちのやりとりや話し合いは、自分から聞きに行かないと内容を把握することは難しい。

その一件以降、同様のグラフィックを作成するときにはその線を取るよう気をつけるようになった。当時は新人だったということもあってか、そのような小さな出来事にも気づくことができ、また職場は質問がしやすい雰囲気もあったのか、問題意識の共有がしやすかったのだろうと思う。また、人への取次ぎを頼まれたり、他の人が作成したグラフィックを修正したりすることもあり、そのようなやりとりをする中で「この人はこういう分野が得意なんだな」となんとなくではあるものの、それぞれの社員の性格や特徴など少しではあるが把握できていたように感じる。

テレワークをするようになってからは、メールでの連絡や本社に出社した時に同僚たちに教えてもらって、はじめて「そうだったんだ！」と知ることも少なくない。また、弊社は新聞社ということもあり、日によって忙しさの度合いも変わってくる。「最近どうですか」と様子伺いのメールをしたところ、たまたま取り込み中だったということもしょっちゅうだ。

コロナ禍を機に社内におけるテレワークが広がるようになってからは、他の社員の進捗状況を把握できるツールが登場するようになり、そのツールに表示されている表を参考にしながら、連絡したい相手に話題を出すタイミングをうまく見計らうようにしている。同期から結婚報告を受けたときには、オンラインに掲示されている社員名簿を見てもしかしてお相手はあの人かなと、姿が見えない分想像を働かせている時もあったりする。

2つ目の「自分から仕事を取りに行く」ことだが、自分が持つスキルを磨き、それを見せる場や機会がなかなかなく、周りに評価してもらうのが難しいと感じている。なるべく、自分が持つスキルを周りに評価してもらえるように、空き時間にグラフィックを学び、成果を出せるよう頑張っているところである。これまでにない仕事を任されるときは、本社に出社し、直接上司とやり取りすることもある。本社に出社する時は他の社員の仕事ぶりを見る機会にもなっている。計画書を提出するなど自分から新しい企画を持ち込んでいく社員、企画全般を担当している社員をはじめ、上司や同僚たちと直接コミュニケーションをとる中で、どうやって作成しているのか、工夫などを教えてもらうこともある。部の雰囲気を感じ取る、そういう意味でも月に1回の出社は私にとって貴重な時間なのだ。

3つ目の「ミスした時の対応」だが、何かしらミスをした時にメールでのやりとりはなかなか難しいと感じている。対面であれば、お互いに顔の表情を伺いながらミスした経緯をリアルタイムに双方向でやりとりながら一緒に確認したりすることができる。それがメールだと一方向でリアルタイムではなく、文章としてまとめなければならず、なかなかこっちが本当に言いたいことを伝えられない時がある。また、ミスを伝えてくれる同僚が送ってくれるメール文をなかなか自分がうまく解釈できない時もある。そんなときは画像を送ったり、わからない部分は違う表現で聞き返したりするなどして、ミスの内容について詳細の把握をするようにしている。ミスの内容について詳細を把握したあとに、どこに謝罪するかなどを自分で確認しなければならないのだが、これは上司の出社時間を見計らってメールをするようにしている。ただ、なにより一番なのは、ミスをしないことだ。

私が社内の様子を知らないのと同じように、おそらく同僚も私のことはあまりよく知らないのだと思う。その分、なるべくメールなどで自分の近況を伝えるようにしている。たとえば、以前結膜炎にかかったときがあった。最初は目のこすりすぎかなという程度に軽くとらえていたので伝えずにいたものの、涙が大量にあふれて目が開かなくなり仕事にならず、病院へ受診しに行かなくてはいけない状況になって初めて、自分の状況を伝え、お休みを取りますと連絡したこともある。また、初めての妊娠でつわりで眠気がひどかったときは、妊婦対象の雑誌を参考にした上で、元気な日も多いが横になる時間があるかもしれないことを伝えたこともあった。なかなか自分のプライベートを伝えるのは大げさなような気もするし、今でも気が引けてしまうのだが、こちらから言わないと伝わらないことも多く、逆に伝えないでいると相手に不信感を与えてしまうこともある。伝える時はできるだけ簡潔に、悲壮感が漂わないように心掛けている。

話は変わって、課題ではなくテレワークのメリットについても触れたいと思う。コロナ禍によるテレワークが普及する以前から、月数回のテレワークを導入している企業で働く友人がいる。その友人の話によると、女性特有でもある生理がある時は、会社だと服の汚れや匂いなどに気を使わなければならないが、テレワークだとそのような気遣いもいらないし楽なのだそうだ。このような女性ならではのメリットもあるのだと思う。

後、「テレワーク＝家で仕事をしている」ことが子どもたちになかなか理解されにくいように思う。テレワークのための制服があるわけでもなく、家でわざわざ仕事着に着替えるわけでもなく、始業時間も少し遅めなので、毎朝時間に追われる感じもあまりない。朝ドラを見て、子どもたちもひと遊びしている。夫の出勤が早く帰りも遅いので、私が保育所の送り迎えをしているが、それをのぞいては割とのんびりと過ごしている。時々、もし職場通勤だったなら、もっとちゃきちゃき段取りが組めたりしているのかな、子どももその様子を見て理解してくれるのかなと考えたりすることもある。

家事など家のことは主に私が担っているが、夫も気づけば自分でやってくれるので、今のところは男女差を感じたことはない。テレワークでも仕事量そのものは本社勤務時とあまり変わらないので、朝食で使った食器を洗わないでそのまま放置しておく日もある。幸いにも、夫は「テレワークで家にいるんだからもっと家を綺麗にしてほしい……」というようなことは言ってこない。洗濯ものを取り込み忘れても、「仕事しているんだから、いいよ」と大らかに構えてくれている。そういうところはありがたいと感じている。

■地域活動および「きこえ子育てサークルもいもい」での取り組み

仕事が休みの日は市民対象の講座や専門学校、大学等で講師を務めたり、盲ろう者介助通訳員として活動したりしている。また、県内に住むきこえない、きこえにくいお子さんを育てている家族を対象にしたグループ「きこえ子育てサークルもいもい」を2017年9月に立ち上げた。「療育や病院などできこえない子とその親には会うが、親同士が気軽に集まって話せる場がない」という人工内耳装用児の母親の声を聞き、スタートした子育てサークルである。スタッフ３名全員聴覚障害があり、子どもを持つ母親でもある。

「きこえ子育てサークルもいもい」主催の講演会の様子

新型コロナウィルス感染症が流行するまでは、月に1、2回ほど、地域の公民館などに集まり、参加者同士で情報交換したり、講演会などを開催したりしてきた。しかし、コロナ禍によりすべてオンラインに切り替わった。オンラインお茶会は、平日日中時間帯か、夜時間帯かのどちらかで、スタッフ３名と会員の都合をすり合わせた上で開催している。平日の場合は、私ともう１人、私と同じく以前からテレワークをしてきているスタッフの昼休みに合わせて開催している。現地で集まる代わりに移動時間を短縮できるために、ネット環境があれば全国の会員とオンライン上で顔を合わせることができるし、とても便利になったものだと思う。オンラインお茶会では、だいだい時間になると私たちスタッフは退出するが、その後も参加者同士で交流を続けている時もあり、このように気軽に顔を見て話せる場を提供できるのが、「きこえ子育てサークルもいもい」の誇りだと思っている。

このような様々な地域活動に関わっていることは、会社にも了承をいただいている。最近、本社に出社した時に「きこえ子育てサークルもいもい」の活動のことを伝えたところ、「その活動の中で、デザインを使う場面はないかな。趣味と仕事を結び付けて、グラフィックの練習をしてみたらどうかな」という助言をいただいた。これまで全く考えてもみなかったので、目から鱗が落ちるような思いだったが、自分の持つスキルを仕事に生かすチャンスだと思い、チラシ作りなど新聞内ではあまり使わないグラフィックを作成したりしている。上司や同僚たちからおすすめのツールを紹介してもらうこともあり、空き時間にそれらをトレースすることで、少し変化を持たせた自分の色を出す積み重ねをしているところである。

このように、テレワークを続けられているのは、会社における上司や同僚たちをはじめ周りの人たちの理解やサポートがあってこそと感謝している。今後も信頼関係を築き、会社の期待に応えられるように、より一層努めていきたいと思っている。アフターコロナ／ウィズコロナで、今後ますますテレワークが普及していくであろうという社会の中で、テレワークを考えている、または現在テレワークをしているみなさまの参考になれれば幸いである。

4 私らしくありのままに生きたい
——日本からドイツ、そしてフランスへ。2つの国境を超えて

塚本夏子 LESSIRE

これを執筆している今、フランスは2回目のロックダウン（都市封鎖）の真っただ中である。新型コロナウィルス感染症による世界的大流行により、ズームなどのコミュニケーションツールが急激に普及し、仕事や学校、イベントといった活動の多くがオンライン化した。果たしてこのような日常になろうとは1年前いったい誰が想像したことだろう。

私はこの10月にヨーロッパ在住16年を迎えたが、改めてその歳月の長さに自分でも驚かざるを得ない。「海外に行きたい」、最初にその思いが芽生えたのは、おそらく小学生の頃だっただろうか。幼少の頃から、欧米の児童文学を読みふけり、字幕の出る外国映画を観るのが大好きな夢見る少女だった。

■未来に夢を描けなかった高校時代

高校2年の時、2歳上の姉がピアノの勉強のためフランスのパリ国立高

等音楽院に仏政府給費留学生として留学した。海外在住のロールモデルが身近にいながらも、きこえない私には無縁の世界だろうと、当時の私は自分で心に壁を作ってしまっていた。

「国際的な仕事や海外生活をするなんて私には無理だろうなぁ……」と半ば諦めに似たような気持ちを抱き、普通に誰もが持つような夢や憧れを心の奥にしまいこんでしまい、未来に希望を描けなかった高校時代でもあった。

私がきこえないことがわかったのは、3歳の誕生日を過ぎた頃である。それから母と一緒に愛知県の総合保健センター内にあった「きこえとことばの教室」に通い始めた。この教室は同じ年代のきこえない子ども達が発音や読唇（読話）術を学ぶところでもあったが、保育園からは地元のきこえる子ども達が通う保育園に通った。幼稚園もそのまま地域の幼稚園に入園したが、並行して隣市にある小学校に併設されていた難聴学級にも通学した。先述の「きこえとことばの教室」や難聴学級では自分と同じきこえない友達に出会う機会が少しあり、学校を出てからも文通したりするなど交流は続いていた。しかし、お互いのコミュニケーション手段は口話だったし、そのままずっと普通校で学んできた。そのために、身近にきこえない人でロールモデルになるような存在との出会いもなく、大学に入学するまで手話に出会うことも使うこともないままであった。

小学校と中学校では人間関係に恵まれ、周囲の人たちのサポートもあり、それなりに充実した学校生活を送れていたのではないかと思う。高校に入ってからは、授業の進むスピードも早くなり、難易度も日増しに高くなっていき、学校に登校することさえも苦痛に感じるようになってしまい、生来の明るい性格は影を潜めていった。

90年代初頭といえば、今とは違って海外との通信手段はほとんどなく、はるかに国際電話料金が高かった時代でもある。留学先のパリから時々届く姉からの何枚にも綴られた手紙や同封されている写真からは、留学生活を謳歌している様子を伺い知ることができた。姉を誇りに思う一方で、活動の幅を着々と広げていく姿がとても眩しく、ひたすら羨ましかった。

■大学入学のため上京、アメリカ手話との出会い

高校卒業後の１年間は予備校で浪人生活を送っていたが、その間に高村真理子さんが書かれた『アメリカ手話留学記』、そして翌年の1994年には大森節子さんが書かれた『私のアメリカ手話留学』という手記に出会った。「きこえない人でも留学できるんだ」と、目の前に希望が広がるような気持ちになったことを、今でも昨日のことのようにありありと思い出す。とりわけ、大森さんは50代で一念発起してアメリカ留学されており、年齢にとらわれない挑戦に感銘を受けた。

１年間の浪人生活を経て、東京にある大学に晴れて合格、念願の東京での一人暮らしが始まった。大学に入学した当時は、きこえない学生のための情報保障支援体制などが整っていなかったために、他のきこえない学生たちと一緒に情報保障支援グループを立ち上げた。徐々に講義において情報保障支援を受けられるようになっていったが、予備校時代まで全く情報保障を受ける機会がなく、その存在すら知らず、ほぼ独学で通してきた私にとって、講義にノートテークや手話通訳、パソコン通訳がつくという経験は、これまでの価値観を180度覆すかのような非常に印象深い体験であった。

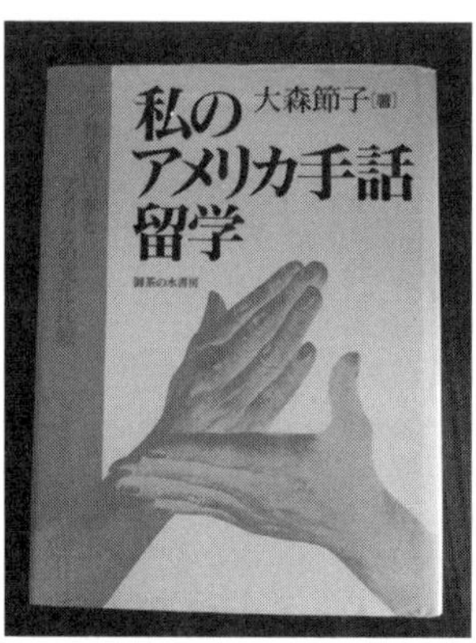

人生に影響を与えてくれた大森節子さんの『私のアメリカ手話留学』（1994年発行）

あれから25年以上の時が流れた今でも、初めてノートテイクをつけて受講した日の情景や、ノートテイカーを引き受けてくれた友達はもちろん、紙に書いてくれた文字までもが鮮やかに思い出される。

またある日、別の講義を受講していて、その授業が終わって教室を出ようとしている私を、同じ講義を受講していた見知らぬクラスメートが待っていてくれていた。「先生が、

さっき、「耳のきこえない塚本さん」と呼ばれていましたよね。実は私の姉も耳がきこえないのです。よかったら友達になってくれませんか」。

その後、そのきこえないお姉さんにもお会いし、彼女が通っていた飯田橋にある日本ASL（American Sign Language、アメリカ手話）協会を紹介してくれたことがきっかけで、アメリカ手話を習い始めるようになった。そこでのろう者や聴者との交流や飲み会を通して、日本の手話も楽しみながら習得していった。「異文化交流したい」「ろう者、聴者という垣根を超えて外国人と交流したい」、その思いは日増しに強くなっていった。当時日本ASL協会が主催していた、米軍基地でのクリスマスパーティやアメリカ東海岸ニューヨーク州にあるロチェスター工科大学のきこえない学生さんたちとの交流会に参加するなど、楽しい思い出をたくさん作ることもできた。大学3年の時には、西海岸のカリフォルニア州にあるろう学校の校長先生宅にホームスティしながら、カリフォルニア州立大学ノースリッジ校への1週間の視察旅行に行ったりもした。どれも貴重な経験ではあったが、本格的に留学に向けて行動を起こすことはなく、昔から思い描いていた海外移住の夢も心の中に封印しつつ、卒業後は都内の商社に就職した。

■衝撃を受けた、社会人時代のメキシコ旅行とドイツで出会った人たち

就職後、姉はフランスからドイツに移住して演奏活動などをしていたが、私は社会人生活を謳歌しながら、休暇のたびに姉を訪れるために渡欧、ドイツをはじめとした陸続きのヨーロッパ各地を旅行した。そこで見えてきたのは、ヨーロッパの歴史ある美しい街並み、自然に囲まれたリラックスしたひととき、そして家族との時間を大事にしながら、仕事を楽しみ、かつ学び続けている人たちの姿である。当時、自分は毎日満員電車に揺られながら通勤していたが、そのような都会の喧騒とは全くかけ離れた風景が目の前に広がっていた。

姉を通して現地で出会ったドイツ人や留学生たちは、プロやアマチュアの音楽家たちばかりであった。ある時に、トーマス・クヴァストホフさん

人生の転機となったメキシコ旅行
（2000年）

というサリドマイドのバリトン歌手を紹介され一緒に食事をする機会があった。彼をはじめとした個性豊かな人たちに出会う中で、ドイツというのはどんな国なのだろうという興味を掻き立てられるようになった。旅行をするだけでは飽き足らなくなり、それまでは姉を通してだったが、自分からネットワークを築きながら、もっとその国に根付いた生活をしたいと思うようになっていった。

時を同じくして、きこえない友人とメキシコを旅した。かつてスペイン語圏に長く暮らしていたことのある彼女と9日間一緒に行動を共にしたのだが、スペイン語を駆使しながら現地の人とコミュニケーションをとる彼女の姿を見て魂を揺さぶられるような思いがした。コバルトブルー色の透明な美しいカリブの海よりも、その光景の方が数倍も印象深く脳裏に焼き付いている。ホテルのフロント係や現地のお店の人とのやりとりなど、自ら積極的に意思疎通を図ろうとする、凛とした彼女の姿勢を目の当たりにし、「きこえなくてもできる」というお手本を示されたような気がしてガツンと衝撃を受けた。それは、それまで心の中に封印していた、外国語を学び海外生活をしたいという思いが、再び頭をもたげてきた瞬間でもあった。

帰国後すぐに勇気を出してドイツ語学校の門を叩き、ドイツ人の先生とのマンツーマンでのレッスンを受講し始めた。あのメキシコ旅行がなかったら、今の私はいないだろう。それくらい私にとってあの旅行は大いに心動かされたし、人生の転換期となったといっても過言ではない出来事であった。彼女との出会い、そして彼女と一緒に旅行に行くチャンスを持てたことに、本当に感謝している。

■ろう者イコールアメリカなのだろうか……？　きこえない、だからこそ可能性を試してみたかった

日本では、ろう者は情報保障支援体制や奨学金制度の整っているアメリカに留学することが多く、ゆえにアメリカに留学を経験した人たちや視察旅行に参加した人たちからもたらされる現地情報にあふれている。しかし、ドイツに関してはきこえない人や手話関係の情報は、皆無に等しかった。きこえない人のドイツへの留学は前例がなかったものの、逆に好奇心をくすぐられるようになった。多くのろう者が、情報保障など支援をきちんと受けられるアメリカに関心を向けていることは、とても理解できていた。一方で「なぜ、きこえない人はきこえる人と同じように留学先を選べないのだろう。選択肢があまりないのだろう」という思いもずっと頭の片隅にあり、常々釈然としない気持ちを抱いていた。

「きこえなくても、いや、きこえないからこそ、自分で行きたい国を選びたい」。

その思いは、いつしか「いっそ、自分が経験すればいいのではないだろうか。そうすることで道を切り開くこともできるのではないか」という思いへと切り変わっていった。日本にそのまま居たら見えないであろう景色を、実際に現地に行って自分の目で見て、そして直に肌で感じたかった。私にとってそれは、ヨーロッパだった。身内や友人知人が実際に現地で生活していたという背景もあり、恵まれている面もあったのだろうとは思うが、何よりたった一度の人生である。ありとあらゆる可能性を、きこえないということだけで狭めたくはなかった。

■ドイツへの移住を決断するまでと、それから

とはいえ、東京での安定した生活を捨ててまで留学するというのは大変な勇気がいり、決心がつかずしばらく悶々とした日々を過ごしていた。ある時、親しくしていた、手話通訳士をしている知人が「人間、いつまでも健康でいられるわけではない。人生いつ何が起こるかわからない。やろう

と思った時がその時だよ。今しかないんじゃないかな。このまま日本にいていろいろ悩んでいても何も始まらないよ。とにかく飛び込んでみてそれから情報を集めればいい」と鼓舞してくれた。おそらく私はそのように誰かに背中を押してもらいたかったのだろう。渡独を決心してからは行動も早かった。会社に辞表を提出、年度末の3月末に会社を退職した。

ドイツに移住したのは2004年10月、30歳の時だった。手始めにハノーファーにいる姉の家に転がりこんだが、出だしはスムーズというわけではなかった。まず語学学校に入り、語学学校ビザを取得して長期滞在するという、当初意気揚々と思い描いていたストーリーは、「きこえない外国人だなんて前例がありません」「経験がないのでこちらとしては対応できません」という語学学校の担当者の言葉で崩れさってしまった。行く先々で門前払いをくらい、交渉した語学学校全てから断られた時には悔しくてハノーファーの中心部で、「なんできこえないというだけでダメなの！！」と悔し涙を流したものだ。

そんな中、つてをたどってゲッティンゲンから10キロほど離れたところにあるセミナー施設、アカデミー・ヴァルドシュロッセン（森の城アカデミー）で開催された、泊り込みの5日間のドイツ手話教室に参加する機会があった。実は参加した後に知ったことだが、この教室はゲイの人たちが集まるセミナーでもあった。同じ参加者からカミングアウトされた時に少し驚きはしたものの、同時に自然体で飾らない彼らと過ごすことに心地良さを感じてもいた。ドイツ各地から集まった参加者たちと、一緒に授業を受けながら3食や休憩など行動を共にし、ドイツの伝統的な家庭料理を堪能できる絶好の機会でもあった。

当時は12月だったということもあり、ドイツの童謡の「オー　タンネン バウム（おお、もみの木）」や「シュティレ ナハト、ハーィリゲ ナハト（きよしこの夜）」をみんなで一緒にドイツ手話で歌い合ったりもした。ドイツの冬は寒くて暗いが、部屋の中は暖房がほどよくきいていて温かく、窓の外にはひらひらと雪が舞い降りていた。参加者のなかで外国人は私一人であったが、日本人とゲイという、マイノリティ同士がごく当たり前のように同じ空間の中で気持ちを共感しあうことができたという事は、忘れられない思い出の一つである。また、そこでの時間は、ハノーファーで行く先々で語学学校から門前払いをくらい憔悴していた私の心をも癒してくれ、決してこれで終わりにはしたくないと心に誓うきっかけにもなった。

アカデミー・ヴァルドシュロッセンの前で（2004）
セミナーの受講生達が、「日本（ヤーパン）」と
手話で表してくれた

その時はビザが取れず、3か月で帰国せざるを得なかったが、帰国後すぐにゲーテ・インスティトゥートという語学学校の校長先生に熱烈な想いを綴った手紙を送り、どうしても学ばせてほしいと懇願した。幸いにも、ゲッティンゲン校が快く受け入れてくれ、2005年春にはまたドイツに戻り、それから8か月間その語学学校に通った。もちろん周りはきこえる人ばかりであった。

ゲッティンゲンは、ドイツで初めて一人暮らしを始めたところで、この街には格別の思い入れがある。ゲーテ・インスティトゥートには世界各国から200人近い生徒が集まってきており、アメリカ人が多い時もあれば、メキシコ人がクラスの大半を占めるときもあった。彼たちとのコミュニケーションはもっぱらドイツ語の筆談であったが、誰もが嫌な顔一つせずに応じてくれたし、お互いドイツ語を母語としない外国人同士という居心地の良さや、自国の文化を紹介しあえる面白さもあった。

■ハノーファー、ゲッティンゲン、そして第三の都市ハンブルクへ

ドイツ語を学ぶ一方で、フォルクス・ホッホシューレという市民大学で

ドイツ手話も学んだ。少しずつドイツ手話も覚えるようになり、地元のゲバーデンスプラーヘ・スタムティッシュ（Gebärdensprachstammtisch）という、ドイツ式の気軽な手話の飲み会に顔を出しては、ドイツ手話にさらに磨きをかけていき、同時にきこえない人や手話関係のネットワークも広げていくようになった。スタムティッシュとは、ドイツ式飲み会のことでドイツ文化の一つとしてよく知られる。大学生から会社員までと幅広い世代の大人たちが主にビールを飲みながら交わし合う場にもなっている。

その後、1年間ハンブルクろう学校で日本文化を伝えるインターン活動をしていた時にハンブルクろう学校で働いていた先生方と知り合い、ハンブルク大学にドイツ手話及びろう者のコミュニケーションに関する研究所（Institut für Deutsche Gebärdensprache und Kommunikation Gehörloser: IDGS）があることを知った。その研究所では、当時ドイツのろう者で初めて大学教授になった、クリスチャン・ラスマン教授（現フンボルト大学ベルリン校、デフスタディズ・手話通訳者養成学部の教授）をはじめ、何人かのろう者や聴者の講師が教鞭をとっていた。ドイツ手話やろう者の文化を学ぶことができるということがわかり、そこで学びたいという気持ちが芽生え、いてもたってもいられなくなりすぐに出願、晴れて合格し入学した。

ハンブルク大学ではきこえない留学生の正規入学は私が初めてだった。手話通訳派遣制度の利用に関することなど大学側もきこえない留学生への支援に慣れていないところもあったものの、何度か交渉を重ねお互いに試行錯誤しながら解決策を見出していった。ドイツ手話及びろう者のコミュニケーションに関する研究所にいる先生は、手話のできる先生が大半であった。また、手話通訳者が常在しており、手話のできない先生の講義を受ける場合は手話通訳がつき、ドイツ人学生の手によるノートテイクを受けながら講義を受けることができた。情報保障を受けながら講義を受けるという経験はドイツでは初めてのことだったが、講義の内容がきちんとわかる環境で学べるという喜びを味わうこともできた。また、ドイツ手話できこえる、きこえないという垣根を超えて、クラスメートたちと意思疎通をはかれることも、この上ない喜びであった。きこえない留学生でもあった私に対して何かと助けてくれた多くの友人たちには感謝の気持ちでいっぱいである。このようにハンブルク大学ではたくさんの人との出会うことができ、何事にも変えがたい貴重な経験にもなった。

■5年住んだハンブルク、積んだ経験と人脈はかけがえのない財産

2007年11月にフランクフルトで開かれた「ドイツのろう青年部のフェスティバル（Jugendfestival der Deutschen Gehörlosen-Jugend）」で、初めてドイツ手話で日本文化に関するワークショップを担当した。

続いて、2008年秋にはエッセン近郊のフェルバート（Verbert）で開かれた「聴覚障害学生及び卒業生の連邦ワーキンググループ（BHSA e.V.: Bundesarbeitsgemeinschaft Hörbehinderter Studenten und Absolventen e.V.）の集い」では、外国人留学生として講演する機会にも恵まれた。

ハンブルク東部にあるリンハン語学学校の校長先生と知り合う機会があったが、彼女は中国人女性で現地のドイツ人と国際結婚していた。自国の北京に住んでいる彼女の妹がろう者ということもあり、その語学学校にドイツ手話クラスを開講することを考えていた。そのような縁もあり、2009年に日本手話と日本文化に関するワークショップを開催した。その時には、ドイツのきこえない人向けのテレビ番組「きくかわりに見る（ゼーエン・スタット・ホーレン、Sehen statt Hören）」の取材を受けることもできた。

ある時にはドイツ北部の都市フーズムにあるテオドール・シェーファー職業訓練学校にて、日独交流のお手伝いをさせてもらったこともある。そのような経緯を経て、2011年にはグリム童話の「エヴァの不揃いなこどもたち」の日本手話への翻訳を担当したが、その動画が京都のアートゾーン（ARTZONE）による「空間の境界をめぐる6つの対話」という展覧会で放映されたりもした。また、ハンブルク大学のタオプ・ヴィッセン（Taubwissen）というプロジェクトに関わる機会もあった。これはドイツ手話及びろう者のコミュニケーションに関する研究所の講師でもあり、自

フーズムにてドイツ人ろう者たちと日独交流（2009 年）

身もろう者であるステファン・ゴールドシュミットが中心となり、ウェブサイトを通して、ろう文化、ろう者の生活様式、世界各国の手話言語などを社会に紹介、発信することを目的にスタートしたプロジェクトであるが、現在、活動は終了している。

他には、日本からの団体の研修旅行のサポート、そして仲良くしていたきこえない友人のお姉さんが製作したドキュメンタリー映画「ルイーザ（Louisa）」に少しだけ出演する機会などもあった。

一方で、きこえない人のコミュニティにとどまらず、きこえる人たちとの交流もあった。ハンブルク大学アジア・アフリカ研究所日本学部の先生宅にお招きいただいて奥様の手料理をご馳走になりながら日本人同士の交流をしたり、日本食レストランでのバイトも経験した。大学の学期末には、シュテルンシャンツェという若者たちが集まる地区のバーで、ろう、聴の学生を問わず学生や先生たちみんなで時間を忘れて夜遅くまで打ち上げをしたりもした。みんなで食べ、飲み、そして語り合い、踊る、本当に楽しいひとときだった。

そうこうしているうちに、現地で知り合ったフランス人のきこえるパートナーが、フランスのトゥールーズに赴任することになった。それに伴い、私もフランスに移住することを決意した。2011 年 12 月、ハンブルク大学の近くのレストランで友人たちを招いてのお別れパーティを開催し、2 人でトゥールーズへ飛行機で向かった。

■別名ろう者の街、トゥールーズへ移住して

トゥールーズでは、空を見上げるとエアバスベルーガという白いイルカ

の形をした飛行機が見える時がある。これはトゥールーズからハンブルクに飛行機の部品を運ぶ貨物機のことだ。それを見るたびに「これからハンブルクへ飛んで行くのだな」とかつて住んでいた街に想いを馳せる。

トゥールーズに移住する前に、フランスに行ったことのあるドイツ人たちから「別名「ろう者の街」だよ。ウェブスール（Websourd）というろう者が起業した会社があって、古くからろう者のコミュニティが盛んだし、ろう者に関するたくさんのイベントも開かれているんだ」と聞かされていたが、実際に現地で生活を始めてみて、なぜ「ろう文化の首都」と言われるのか、その所以がわかってきた。

郊外のラモンヴィルにバイリンガルろう学校があり、トゥールーズのろうのコミュニティメンバーの大半はこの学校の卒業生をはじめ、彼たちの両親や先生たちで構成されていることがわかった。また、この街のろう文化の発展にはこの学校が大きく貢献してきたことなど、日を重ねるごとに少しずつ街のことがわかるようになってきた。最初に住んでいたアパートのすぐ近くの大学病院には、奇遇にもトゥールーズ唯一の「ろう者外来」があった。

フランスでもドイツに留学していた頃と同じようなプロセスをたどっていくことにした。現地のフランス手話を覚えるにしても、生活する上ではフランス語ができないと話にならないので、必要不可欠なフランス語からと思った私は、夫と一緒に語学学校へ向かった。市の中心部には２つの大手の語学学校があり、１つはきこえないことを理由にやはり難色を示された。もう１つのカソリック系の語学学校では、校長先生は敬遠するどころか、「まあ！なんてすばらしい！きこえないのに日本からドイツ、そしてフランスへきたの？あなたをリスペクト（尊敬）するわ」と共鳴してくださり、「あなたの熱意は十分に伝わってきたわ。後はあなたの努力次第よ」と入学を快く受け入れてくださった。ここでは、国境なき医師団のスタッフとして、フランス語圏の戦闘地に派遣された女性や、カトリックの修道士の研修のためにフランスに来ていた人たちをはじめ、これまでに会ったことのなかったような分野で活躍している人たちに出会う機会に恵まれた。語学学校では、みんなが同じスタート地点にいるので、第一言語ではないフランス語を学ぶという苦労を分かち合えるし、その分交流しやすいというメリットもある。この学校のクラスメートとして知り合った日本人の友人とは意気投合し、彼女が日本に帰国したいまでもずっと交流が続いており、このような出会いには本当に感謝している。住み慣れたドイツ・ハンブルクを離れ、現地で出会ったたくさんの仲間たちとの別れ、新天地での生活は全てゼロからのスタートで、当初は大きな期待とたくさんの不安が入り混じった気持ちだったが、新しい街でもちゃんと新たな出会いが待っていた。また、ドイツでの留学を通して培った経験や自信は、フランス移住後新しい生活を送る中で心が折れそうな時に何度も支えとなってくれた。

■夫の故郷での結婚式

2014年5月3日、少し肌寒い日ではあったが、ボルドー近郊で結婚式を挙げた。結婚式の時に市長が読み上げる条文や結婚式全体の様子を把握するために、フランス手話通訳をつけて結婚式に臨んだ。当時、フランス手話をまだ少ししか知らなかった私は、結婚式当日に備えて婚姻の数ヶ月前からイリス（IRIS）というアソシエーション（協会）の集中講座に通い始めた。フランス手話は、日本手話やドイツ手話と比べるとものや対象物のイメージをそのままとらえて表す手話表現がとても多く指文字を使うことはあまり好まれない傾向にある。また、アートがいつも身近にあるという環境に囲まれて育っているからか、はたまた遺伝子の中にそういうセンスがもともと組み込まれているのか、その集中講座で手話を教えてくれたフランス人ろう者の先生は手話の表現が豊かで物の真似がうまかった。手話と、目や眉の繊細な動き、顔の表情から、あたかも目の前に立体像が浮かびあがってくるかのようであった。

集中講座に通いながら、同時にフランスのろう者コミュニティについての情報も収集していった。結婚式の日は、日本からはるばる来てくれた両親、テモワン（証人）を引き受けてくれた友人たち、フランス人の友人たち、夫の親族などに取り囲まれながら、トリコロールの紋章をかけた市長代理の女性が私たち２人の前でフランス憲法の条項を読みあげてくれた。その後私たちのためにポエムを朗読してくれ、思いがけないサプライズに心動かされた。小ぢんまりながらも、参列者の笑顔と温かさに包まれた結婚式だった。

■フランスで出産と育児を経験して

2015年に長男、2018年に次男が誕生した。私以外、きこえる我が家のコミュニケーション方法は多様である。フランス人夫と子どもたちの間ではフランス語、私と子どもたちの間では日本語と日本手話を交えながらコミュニケーションをとっている。私と夫の間では、ドイツでの留学時代に出会った時からドイツ語とドイツ手話を交えながらコミュニケーションをとってきているが、その方がスムーズということもあり、フランスに来てからも同じ方法でやりとりをしている。

長男は平日は現地校、週末は日本語補習授業校に通っているが、そこは日日または日仏家庭の子どもたちが通っており、バイリンガルの子どもを育てる親同士の情報交換をする場にもなっている。きこえない日本人は私だけで、長男の時は子育てが初めてだったこともあり、最初は手探り状態だった。長男がまだ小さかった頃は、手話表現も不明瞭で読み取りづらいこともあり、音声で何か言おうとしていた時は口を大きく開けてもらったりしていた。それでもなかなか言いたいことが読み取れず、わかってあげられないことでもどかしい思いをしたり、気持ちを汲んでやれず、申し訳ないと思うこともしばしばあった。

長男が日本語補習授業校に通い始めてからは、少なくとも週に１回は日本人同士との交流や学習の機会を持つようにしたり、毎晩寝る前に日本語の本の読み聞かせをしたり、出来るだけ日本手話と日本語を交えながらコミュニケーションをとるようにしてきている。それが功を奏してか、最近では、5歳の長男は日仏両方の指文字も覚えてくれるようになり、フランス語の方が使用頻度は高いものの、日本語だけでもかなり意思疎通が取れるようになってきた。また、2歳の次男の言うことを長男が代わりに教えてくれるようにもなってきた。子どもは少しずつ成長していくのだなぁと思う。次男は、通っている保育園が保育士さんと子どもたちのコミュニケーション手段の1つとしてフランス手話を取り入れていることもあり、長男より手話で表そうとしてくれるところがある。次男に対しては2人目ということもあり、長男の時よりは少し余裕を持って、育児に取り組めているのかもしれない。

■子育てをしながらフランスの大学に通う

フランスでもディプロム（学位）をとり、ネットワークを広げて仕事に結びつけたいという思いがあった。そこで、現在トゥールーズ第二大学にあるデーティム（D-TIM: Le département de Traduction, d'Interprétation et de Médiation Linguistique: ル・デパルトモン・ド・トラデュクシオン・ダンテルプレタシオン，エ・ド・メディアシオン，ラングィスティック）という手話通訳者、手話翻訳者、手話でのメディトゥア（Médiateur、ろう者と聴者間の言語や文化のギャップを埋める仲介役を果たすフランス特有の仕事で、美術館、企業、図書館、病院のろう者外来などにろう者が従事している）を養成する学部で学んでいる。1学年15人ほどの少人数のゼミナール形式で、フランス手話または手話通訳者を介して授業に参加している。ようやく最終学年となり、フランスでの学位を取得するまで残りあとわずかとなった。

とりわけ印象深い出来事は、去年の11月に大学図書館のウェブサイト「手話動画プロジェクト」に参画し、図書館の手話案内をフランス手話で表す仕事に関われたことだ。また、今年の3月には「バベル」というアマチュアの劇団を結成し、フランス手話劇「黒猫（Le chat noir）」（エドガー・アラン・ポー原作）をフランス人たちと演じる機会に恵まれた。プロの演出家として知られるアレクサンドラ・ベルンハルトやろう者の女優、デルフィーヌ・セン・レイモンドの手ほどきを受けながら、毎週4時間の稽古をはじめ、時には稽古が週末に及ぶこともありなかなかハードではあったものの、張り詰めた空気の中でフランス人観客を前に、舞台の初日を迎えることができた。演技や演劇など全く無縁の世界で生きてきた素人同然の私にとって、フランス手話のセリフを覚え、フランス人観客の前で舞台に立つなんて恐怖以外の何物でもないくらいだったが、なんとか無事に3日間の舞台を終えることができた。仲間たちと一緒に様々なハードルを超えて1つの舞台を作り上げたという共有体験は、新しい自分を発見するきっかけにもなった。

フランス手話劇「黒猫」の舞台を終えて（2020年3月6日）
フォトグラファー：ジャン - ピエール モンターニュ
Jean-Pierre Montagné

■そして今

日頃つくづく感じてきていることではあるが、今の社会ではたとえ、きこえない人がきこえる人と同じような人生経験をたどれているとしても、もしくは、きこえない人本人は全然そう思っていないとしても、「きこえない人は大変ですね」「しんどい」「苦労」「可哀相」というような、暗くネガティブなイメージがどうしても付きまとわざるを得ない状況がまだ残っているのだろうと思う。私はそういう見方を少しでも払拭できたらと思うし、きこえなくても楽しくて幸せな人生がある、と伝えたい。もちろん、海外生活の中には大変な一面もあるが、実際のところそれを上回る楽しさもある。

国境を超えて国籍や人種を問わずいろんな人たちに出会う中で、少しだけ見えてきたことがある。障害があってもそれを感じさせないくらいの行動力を持ってして堂々と道を切り開いている人もいる一方、なんの障害がなくても不平不満だらけの人生を生きている人もいる。その良し悪しを言いたいのではなく、障害のあるなしで、周りがその人の人生を幸か不幸か決めることはできないということを言いたいのだ。

結局は本人の心の持ちようなのであろう。他人は言いたいようにいうかもしれないが、人の人生というのは外からは全くわからないし、もちろん決めつけることも出来ないものであろう。アンコンシャスバイアス、つまり無意識の偏見というものが、どうしてもきこえない人にも向けられがちな気がしてならない。最初から決めつけや思い込みをしないで、話し合ってみることが大事なのではないだろうか。私は、人と会う時には、きこえるきこえないに関わらず、同じ地球上に生まれた人間として向き合いたいと思っている。言うほど容易しいことではないかもしれないし、綺麗事だと思われるかもしれないけれど、できるだけフラットでありたい。

確かにろう者の人生の行く手にはいくつかの困難が立ちはだかり、たくさんの艱難辛苦を経てきたろう者の先輩の苦労や努力があったからこそ、今を生きる私たちはより社会参加しやすくなってきているのだろう。感謝の気持ちを決して忘れてはいけないとも思うし敬意を払いたいと思う。その一方で、私は私らしさを失わずに、人生を楽しみながら幸せに生きていきたいとも思う。

凝り固まった先入観や刷り込まれた見方を持たないで、真っ白なキャンバス生地のようにまっさらな気持ちで向き合ってほしいし、私もできる限りそういう気持ちで人と付き合いたいと思っている。また、きこえる両親のもとで、きこえない自分として生まれ、普通校で育ち、当時の時代的背景（統合教育を受けたきこえない子どもは、大人になるまで自分以外のきこえない人と会う機会もなかなかなく、手話でコミュニケーションをとることでさえも推奨されていなかった）もあり、大学入学後に手話を覚えた自分を、私自身はさまざまな心の葛藤を経て、あるがままに受け入れ、歩んでいる。誇りと愛情を持って育ててくれた両親に感謝しながら生きている。その気持ちに嘘はない。

私は他の人の生き方それぞれを尊重したい。いろんな生き方があっていいのではないだろうか。ドイツ留学をはじめフランス移住という長年の海外生活を通して、多種多様なバックグラウンド（背景）を持った人にたくさん出会ってきた。特に、フランスは言わずと知れた、多言語多文化社会でもある。自国人同士だけで固まっている人もいれば、積極的にフランス以外の国からやってきた人と関わろうとする人もいる、また、きこえない人に対する態度や反応も大きく二つに分かれるような気がする。それは逆に言えば、人間の本質を見つめる機会を与えられているとも言えるのではないだろうか。

できることなら私は、ろう者というアイデンティティの枠組みのみにとらわれて生きるより、一人の人間として生きていきたいし、そう見られたいと思っている一人の人間でもある。今、書きながら、気づいた。そう思わせてくれた一人が夫だった。だから、私たちは自然と惹かれあい、結婚に至ったのだろうと。女性であることも、ろう者であることも、日本人であることも、どれひとつとして欠くことのできない私を形作る大事な要素ではあるけれども、そのカテゴリーやコミュニティの中にだけとどまることなく、これからの人生を歩んでいきたいし、その価値観を最愛の我が子たちに、伝えていきたい。それが私の人生における役割のひとつであると思う。

5　発達障害のある息子たち、発達障害のないきょうだい児両方の育児を通して見えてきたもの

松本茉莉

■生い立ち、学校生活、就職、結婚、出産を振り返って

自分に聴覚障害があることがわかったのは、1歳半の頃だ。その後に乳幼児相談室を経て、幼稚部から小学部2年生まで、聴覚障害児・者のための学校、ろう学校で学んだ。小学3年生からは、自分が住む地域の小学校に転校し、そのまま中学校、高校と進学した。そして、短期大学では栄養学を学び、その後大学に編入学し、心理カウンセリングを学んだ。小学6年から短期大学まではFM補聴器を使い、できるだけ自分で音声を聞きながら授業を受けていた。しかし、大学ではFM補聴器だけでは講義の内容の難しさなどもあってか、自分で聞き取ることが出来ず限界を感じるようになっていった。そこで、同じ講義を取っていた同級生や友達にお願いして情報保障のサポートに入ってもらうようになった。こうして、何とか辛うじて講義を受けることはできていたものの、それでもやはり悪戦苦闘の日々だったように思う。

聴覚障害当事者として、大学側に自分の想いやニーズなどを伝えたり交渉したりしては、時々涙を流すこともしばしばあった。その一方で、このような経験を通して心を許せる仲間たちに出会うこともでき、あの頃は学生生活の中で最も充実していた2年間だったように思う。手話は短期大学に入ってから本格的に覚えたが、手話で話せる楽しさを知ったあの時の気持ちは今でも昨日のことのように覚えている。大学で学んだことを仕事に活かしたいという気持ちはあったものの、諸事情によりその想いを胸に秘めたまま一般企業に就職した。就職して2年後に結婚、出産し、現在中学1年生の長男、小学5年生の次男、小学2年生の三男、そして3歳の四男（CODA＝コーダ、きこえない親を持つきこえる子どものこと）、合わせて4人

の息子がいる。

■発達障害のある子どもが生まれて

次男が２歳半になった頃、次男が発する言葉が少ないことや、ようやく言葉を発したと思っても話し方が一方的だったり、自分との会話がなかなか続かないという日々がしばらく続いていた。次男が３歳になる直前の頃に、三男の新生児訪問に来ていた区の保健師さんに相談してみたところ、気になるのであればということで療育センターを紹介してくれた。初回の検査結果では「苦手な部分が見られるものの個人差があるから今の段階では何とも言えない。しばらく定期的に検査をしてみましょう」という回答が返ってきた。「もしかしたら、次男は何か障害を持っているのではないだろうか」という親としての直感があったものの、次男は早生まれで身体が小さかったこともあり「自分の気のせいかもしれない」という半信半疑な気持ちもあった。検査結果を聞いた当初は、しばらく気が気ではなかった。あの頃は、なかなかはっきりとした答えを見出すことも出来ず葛藤を抱えながら悶々とした日々を送っていた。

４歳を過ぎた頃になって、ようやく「自閉症スペクトラム障害」という診断が下りた。悶々としていた今までの気持ちもようやくすっきりし、次男も年齢を重ねるごとに彼なりのペースで話せるようになっていたので、これからも何とかなるのではないかなと自分に言い聞かせるようにしていた。その後、１歳半の時から聴力が安定せずに定期的に検査を受けていた三男がもうすぐ３歳になろうとしていた頃だった。声には反応するものの聴力検査の指示がなかなか伝わらない様子を見て、「もしかして……」と思いつつ、受診したところ、次男と同じく「自閉症スペクトラム障害」という診断を受けた。この時は、内心多少の覚悟はしていたものの「まさか、三男まで！！」という衝撃の方が大きかった。

夫婦ともにろう者で、自分の子どももろう者かもしれないという心づもりはあったし、「障害」という分野はとても身近に感じているつもりだった。しかし、「ろう（聴覚障害）」ではなく「自閉症スペクトラム障害」という診断を受けた時には、想定外だったこともあり、かなりのショックを受けた。そのショックというのも、息子の障害そのものに対してではなく、大学時代に発達障害について興味深く学んでいた自分にとって、発達障害は単に対クライアントさんという位置づけでしか見ていなかったこと、まさか我が身に振りかかるとは思っていなかったことに気づいたからだった。かつて学んだ知識があっても、実際に目の前にいる我が子に「何をどうすれば？」と右往左往してしまう現実、知識として知っていることと実践することでは全く異なる点を痛感した瞬間でもあった。

今までは、ただただ無条件の愛情を注げられていたのに、発達障害があるとわかった途端に事あるたびに「〇〇だからなぁ……」と子どもに障害があるという現実に引き戻されてしまう時の感覚、心のどこかで「障害がある」という視点にしか立てなくなってしまっていた。だからといって、悲観的になっているわけでもなく、どちらかといえば戸惑いに近いものだったけれど、我が子を１人の人間として見ようとしても見られなくなってしまいそうであの頃は本当に心苦しかった。ありのままの息子を受け入れられないわけではなかったのだけれど、何からやればいいのか、何から調べればいいのかわからず全然動けないでいるわたしを見て、母は「何をやっているの？」と発破をかけてくれた。

しかし、その声かけでさえも責められているように感じてしまい、「わたしは母親失格だ」と自分で自分を追い詰めてしまっていた。その一方で、にっちもさっちも行かず、全く動けないでいる自分に対しても腹立たしくて仕方がなかった。「障害があることを受け入れられないわけではない……と言いながらも、本当は受け入れられていないのかもしれない」というような、いろんな想いが脳裏をよぎっては自己嫌悪に陥ってしまう、その繰り返しがしばらく続いた。聴覚障害当事者であり、障害があるゆえの様々な経験を実際にしてきている自分でさえ、発達障害のある子どもが生まれたことで途方に暮れていたということは、今までに障害と全く無縁だった人が障害のある子どもを育てるということは尚更のことなのだろうとも思ったものだ。

■子どもとのコミュニケーション

長男が生まれた当初は地域の子育て支援施設に通っていたが、自分の子どもが遊んだりしている様子を見守りながら同時にきこえるお母さんたちと会話することはままならなかった。自分がきこえないことを伝えても、相手によってはいやな反応を示されたりすることもあった。それが辛くて段々と足が遠のいてしまい、しばらくは長男と2人っきりの生活を送るようになっていった。当時周りは仕事一筋の友だちばかり、自分と同じような子育てをしているきこえないママもいない、気楽に会える友だちもいない、なかなか人とのつながりもなく心細かい日々がしばらく続いた。

その後に次男が生まれ、次男に発達障害があることがわかった時は、今後の育児にいっそう不安を感じるようになっていった。そのような気持ちから、きこえない、発達障害という、母子それぞれ違う障害がある場合の育児やコミュニケーションなどについてもっと深く知りたい、学びたいと思い始めるようになった。発達障害のある次男と、少しずつではあるものの言葉のキャッチボールができるようになった時は嬉しく思うこともあった。その一方で、彼が発する言葉を聞き取れず聞き返してしまい、話が止まってしまったりすることもあった。私が「何て言ったの？　もう1回言って」と頼んでも、次男も自分が発したことでさえ忘れてしまっていたり、繰り返して話すべき部分がどこなのかがわからず、次男も「えっ？」と聞き返してくることもあった。

きこえない母であるわたし、そして発達障害のあるきこえる次男、障害は違えど、コミュニケーション障害がある人同士、お互いに聞き返すというその繰り返しで、会話が成り立たないという壁を乗り越えるのはなかなか難しかった。三男も母であるわたしがきこえないということを把握できないために、自分のペースで話しかけてきて、その話し声に気づかずにいたわたしを見ては癇癪を起こしてしまうということも度々あった。癇癪を抑えることに躍起になってしまい、肝心の三男が発してきた話の内容はわからないまま終わってしまうことも多かった。

もしきこえる親だったら、自分の時に見られるような発達障害のある子どもとのコミュニケーション面におけるすれ違いや子どもの癇癪をひき起こすということはあまりないのでないだろうか。わたしがきこえないがゆえに、お互いにコミュニケーション障害があるということで、子どもの言いたいことや気持ちをわかってあげられないという状況に心を痛める日々が続き、心身ともに疲弊してしまっていた。このような悩みは、きこえない母、そして発達障害のあるきこえる子ども本人でしかわからないことだし、どうやってこのような悩みや課題を解決していけばよいのか、当時はわからないことばかりで途方にくれた。

定期的に経過観察をしてもらっていた療育センターの関係者に相談しても、「お友だち同士のコミュニケーションに躓いていたら、親がフォローしてあげてくださいね」と言われるだけだった。むしろ、きこえないわたし自身がフォローしてもらいたいくらいだと泣きたくなることばかりで、なかなか打開策を見出すことはできない日々がしばらく続いた。母親である自分がフォローできないことで、息子たちがコミュニケーションスキルを身につける機会を逃してしまっていることを思うと、とても切ない気持ちだった。通っていた保育園の保育士さんや時々遊びに来てくれていた両親にフォローをお願いしながら、なるべくできることから見つけていこうと自分を奮い立たせるようにした。

■発達障害のある子どもを育てるきこえない親の集まりを立ち上げて

そのような心細さがピークに達した4年前の2017年に、発達に何らかの障害のあるきこえる子どもを育てるきこえない親のグループ「でこぼこコーダ」を立ち上げた。知り合いの伝手を頼って呼びかけてもらったり、色々なつながりを駆使して呼びかけたりしたところ、同じような境遇にいるきこえない親と出会うことができ、現在は関東地域を中心に15名ほどのメンバーがいる。新型コロナウィルス感染症が流行する前までは3・4か月に1回集まって、日頃の悩みや出来事など様々な情報を共有していく茶話会を開催してきた。似たような悩みもあれば子どもの特性によって悩みのタイプが違うこともあるが、答えを見つけるというよりは話し合いながら情報を共有し、その中で少しずつより良い方向性を見出すようにしてきている。そうすることで、自分そして子育てに対して客観視できるようになるし、新たな気づきや発見があったりと、貴重な時間となっていると思う。

発達障害のある子どもを育てるきこえない親同士で集まり、支え合い、自分の気持ちを吐き出したりすることで、親自身の気持ちの安らぎにつながっていることを自分自身も実感できているし、そのような居場所があることはとても大切なことだと思う。メンバーや仲間たちの存在のおかげで、息子たちのペースに合わせて育児をしていくことの大切さに目を向けられるようになり、その時その時の状況に合わせて落ち着いて育児に関われるようになってきた。息子の成長と共に、今まで抱えていた悩みが解決してもまた別の新たな悩みが出てきたりしてはいるものの、息子たちのペースに合わせて自分も成長していることが実感できるようになり、それは自分自身への励みにもなっている。また、発達障害のないきこえるきょうだい児である長男や四男も、母である自分が精神的にも落ち着いてきた様子を見てくれているのか、発達障害のあるきこえる次男や三男に対して肯定的な対応をしてくれるようになってきたのではないかと感じている。今後は、全国にいるであろう自分たちと似たような境遇にいるきこえない親に「でこぼこコーダ」の存在を知ってもらうべく、積極的に情報発信していこうと計画を立てているところである。

現在「でこぼこコーダ」の活動とは別にいくつかの仕事をしているが、そのうちの1つが放課後等デイサービスだ。週に2回小学生から高校生の利用者さんたちと接している。時々、他の職員さんの利用者さんへの接し方の様子を見たりしては、自分の子育ての参考にしたり、子どもの将来像をイメージするなど、子育てをしている自分にとってもよい意味で刺激を受けていると思う。年月を経て、大学時代に思い描いていた興味のある分野での仕事に関われるようになったことを大変嬉しく感じている今日この頃である。

6　女性部活動から学んだ事

唯藤節子

■全日本ろうあ連盟女性部長になるまで

私が全日本ろうあ連盟女性部長になったのは東京都聴覚障害者連盟の理事（現在は「役員」）を務めていた時だった。

東京都聴覚障害者連盟には、女性部や青年部、高齢部をはじめ各々の専門部がある。それぞれの専門部部長は部内から選出され、役員に推薦されるという流れになっている。自分が婦人部長（現在は「女性部長」）になった当時は、理事会で担当部長を決めていくという方法だった。しかしながら、未だに女性が役員や理事に選出されるという事はまだまだハードルが高いのである。

以前は、女性自身がろうあ運動に関わりたいと思っていても、家族の理解がえられないなど、なかなか先に進めず、あきらめざるをえなかった女性も多かったと聞く。また、全国ろうあ者大会に参加したくても、主婦であるがゆえに経済的な理由から大会参加費や交通費等を工面できず、泣く泣く大会への参加を諦めた女性も多かったようだ。今は、働く女性が増えて、経済的にも自立できるようになり、費用面における心配などは以前よりは減ってきているように思う。

しかし、ろう女性を取り巻く環境は十分に良くなってきているとは言い難く、いまだにろうあ運動をはじめ地域社会での活動などになかなか参加できない女性たちもいる。全日本ろうあ連盟はもとより全国各地にある地域協会の女性理事の数はいまだにとても少なく、女性理事が１人のみという地域協会もある。実際に東京都聴覚障害者連盟の女性部長を私が担当する前までは、男性理事が代理として務めてきたという経緯がある。

■全日本ろうあ連盟女性部（旧婦人部）のあゆみ

全日本ろうあ連盟女性部（旧婦人部）が1975年に設立されてからあと数年で50年目を迎えようとしている。なかなか設立の賛同が得られず、何度も要望をだしてようやく設立を認められたと伺っている。設立当初は「婦人部」という名称だったが、「婦人」という名称は結婚した女性というイメージが強く、漢字にも「掃く」という女性蔑視の意味もあり、「女性部」に名称変更した。以降、全国的に地域協会の「婦人部」も徐々に「女性部」に変わっていった。

「婦人部」が設立される前の1971年には、第１回全国ろうあ婦人集会が京都で開催され、全国から600人ほどが集まった。当時のきこえない女性たちを取り巻く暮らしや、教育、恋愛、結婚、子育てなどあらゆる苦労話や、ろう運動などについて熱論が交わされたようだ。また、その集まりでは旧優生保護法により、多くの聴覚障害のある人たちが強制不妊手術をさせられたことについて問題提起が行われたと聞く。その内容をまとめて『太陽の輝きをいま』というタイトルの報告書を出している。

太陽の輝きをいま
第1回
全国ろうあ婦人集会
報告書
『太陽の輝きをいま』（1972年）

「婦人部」が設立されて以来、全国ろうあ者大会や全国ろうあ女性集会を通して、ろう女性当事者たちが集まり情報交換をしていく中で、私たちはきこえない女性を取り巻く境遇について、ありとあらゆる課題を把握するようにしてきている。その中でも、きこえる子どもの言語獲得や母子同士のコミュニケーションは、大きな課題の一つであった。大会や集会では、このような課題についてどのようにしていけばいいのか、お互いに話し合いながら解決策を見出すようにしてきた。また、国に対して保育園に優先的に入れてもらえるように要望を出して認められた事もある。このように、ろうあ運動の歴史は、ろう女性が影ながら支えてきた部分も大きいように思う。

■旧優生保護法に翻弄され続けてきたきこえない人たち

そんな折りに、2018年に「旧優生保護法による強制不妊手術裁判」という衝撃のニュースが流れてきた。このニュースは、世間を驚かせたのと同時に過去に障害者が置かれてきた実態を世間に知らしめた。年配のきこえない女性たちの中には、当時のつらい記憶がよみがえり、過去に負ってきた心の傷を思い出さざるをえなかった方々もたくさんいるのではないかと思う。それこそが、昔からきこえない女性たちが長い間苦しみ、悔しんできたことでもある。強制不妊についてもっと早く訴えればよかったという後悔の念はあるものの、あの頃はこのような事実を世間に知らしめるという動きを起こすことはとても勇気のいる事でもあったのは確かである。

いや、働きかけるという意識すら私たちが持てなかったといったほうが正しいかもしれない。長い歴史の中で、私たちきこえない人は「きこえる人にかわいがられるようになりなさい」、「きこえる人にたてついてはいません」、「きこえないのだから我慢しなさい」と言われ、抑圧され続けてきた。そのような社会的な背景が、私たちの意識ひいては行動に影響を及ぼしてきたと言っても過言ではないだろう。

今、ようやく過去に多くのきこえない人たちが強制不妊手術に直面せざるをえなかったという事実が表に出るようになったが、そうなるまでに50年という長い歳月が必要だったわけでもある。あゆみはゆっくりだが、すぐに成果が見えなくても、とても大切な貴重な「あゆみ」だったように思う。

■様々な場面で活躍するきこえない女性たち

女性部という組織での活動とは別に、社会における様々な場面で活躍する女性も増えてきている。きこえない事を取り上げたドキュメンタリーを製作している映画監督、きこえなくても演劇などを楽しめるように字幕や手話を取り入れるべく、あらゆる場所で交渉活動に奔走している女性、国際手話通訳者として活躍している女性、女性を取り巻く歴史などを専門的に研究しているグループなどがいる。また、協会会長など重要ポストにつき、先頭にたって活躍する女性も増えてきており、以前に比して目覚ましい活躍がある。かつては、全く考えられなかった事でもある。今後も、様々な場面で活躍するきこえない女性はもっと増えていくだろうし、女性部組織としてできる事はこれからも協力していきたいと思う。

7　自分が住む地域にきこえないママのための集まり「デフママの会」を立ち上げて

那須善子

■「デフママの会」を立ち上げたきっかけ

現在住んでいる地区に引っ越してから20年くらい経つが、引っ越してきた当初はなかなか子育てなどについて気軽に相談できる友人がいなかった。知っている人といえば、ろう協会の会長や理事あたりという、あの頃は男性ばかりで、同じろう女性として子育てや家庭のことなど、気軽に情報交換したり交流できる場所や機会がなかなかなかった。子育てや家事などでずっと家にいてばかりで情報もなかなか入ってこない、あの頃はとても寂しい思いをしたし、気軽に会って話し合える相手が欲しいとずっと思っていた。子ども2人がろうで、ろう学校へ送迎していた頃に同じ地区に住むろうの母親と出会い、話しかけてみたところ、近所なのでおしゃべり

「デフママの会」企画として、
趣味の講座に参加している様子

したり気軽に交流できる機会を作りたいねという話になり、それがきっかけで4人のメンバーが集まるようになった。

当初はなかなかみんなで集まれる場所がなかったものの、メンバーの1人が公共施設で働く職員だったこともあり、公共施設の部屋を使えることを教えてくれ、月に1回の頻度でそこに集まるようになった。そこから、口コミでメンバー入りする仲間が増えていき、手話通訳者も「デフママの会」があるよと紹介してくれたり、またはインターネットで「デフママの会」の名前を見つけて興味を持ってきてくれたりと段々とメンバーが増えていった。お互いに育児が忙しくて、なかなか集まれない時もあるが、時間ができた時に気軽に集まれるように、お茶やお菓子を持ち寄っては楽しくおしゃべりしたりしながら交流している。「デフママの会」を立ち上げた当初は4人だったが、次第に増えていき今は20人くらいのメンバーがいる。

メンバー達のお話を聞いていると、家にずっといる時間が多く、どうしても孤独を感じやすく、育児や家事などに追われストレスもたまる一方だという声が多い。「デフママの会」に参加し、メンバー同士で気軽に話したりすることで、良い息抜きにもなるし、育児や家事のストレスなどをうまく発散できているようだ。感情を吐き出しながら共感しあい、気持ちを切り替えることで、家では育児や家事など精力的に取り組むことができているという。メンバーそれぞれ、育児方法は違うものの、同じろう女性、母親という立場として、気軽に会って話し合える場所や機会があることはとても大切だと思う。

■きこえない母親が抱えやすい悩みとは

ろうの母親が抱える共通の課題としては、子どもとの関係が一番多いと思う。「デフママの会」は、育児をしているろうの母親であること、そしてその地区に住んでいることが条件で、子どもはろうもしくは難聴だったり、きこえたりとまちまちである。私の場合、子どもは2人ともろうだが、同じ境遇にある母親と、ろう学校はどこが良いかな、コミュニケーション方法はどうしようかな、というような教育方針について情報交換したりすることもある。

一方、親がろうで、子どもがきこえる場合、コミュニケーション方法はまちまちで、手話でコミュニケーションをとる方もいれば、特に手話は使わないで音声だけでコミュニケーションをとる方もいるようだ。音声だけの場合、子どもが成長する中で段々と話が噛み合わなくなり、うまくコミュニケーションがとれなくなってしまい、子どもとの関係に悩んでいるという相談もよく受ける。手話と音声の両方をうまく交えながらコミュニケーションをとるといいんじゃないかなというアドバイスをすることもある。また、子どもは成長するにつれて覚える言葉も増えていくし、そうなると音声だけだと会話のズレも起きやすい、初めから手話を中心にコミュニケーションをとりながら、慣れさせるのも良いのではないかなというようなアドバイスをすることもある。中には、最初の頃は手話でコミュニケーションをとりながら育てていて、大きくなるにつれて使いたがらなくなる子どももいたりする。それは一時的なものでまた使うようになると思うから心配いらないよ、自然体で育てても良いと思うよ、ただ、最初から手話でコミュニケーションをとるのはよくないという考えだけで育ててしまうと、どうしても後で行き詰まる時が必ず来ると思うよ、というようなアドバイスをすることもある。

■きこえない母親が気軽に交流したりできる居場所の大切さ

ろう協会の行事などのイベントに自分の子どもたちを連れていき、子どもたち同士で遊ぶ機会も作ってあげるようにしている。母親同士で交流するのはもちろん、子どもたち同士で遊んだりしながら交流する場を確保してあげることも、とても大切なことだと思う。他にも、学校のPTA活動について役員に指名されたけれどどうすればいいのかなというような相談も受けたりして、手話通訳を連れていく方法があるんじゃないかな、というように様々な情報交換もしたりしている。

他には、マンションとか集合住宅に住んでいると、特に小学生の場合、学校が終わった後に友達が遊びにきたり友達の家に遊びに行ったりする。私の場合、子どもがろう学校に通っていて、友達もみんな遠くから通学していたということもあり、学校が終わった後に友達同士で遊びに行ったり来たりするようなことはほとんどなかった。地域学校に通う子どもたちは、学校が終わった後にお互いに遊びに行ったり来たりすることが多い。遊びに来てくれた子どもの友達とどう話せば良いのか、また自分の子どもが友達の家に遊びに行き、お菓子をもらった時にお礼の挨拶に行った方がいいのかとか、どんなマナーが良いのかというような悩みもよく聞く。

メンバーそれぞれ失敗談や成功例など情報を持ちかけてくれるおかげで、自分にとってもためになることも多い。また、旦那さんがきこえるという方もいたり、それぞれの家庭環境もいろいろだったり、お互いにとっても参考になるし、なによりも自分より若いろうの母親たちに経験を共有できる。このように、「デフママの会」はろうの母親たちにとって、気軽に集まったり交流したりできる居場所となっている。ただ、集まれるのは月に1回だけなので、LINEグループを作って日頃からまめに情報交換したりしている。子どもが急病になった時の対応や、ろう難聴関連の面白そうなイベントなど、様々な情報をLINEグループで共有したりし合っている。おかげで、以前より選択肢も増えて自分の時間や家庭のバランスを上手く取れるようになってきているのではないかと思う。

そのような活動をしていく中で、「デフママの会」メンバーとして自分たちが住む地域社会に貢献できることをやろうと思い始めるようになった。

地元のボランティア団体に登録し、小学校、中学校、高校などに出前ボランティア講座で手話の指導を行ったりしている。この講座をきっかけに聴覚障害のある人への理解が深まり、手話に対する興味を持ってくれると良いと思う。

8　ろうの女性研究者として

中野聡子

■好奇心旺盛だった少女時代

学術研究は、世の中の人々が当たり前で常識だと思うことに対して疑問を持つことから始まる。幼い頃から、知的好奇心が強く、疑問に思ったこと、関心を持ったことをいろいろ調べてみたり、試行錯誤して良いやり方を見つけることが好きだった。また、ただやり方がわかるだけでなく、その裏にある原理的なものまで理解できないと納得できない子どもでもあった。小学校の時に、風邪を引いて数日学校を休んだあと、割り算の筆算の学習が終わっていて、担任の先生は休んだ私のために時間をとって筆算のやり方を教えてくださった。筆算そのもののやり方はすぐにできるようになったが、どういう仕組みで余りまで含めた解答がわかるのかがどうしても理解できなかった。先生はきちんと計算ができて解答が出せているから理解できている、大丈夫だと言ってくださるのだが、自分のなかでは仕組みがわからなくて解答が出せても理解できたとは思えなかった。そんなことがきっかけで算数が嫌いになってしまったという経緯がある。

■手話の世界に惹き込まれて

ずっと一般の学校できこえる児童生徒と一緒に学んできた私は、きこえないことで生じる様々なバリアを、一体どのように先生や友人に説明するとわかってもらえるのか、本当に自分が必要としている配慮が得られるのか、ずっと悩んできた。聴覚障害のことを専門的に理解すればそれが可能になると考えて、聴覚障害学を学ぶことができる大学に進学した。手話を習得し、手話サークルの先輩や友人の手話通訳で講義を受けていたのだが、当時の日本では、手話は言語として不完全なものであり、コミュニケーションとして手話を使うのはよくても抽象的・概念的な内容を手話で表すことはできず、学習言語たりえないと言われていた。そして、大学に入学できるほどのろう者ならば日本語が十分にできるので手話を使う必要はなく、聴覚口話法だけでやっていけるはずだと考えられていた。

しかし、そうしたろう教育の研究者や専門家のことばと裏腹に、大学の授業がきちんと伝わるように手話で通訳されている現実が目の前にあった。ろうの子どもたちに手話を使って教えるのは本当に良くないことなのかどうか、そもそもろうの子どもたちが手話を使ってどのように発達を遂げていくのかすらもよくわからないなかで、手話か口話かという議論がなされていることに疑問を持ち、聴覚障害のことを学ぶだけでなく自分自身の手で研究したいと思うようになった。子どもの空間概念の発達が描画等による空間表象の特徴として現れるという先行研究に着想を得て、手話のCL表現におけるSASS（物の形やサイズを表す）や空間マッピングに、ろう児の空間認知の様相がどのように現れるのか明らかにしようとした研究が、博士号取得論文「聾児の手話表現にみる空間認知の発達的特徴」である。このように、ろう者ならではの気づきや視点といったものが、少し大げさな言い方ではあるが、私の研究を唯一無二のものにしてきたと自負している。

■アカデミアの世界に身をおくようになってから

近年、ダイバーシティ、すなわち性別、人種、国籍、宗教、文化、年齢、障害、生活スタイル、価値観、教育歴、職歴などの多様さを活かす競争戦略の考え方は、アカデミアの世界にも浸透しつつある。ダイバーシティの本質は、女性やマイノリティの権利保障にとどまらず、均一・均質性の高い集団内では思いつかないような、多様性が生み出す異なった視点にある。これまで、心理学、福祉工学、障害学、教育学、言語学、日本語学、英語学、社会福祉学など、さまざまな専門分野の研究者と共同研究を行ってきたが、そのなかで、「ろう」、そして「女性」という立場で考える視点や研究アイデアは、そのような属性を持たない共同研究者に刺激を与え、そしてまた、私自身も異なる立場の研究者から刺激を受けて、自分の研究フィールドや研究手法を広げてきた。

■アカデミアの世界において立ちはだかる壁

「高学歴ワーキングプア」ということばに象徴されるように、大学院重点化政策が推進される一方で、大学では人件費コスト削減のための任期制導入が広がっている。博士号を取得してもアカデミアへの道を諦めざるを得ないといったことが誰にでも起きうる今の日本において、ろうであり、女性であるというのは、二重三重のハードルを抱えることでもある。国立大学協会では、「国立大学における男女共同参画推進について―アクションプラン―」を策定しているが、女性教員比率は16.7%、大学の意思決定機関等に占める女性比率は10.7%に過ぎない（いずれも2018年5月1日現在）。教員採用の面接選考では、面接官全員が男性ということも珍しくない。とはいえ、男女雇用機会均等法やアクションプランをふまえて、教員募集要項には、公正な評価に基づき職務に必要とされている能力が同等と認められる場合は、女性を優先的に採用する旨が記載されていることも多くなった。

しかし、障害に関してこのような記載があることはまずないと言ってよい。ろう者は、当然ながらきこえないために職務上さまざまなバリアが生じる。このバリアを取り除くために手話通訳者などを雇ってきこえる教員と全く同じように仕事を割り当てるにしても、きこえないとできない/時間を要する仕事をきこえる教員がかわりに担うにしても、きこえる教員を雇うのに比べてコストがかかるのは明らかである。現在の日本の社会がそうであるように、アカデミアの世界もまた、このコストをかけてでも、聴覚障害のある女性研究者という多様性を取り入れたいと考えられる人はまだまだ少ない。

任期制という不安定な雇用は、自分にとって厳しい競争の最前線に立つなかで、アカデミックキャリアをつないでいけるような教育・研究能力を常に磨き続け、競争的研究資金をどんどん獲得して、精力的に研究を行うことにつながったと思う。しかし、その一方でアカデミックキャリアを維持していくための心身のストレスは非常に大きく、また出産や子育てといったライフプランを諦めざるをえなかったのも事実である。

また、任期制は長期間に渡って継続的に積み上げていくような研究が行いにくいというデメリットがある。現在、群馬大学では日本財団の助成を得て、高等教育機関で利用可能な日本手話習得・手話通訳養成カリキュラムの開発に取り組んでいるが、このような人材養成に関わる研究は、第二言語習得の難しさの観点から言って、成功の手応えを掴むまでに10年以上を要する。手話の学習開始から手話通訳資格取得までに最低３～４年を要すると考えると、任期制では、研究、実践、結果（学習到達度）の分析、という３つの循環を積み重ねて効果的なカリキュラムを完成させるのに限界があるのである。

■アカデミアにおけるキャリアを目指す聴覚障害のある女性たちへ

聴覚障害のある女性研究者をめぐる状況と環境は、このようにハードルが幾重にも連なっているが、きこえないからこそ、女性だからこそ持つことができる視点、そして行える研究がある。志を持つ聴覚障害のある女性がいたならば、決して諦めないでほしいと思う。そして、少しずつながらも、聴覚障害のある女性研究者をとりまくハードルが緩和されていくことを願う。

［参考文献］
一般社団法人国立大学協会 教育・研究委員会 男女共同参画小委員会 2018「国立大学における男女共同参画推進の実施に関する第15回追跡調査報告書」一般社団法人国立大学協会

9　発達障害のある子どもを育てながら、自分らしいキャリアを築いていくために

橋爪由利

世間でいう晩婚である私は、36歳で結婚、37歳で長男を出産した。妊娠がわかった当時、年齢的な理由から自分と同じようにきこえない、もしくはダウン症といった、先天的な障害のある子どもが生まれる可能性があるだろうということはそれなりに覚悟をしていた。でも、まさか実際に自分が発達障害のある子どもを生むことになろうとは全く想定すらしていなかった。

■発達障害のある子どもの育児を振り返って

出産直後から、長男は30分おきに寝ては起き、泣くという状況がしばらく続き、普通の育児とは違うのではないかという違和感があった。当時は、このような状況の中で育児と仕事の両立を続けていけるのか多少の不安はあったものの、せっかく今まで積み重ねてきた正社員という立場でのキャリアをやめることは考えられなかったため、迷うことなく3か月の産前産後休暇を経て職場に復帰した。きこえないゆえに復職後のブランクを他の人と同様に取り戻せるのだろうかという不安もあり、育児休職を取ることはしなかった。体力だけはあったことが幸いしたのか、今までどおり仕事を続けることができ、生活にメリハリをつけることで慣れない育児のストレス発散にもなったようである。

次第に、睡眠時間も取れるようになり、離乳するなど、出産直後に比べて落ち着いてきたと思っていたものの、今度はいったん泣き出すとなかなか泣き止まない、たびたび嘔吐を繰り返すといったことが毎日のように続き、そのような状況が一番私を苦しめた。1歳の誕生日を迎えた後も、指さしをする、歩く、自分の名前を言う、といった通常の発達が見られなか

った。当時は、保育園や行政機関の育児相談関係者など片っぱしから当たっては相談をするという繰り返しで、なんとか具体的な解決案を探し出そうと必死だった。しかし、「男の子だから、成長がゆっくりな子もいる。心配は要らないよ」と言われ続け、どうにもならない状況がしばらく続いた。3歳を過ぎても、癇癪があまりにもひどく、我が子との簡単な会話によるコミュニケーションさえ取れず、具体的な相談や解決方法を教えてくれる人も場所もなかったので、育児を楽しむ余裕が全くなかった。

それでも夫が保育園の送迎や子守りを分担してくれ、いざという時には私の母が全面的に協力をしてくれたおかげで、どうにかその場をしのいでこられてきたように思う。育児を始めたばかりの頃は、同じような発達の遅れのある子どもを持つ母親が近くにおらず、育児に関する悩みなどを気軽に相談できる相手もいなかった。しかし、自分と同じくきこえない友人たちに愚痴を聞いてもらったり励ましてもらったりと、自分にとって大いに心の支えとなった。職場の上司や同僚たちも、育児中の立場を理解してくれ、仕事面でいろいろとサポートしていただいていることに感謝している。

■発達障害のある子どもとのコミュニケーション、育児を取り巻くサポート環境について

次に、息子の障害が明らかになった経緯について話したい。保育園の運動会で、他の子ども達が楽しそうに種目に参加しているにも関わらず、息子だけが他の人たちと離れて一人で遊び出したり、徒競走でも走らずポーズを取りながら歩き出したりしたことがきっかけである。まもなく、4歳で「特定不能の広汎性発達障害（いわゆる自閉症スペクトラム障害）」の診断名がつき、今まで抱えてきたもやもやとした違和感、疑問といったものが一気に吹き飛び、少しばかり気持ちが楽になったことを今でも覚えている。

一般的にきこえない母親の育児の悩みでよく挙げられることは、子どもがきこえる場合、「音声言語によるコミュニケーションがうまく取れない」こ

とではないだろうか。手話や筆談、口を開けてゆっくり話してもらうといった方法を我が子に習得してもらうことは、定型発達の子どもの場合、時間をかければ可能である。しかし、自閉症等を有する発達障害児は対人関係やコミュニケーション、こだわり、あるいは想像力というような様々な障害のいずれかがあるため、きこえる母親であっても母子のコミュニケーションが難しいという状況がある。自分がきこえないということで、我が子が発した言葉をよく聞き取ることができないために、言いたいことを理解してあげられず、さらに泣いたり怒ったりさせてしまうということを招く。

発達障害児の療育に関する親へのサポートも、現時点では充実しているとは言い難いだろう。その時の状況に応じて適切な情報提供をしてくれるサービスや機関がないため、インターネットで調べたり、関係機関へメールやＦＡＸで問い合わせたりするなど、すべて自分で情報を集めなければならない。メールやFAXは一方向で、いつ相手が内容を読んでいるのかこちらで確認ができず、またすぐに返事をもらえるとは限らない。きこえる母親の場合は、情報を提供してくれそうな機関に電話で問い合わせたり、母親同士のグループやネットワークなどを通して同じような経験を持つ母親に直接聞いたりして、いち早く情報を集めることができる。同じ母親でも、時間や情報量などあらゆる面で、きこえない母親は遅れを取ってしまいがちであり、結果として、子育てや家族との関係などにも影響しているのではないかと思う。

■発達障害のある子どもの育児を通しての新たな発見、出会い、気づき

その一方、発達障害のある子どもの育児を通して、いろいろな発見や出会い、そして新たな気づきをたくさん得ることができた。その中でも特に大切だと思っていることがある。それは、私と長男は「聴覚障害」「発達障害」という障害名は違うものの、「コミュニケーションの障害」という共通点があり、周囲の理解が必要不可欠であるということだ。自分自身がきこえないということだけで、社会的に不利な立場に置かれ、納得のいか

ない思いをすることも多い。「なぜ、我が子にも障害があるのか？自分自身の努力が足りなかったのだろうか？」といったネガティブな感情が湧き上がってきたり、自分を責めたりすることもあった。そして、このような感情の繰り返しは、やがて「何のために自分は生まれてきたのか？」という自分への問いかけとなり、よい意味での感情の持ち方や気持ちに変化が表れるようになった。身近な人や周囲に対して聴覚障害や発達障害について理解してもらうこと、私達の困りごとは周りの人達の力を借りることで解決することが多いこと、障害のあるなしに関わらず、自分の考えや判断によって選択できる機会が増えることを求めていく等、周囲に働きかけていくことが今の自分にできること、もしくは与えられた使命ではないかと、前向きに物事を捉えて考えられるようになったのである。

長男は未就学児の時までは療育の効果が思うように出ず、当時は毎日の育児が不安でしょうがなかったが、小学校入学後は驚くほど落ち着くようになり、不登校も覚悟していたのが嘘のように、毎日楽しく通学している。ひらがなの読み書きも当初は全くできなかったのが、いつの間にか漢字が読めるようになり、昨今において話題となっている漫画『鬼滅の刃』も読破するようになった。知的な遅れがあるため、診断名は後に「軽度の知的障害」に変わった長男が時折発する言葉の正しい使い方や豊かさは、きこえる夫の手話言語を介した通訳なしにはよく聞き取れないことがあるものの、日々私たち親を楽しませてくれている。勉強や運動面では、定型発達児よりも大幅に遅れており、できないことの方がずっと多い。それでも、「横で比べず、縦で比べよ」という言葉があるように、他の子どもと比較したりせず、以前できなかったことが今はできるようになった我が子の成長に目を向けられるようになった。YouTubeの動画を観てはケタケタ笑ったり踊ったりしている長男を見ていると、本人が健康で心穏やかに生活できれば、それだけで幸せなことなのではないかとも思える今日この頃である。

長男が障害を持って生まれてこなかったら、私自身がきこえないことだけに捉われ、ここまで自分の人生や生き方について向き合い、深く考えることはなかったかもしれない。きこえない母親が仕事をしながら障害のある子どもを育てることは、職場や家庭、地域社会でも孤独な気持ちになりがちである。それでも幸いなことに、私はきこえない女性や母親同士の交流やネットワークを通して、同じような境遇にいる母親たちと出会い、気軽に共通の悩みを分かち合える仲間がいる。自分がきこえないこと、我が子も障害があることをカミングアウトすることはとても勇気がいることではあるが、その分、より多くの出会いや人の優しさ、ありがたみに触れることができているのではないかと感じている。

■地域社会や職場など周りと協調していくことの大切さ、今後に向けて

障害のある子どもを健やかに育てていくためにも、自分が住む地域社会と関わりを持ちながら生活していくことが大切である。私が住む地域内の中学校には特別支援学級がないため、設置してほしいとの請願を居住する自治体に出したところ、親としての願いが通じたのか、思いがけず議会の満場一致で採択された。具体的な設置実現には至っていないが、自分の気持ちを相手に伝えることで周りを巻き込むという経験は、自分から積極的に行動を起こす自信につながった。

また、職場では正社員という立場で仕事をしている以上、自分の障害や障害のある我が子の子育てを理由に独りよがりの判断をすることはできないが、その時の状況に応じて自分ができることとできないことを具体的に周りへ伝え、日頃からサポートをお願いできる信頼関係を築いていくことが大事であると感じている。きこえないからこそ、仕事に対する進め方の間違いがないか確認するために、相手と丁寧なコミュニケーションを取っていくことが大切であることも痛感している。特に、コロナ禍で一気に進んだテレワークは、Eメールやチャットによる文字情報のやりとりで相手の意図や状況をくみ取る力が必要な場面があり、対面による音声コミュニケーションとはまた違った難しさもあるが、私自身にとっては仕事上必要

な情報共有がスムーズにできる環境が整ってきたことに感謝している。今後も体力や気力が続く限り、家族や周囲に助けてもらい、家庭、育児と仕事を両立させながら、正社員として働き続けていけたらと考えている。

最近ようやく長男の手がかからなくなってきたので、通信教育を始めたり、地域の自治体が行っている手話啓発事業に関わらせていただいたり、友人と将来の人生プランについて語り合ったり、自分がやってみたいと思っていることを形にできるよう少しずつではあるが動き出しているところである。自分らしいキャリアを積み重ねていくことが、結果として身近な人たちに聴覚障害や発達障害に対する理解を広げ、私自身の経験が誰かの役に立つことにつながれば本望である。

10　手話で学ぶ環境を守り続ける

榧　陽子

■衝撃を受けた出来事、世界ろう者会議にて

幼稚部と中学、高校はろう学校に、小学は一般学校に通った。大学生だった頃、1991年に東京で開催された第11回世界ろう者会議に参加する機会があったが、そのときに大きな衝撃を受けたことが2つある。まず、1つはギャローデット大学で初めてろうの学長になったキング・ジョーダン氏（King Jordan）の講演を見た時である。彼の名言でもある「聞くこと以外はなんでもできる（Deaf people can do anything except hear）」を初めて聞いたが、心を揺さぶられた瞬間でもあった。その言葉は、私にろう者としてありのままに生きる大きな希望を与えてくれた。もしこの出会いがなかったら、今の私はいなかったかもしれない。

もう1つは、同じく世界ろう者会議の演劇祭典で観たデンマークのろうの子どもたちの舞台発表である。舞台を所狭しと動き回り、手話で生き生

きと演じる子どもたちの姿に驚愕しつつ、最後まで惹きつけられた。というのも、当時の日本は口話教育が主流であり、ろうの子どもたちが手話で演じるなどとても考えられなかったからである。

■海外のろう教育事情から見えてきたこと

世界ろう者会議に参加したことがきっかけで、海外のろう教育について学びたいと思うようになり、大学院に進学した。アメリカろう教育を専門としていた教官に師事し、国内および海外の文献研究とともに、アメリカのろう教育機関をいくつか視察した。そこでも、手話で活発に話したり遊んだりする幼稚部の子どもたちや、「私はろう者として生まれて幸せだし誇りに思う」と嬉しそうに話す高等部の生徒たちに出会い、改めてカルチャーショックを受けた。

「やはり、日本にも小さい時から手話で多くの様々なことを学び、ろうとしての自分に自信を持って生きていけるような教育が必要なのではないだろうか」。

そういう思いを強くし、大学院では「アメリカのバイリンガルろう教育」を修士論文のテーマとして執筆した。

その頃のアメリカでは、手話と口話を同時に使うトータルコミュニケーションが主流であったが、一方でいくつかのろう学校ではアメリカ手話と英語によるバイリンガルろう教育が行われ始めていた。バイリンガルろう教育とは、アメリカ手話は英語と比べて劣っているものではなく、独自の文法体系をもつ言語であるという主張も含まれていた。

日本でも1995年に木村晴美氏と市田泰弘氏により「ろう者は日本手話という言語を話す言語的少数者である」というろう文化宣言が『現代思想』に掲載されて、大きな反響を呼んだ。それを機に、Dプロという団体が中心となり、ろう者がろう者らしく生きていける社会を目指した様々な活動を展開していくようになった。そのような流れもあり、手話の言語学や教授法、ろう者の文化や歴史など、新しい分野が次々と開拓されていったのである。私もその活動に関わる中で、手話の文法やポエム、かの吉田松陰に影響を与えたとも言われるきこえない僧侶の宇都宮黙霖、ろうあ村長として知られる横尾義智など、社会の中で活躍していたろう者の存在を知り、ますます手話とろう者の世界が魅力的かつ肯定的に感じられるようになった。もっと早い時期にろう学校でそのようなことを学びたかったと思ったものだ。

■日本手話と日本語のバイリンガルろう教育を行うろう学校を立ち上げて

日本手話で学ぶ権利と場を求めて、フリースクール龍の子学園、全国ろう児をもつ親の会、人権救済申立などの活動を経て、2008年に日本で初めて、日本手話と日本語のバイリンガルろう教育を行うろう学校として、明晴学園が誕生した。開校までの道のりは決して平たんではなかったが、その紆余曲折については何冊かの本で詳しく述べられている（注1）。

初代校長は斉藤道雄氏であり、TBS記者だったときに龍の子学園や人権救済申立などの取材や報道を通して、手話の必要性をともに訴えてくれた人でもある。斉藤氏は、本来ならろう者当事者が校長になるべきであるが、それまでの間なら、という条件で校長を引き受けてくれた。そして、明晴学園の子どもたちや教員を見守り、支えてくれた。

開校したばかりの校舎。緑豊かな広い校庭もあり、ようやく自分たちだけの学校ができたという喜びにあふれていた

私はフリースクール龍の子学園などで活動しつつ、会社のちに公立ろう学校で勤務していたが、明晴学園が開校すると同時に退職して教頭を務め、5年後の2013年に2代目の校長になった。私自身は数学の面白さを伝え

たくて教員になっただけだったし、当初は校長になることに戸惑いがあったことは確かである。しかし、私自身ろう教育を受け、また様々なろう者に出会ってきた当事者として、日本語だけでなく手話で教育を受けることの重要性を痛感していたし、ろうの子どもたちが手話で学べる環境を守り続けていきたいという思いから、校長を引き継がせていただくことになった。また、日本のろう教育は1877年の京都盲唖院設立を発端として約140年の歴史を有するにも関わらず、ろうの校長は5名にも満たない。もっと多くのろう者当事者が、ろう学校の運営や管理に関わることが当たり前の世の中になっていってほしいという願いもあった。

■明晴学園校長になってから

校長になってから早くも9年経つが、1年1年が目まぐるしく過ぎ去っていくような毎日である。子どもたちをはじめ教員が安全かつ意義ある学校生活を送ることができるように、学校を運営・管理することが主な仕事であり、仕事内容は多種多様にわたっている。季節ごとの挨拶、教育方針や学校行事の決定、教職員の採用や人事の決定、学校施設や設備の改善、非常災害時の判断、書類の決裁や文書作成、来客の対応、外部との連携などが挙げられる。

さらには、日本で唯一のバイリンガル・バイカルチュラルろう教育研究開発校として、研究者との共同研究や研究発表、バイリンガル・バイカルチュラルろう教育シンポジウムの開催、研究収録の作成、ホームページやニュースレターなどの情報発信、講演活動なども行ってきている。

校長になって初めての入学式挨拶

私立校なので、私立特別支援学校連合会に加盟し、各校の理事長や校長とともに学校運営についての情報交換をしたり、都や国に対して様々な要望活動などを行っている。私立の特別支援学校は明晴学園も含めて全国で 14 校あり、明治や大正からの長い歴史を有する学校もある。特別支援教育の先駆的存在であり、それぞれの時代の価値観や評価にとらわれず、目の前にいる子どもにとって必要なことは何かを考え、新しい教育に挑戦してきた。視覚・聴覚・知的・肢体と異なるが、それぞれの使命感を持って、特色ある教育や高い専門性を目指してきている姿勢は共通しており、明晴学園も私立特別支援学校の一員であることの責任感とやりがいをつくづくとかみしめている。特別支援学校にも私立があることはあまり知られていないので、広報活動にも努め、親が子どもの進路を考えるとき、公立だけでなく私立の情報も得やすくなってほしいと思う。

明晴学園も私立だからこそ、手話を第一言語とした教育環境やカリキュラムを整え、手話での教育を求める親子が全国から集まり、乳児から中学部まで一貫した手話による教育を行うことができる。子どもたちはいつでもどこでも 100％手話で通じ合える環境の中で、安心して様々な教科を学び、積極的に発表したり質問したりして、どの教室もにぎやかな日々である。

一方で、海外では人工内耳を装用するろうの子どもが増えたために手話で学べる環境が減っている国が出ており、明晴学園も今後の在り方について再考していくために、2017 年に欧米視察を行った。これらの視察を通して、ろうの子どもたちは人工内耳を装用しても聴者と同じようにきこえるようにはならないということ、言語、概念、認知、会話、学習、情緒のためにも自然言語でもある手話に触れる機会を大切にしているということを知ることができた。ろう難聴児が手話で学ぶ環境は大切であるということを改めて確信するとともに、これからも守り続けていきたいという気持ちを強くした。

■家族とのきずな

私の家族は聴者の夫と娘の 3 人家族である。娘が生まれた時は育児休暇をとり、娘が１歳になった頃から保育園に預けて復職した。共働きだったので、夫が毎朝保育園まで送り、私が毎晩迎えに行っていた。娘が病気になり、保育園に預けることができないときは、夫と私が交代で休みをとったり、それでも難しいときは親にお願いしたこともあった。娘が通っていた保育園や学校での発表会や授業参観などの行事がある時は、できるだけ仕事を調整して見に行くようにした。家族の協力と職場の理解なしでは、とても仕事と育児の両立はできなかっただろう。本当に多忙な日々だったが、娘の成長はいつどんな時も癒しと幸せを与えてくれたし、娘の笑顔は仕事の疲れを忘れさせてくれた。

生後 100 日のお宮参り

　夫とは大学で知り合い、最初は筆談でやりとりしていたが、のちに手話を覚えてもらってコミュニケーションするようになった。結婚してからも日頃から手話でコミュニケーションをとっている。娘にも生まれたときから手話で話しかけてきた。復職するまでの１年間は、１日中娘と過ごし、手話で話しかけたり絵本の読み聞かせをしたりした。娘が少しでも手や指

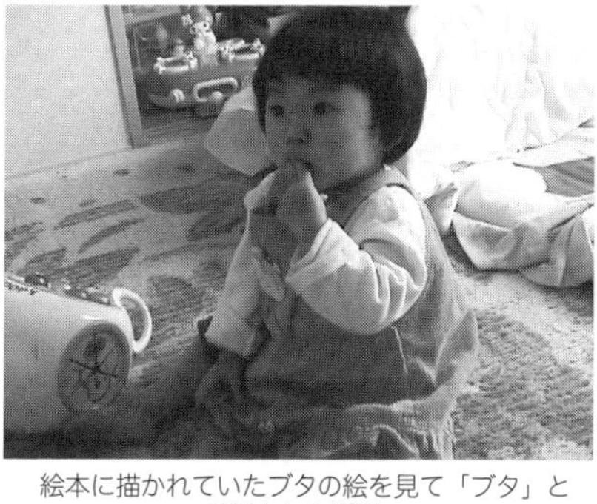

絵本に描かれていたブタの絵を見て「ブタ」と手話をした瞬間。

お風呂上がりに「（好きなテレビ番組を）見たい」と手話で伝えている様子。

を動かすと、もしかして手話かな？　とワクワクする毎日だった。

手話は早くても6か月で喃語が出るそうだが、娘の場合は8か月頃から指差しをするようになり、10か月頃から食べ物を見て「食べる」、動物の絵本を見て「犬」や「豚」などの手話もするようになった。ようやく手話が出始めた頃に復職のために保育園に預けなければならず、娘は1日のほとんどを音声日本語の中で過ごすようになったが、週末は娘との時間を大切にした。1歳半になった頃には急に手話の理解語が増え、「公園で遊ぼう」「テレビを見たい」などとスムーズに意思疎通できるようになった。

しかし、それ以上に娘の日本語の語彙が増えて手話が追い付かなくなり、指文字で表すことが増えた。例えば「家に帰る」を指文字で「イエニカエル」と表すので、読み取るのが大変だったが、長文になればなるほど娘も指文字で話すのは大変だと思ったのか、再び片言の手話で話すようになり、ほっとした。

■コーダから教えてもらったこと

育児をする上で大いに参考になったのは、アメリカのコーダ（Children Of Deaf Adults、CODA、ろうの親をもつ子ども）に関する情報である。娘が生まれる前に、コーダが主役の映画『愛は沈黙を超えて』や、自身もコーダであるポール・プレストン氏の著作『聞こえない親をもつ聞こえる子どもたち』という本などに出会うことができた。もし自分にきこえる子どもが生まれたら、十分に意思疎通できるように手話で話しかけよう、きこえるからといって通訳を頼まないようにしよう、周りの親子と同じように接していようと誓った。そして娘が生まれた。

しかし、いくら私たちが周りの親子と変わりなく過ごしていても、周りからはそう思われていないと思う時が時々あった。手話を珍しがられたり、きこえないママのために手話で話していて偉いね、ママを支えてあげてねなどと言われたりすることもあり、本当にそういう言い方は止めてほしいと常々思っていた。また、店や宅配などのやりとりで、娘がきこえると分かると、娘に話しかけようとすることがあったら、娘ではなく親の私に筆談してくださいと言ったりした。

聴者の夫が私とは当たり前のように手話で話すので、娘は他の聴者も手話ができるものだと思っていたらしく、どうして他の聴者は手話で話しかけないのだろうと不思議がりながら、「ママには手話で話すんだよ」と説明してくれていたそうだ。次第に手話を使う方が珍しいのだということに気づいたらしく、卒園が近づいてきたある日、周りの子どもから「どうして手をひらひらしているの？」と言われるのが嫌になった娘は、私に「手話を使うのはやめて」と言った。まさかこんなに早く言われるとは思っていなかったので、どう答えようかと内心慌てつつ、「手話を知らないから聞いているだけだよ。手話って面白いよって教えてあげればいいんじゃない？ 手話を恥ずかしいと思っていたら、他の子どもも手話って恥ずかしいんだと思ってしまうよ。それにママは手話が必要なのよ」と答えた。娘は黙りこくってしまい、続けて「それでも手話をやめてほしいというのなら、きこえるお母さんを探そうか？」と静かに伝えると、娘は「嫌だ」と言ったきり、それ以降何も言わなくなった。

保育園を卒園して小学生になり、初めての授業参観では手話通訳を連れていったが、内心心配だった。授業中に何度も私を振り向いては悲しそうな顔をしていたので、やはり手話が嫌なのだろうかと思っていた。あとで聞いたら、娘が悲しかったのは私が手話通訳者ばかり見て、自分を見てくれなかったからということを知って驚いたし、手話のことは気にしていないんだと嬉しかった。

現在、娘はもう高校生になり、あと数年で成人を迎える。小学校・中学校は１日も休まずに通い、週末は娘の友達が家によく遊びに来た。吹奏楽部に入部すると毎日練習に明け暮れ、たまの休日には友達と遊びにいったりしていた。私の方はいつも仕事で忙しくて、もっと娘の話をゆっくり聞いてあげればよかったな、手の込んだ料理ができなくて申し訳なかったな、片づけなさいなどと怒ってばかりでもう少し優しく話せばよかったかななど、親として反省することばかりである。しかし胸を張って言えるのは、きこえないことを卑下することも誇張することもせずに親として自然体で過ごしてきたこと、親としてやるべきことは親がやり、娘は子どもとして子ども時代を十分楽しんでもらえるようにしたことである。本来は、そういうことは胸を張って言えることではなく、当たり前のことになってほしいものである。

娘は私の知らないところで嫌なことを言われることがあったかもしれない。それでも親が肯定的に生きることは、子どもの肯定的な生き方につながるのではないだろうか。周りからどんなことを言われようと、堂々と生きることによって私たちは私たちなりにやっていけばいいんだよというメッセージを送り続けていきたいし、もし何か悩んでいることがあったら、ともに考えられるような親でありたいと思う。コーダを育てる上で大切なことを教えてくれた、アメリカや日本のコーダたちには感謝している。

■最後に

2018年、明晴学園の子どもたちと卒業生の様子を取材したETV特集「静かで、にぎやかな世界～手話で生きる子どもたち～」が放送された。この番組を手がけたディレクターである長嶋愛氏も難聴であり、これまでの「聴覚障害を乗り越える」「きこえないことは大変だ」という福祉的な見方を払拭し、「手話という言語を使うだけで、他の子どもと変わりない」という言語的少数者としての見方を広めてほしいという願いを汲み取っていただき、敢えて音声を使わずに、静かでにぎやかな手話の世界をありのままに放映してくれた。音声を使わなかったことで逆に視聴者の目を釘付けにし、多くの反響があった。ギャラクシー賞をはじめ、イタリア賞や日本賞など数々の賞をとり、手話の世界を多くの人に知ってもらえたのは本当に嬉しいと思う（注2）。

放映後、様々な親から教育相談が相次いだが、中にはコーダを育てている親から明晴学園で学ぶことはできないかという問い合わせもあった。ろう児の９割はきこえる親から生まれるのと同じように、ろう者の９割からはきこえる子どもが生まれる。手話を母語とし、手話で学びたいと思うコーダもいるかもしれない。ろう児だけでなく、コーダ児も手話で学びたいと思ったら、手話で学べる場を選べるようになってもいいのではないか。日本語と英語のバイリンガルと同じように、手話と日本語のバイリンガルがもっと増えてもいいのではないか。そのためにも、手話は決してきこえない人のかわいそうなコミュニケーション手段などではなく、日本語や英語と同じようにれっきとした言語であること、そしてろう児やコーダ児が手話で話したり学んだりすることが当たり前になるような社会になってほしい。そのために、これからも手話やろう者について発信し、理解を広めていきたいと思う。

[注1]

全国ろう児をもつ親の会（編）2003『ぼくたちの言葉をうばわないで！——ろう児の人権宣言』明石書店

小嶋勇（監修）2004『ろう教育と言語権』明石書店

玉田さとみ 2011『小指のおかあさん』ポプラ社

クァク・ジョンナン 2017『日本手話とろう教育——日本語能力主義をこえて』生活書院

斉藤道雄 2016『手話を生きる——少数言語が多数派日本と出会うところで』みすず書房

[注2]

番組制作の様子は下記の本に詳しく書かれている。

長嶋愛 2021『手話の学校と難聴のディレクター——ETV特集「静かで、にぎやかな世界」制作日誌』ちくま新書

11　音のある世界と音のない世界をつなぐ

松森果林

■きこえる世界ときこえない世界ときこえにくい世界

この３つの世界を知っていることが、私にとっての強みになっている。

私は小学４年で右耳を失聴し、中学から高校時代にかけて左耳も聴力を失った「話せるけれどきこえない中途失聴者」だ。「きこえる世界」と「きこえない世界」。人は相反する２つの世界を知ると、比較をすることができる。それをもとに社会の課題を解決するためのアドバイスや提案をすることができる。また「音のある世界」と「音のない世界」それぞれの異なる文化や魅力をどちらも体感していることで両者をつなぎ、重ね合わせていくこともできる。だからきこえないことは私にとっての強みとも言える。

■きこえる世界からきこえない世界へ

聴力を失った原因は不明である。小学４年で右耳がきこえないと気づいた当時、誰にも言えなかった。４人きょうだいの長女であり、妹が生まれたばかりの母親や家族に余計な心配をかけたくないという「お姉さん」としての気持ちが強かったのだろう。左耳はきこえるので不便さは感じずにいたが、きこえないことに気付いたクラスメイトからはからかわれ、いじめられるようになった。そんな経験から私は「きこえないのは悪いこと、恥ずかしいこと」と思いこみ「この先自分を守るために、隠していこう」と心に決めた。11歳の決断はその後の人生にも大きく影響した。

中学生になると左耳の聴力も低下し、高校２年生で両耳失聴。当時進学を希望していた専門学校２校からは「前例がない」という理由で拒否された。「日本って、耳がきこえなくなるだけで何をするのも大変な国だったんだ」。当時17歳の私が感じたことだ。コミュニケーション手段を失い、進学先も断たれ、自分が生きている意味とは何だろうと考えた。考えても答えは出ない。何をどうしたらよいのか、この先どのように生きていくのか、希望も光も見いだせずに自殺未遂をした。両親は当時のことを振り返り「自分の人生に対する初めての抵抗だったと感じた」という。それまで我慢をしてきた私が、やっと涙を見せるようになり、そんな私に、父親は一言紙に書いてくれた。

右耳を失聴した小学４年生の頃

「お前の涙を見ていると、いっそのこと、お父さんたちも耳が聞こえなければと思う。できることならば代わってあげたい。お父さんの耳をお前にあげたいと思う。でも、お父さんが同じ立場だったら絶対に乗り越えるぞ！」と。

どんな病院も治療も効果がなく、これ以上頑張ることもできない。そんな私の気持ちに寄り添ってくれた両親は大きな支えとなった。

■障害を隠すことからエンパワメントへ

中学時代は聴力が不安定で、男性の低い声はきき取りにくく、男性の先生や男子との会話を避けるようになった。男性の先生にさされても気付かなかったり、質問がききとれないために答えられず悔しい思いや恥ずかしい思いをしたことも数知れず。人並みに恋愛にも興味があったが会話ができなければ始まらない。友人の恋愛話をきくたびにうらやましかった。また、女子は集団行動を好む傾向があるが、コミュニケーションの困難さから、友人関係がうまくいかず、思春期の聴力低下は、全身を耳にして神経をすり減らす毎日で、疲労蓄積するばかりであった。「女の子なのに可哀そう」と言われ傷ついたこともある。

高校では、男子と女子のクラスが分かれており、男子との会話がなく中学時代よりは楽だったが、聞きにくい男性の先生の授業と、聞きやすい女性の先生の授業とでは成績に差が出てきた。聴力が徐々に低下し、高校2年生の終わりには、両耳ともほぼ失聴した。教室で授業を受けることができず、1か月程図書館登校をしていた。当時、唯一の相談相手であった国語の先生は「聞こえなくなってもあなたの価値は変わらない」と、自分と似た境遇の人の本を紹介してくれた。それらを読むことで、自分のアイデンティティーを模索するようになった。また、別の先生は「見た目はほかの生徒と変わらない。だから周囲はどんなサポートをしたらいいのかわからないんだと思う」と教えてくれた。「きこえないことは外見でわからない」と初めて気づいた。男性の先生とのコミュニケーションを避けていた私だが、思い切って男性である校長先生の所へ行き、きこえなくて困っていることを率直に打ち明けた。初めて自ら行動を起こしたときであった。それがきっかけで、職員全員に共有され、板書を増やす、個別に資料を用意する、放課後一対一で補講を行うなどのサポートを受けられるようになった。友人とは筆談でコミュニケーションを取り戻していった。

それまで「自分を守る為にきこえないことを隠してきた」私にとって、「頑張れ」という励ましの言葉で本人に対して努力や変容を求めるのではなく、共に参加し学ぶ為にはどうすれば良いのかを考えるきっかけをくれた先生方の言葉は「きこえないことを伝えることによって手を差し伸べてくれる人もいる」という実感につながった。

「問題を解決したいと思ったら、まず自分から動くことが大切なんだ」と実践していくようになったのは、言うまでもなく私自身のエンパワメントの原点であったともいえる。

■「バリア」は人でなく環境や社会にある

現在は、企業をはじめ教育機関や自治体等でユニバーサルデザイン（以下UD）をテーマとした講演や、研修の企画や講師まで幅広く行っている。大学時代に、東京ディズニーランドのバリアフリー研究に関わって以来、羽田空港や成田空港等公共施設のUDのほか、情報のUDとしてテレビ

CMや国会中継への字幕付与、映画をはじめとしたエンターテインメントのUDにも積極的に関わっている。なぜUDに関わることになったのだろうか。

大学入学後、恩師の授業

進学先で悩んでいるとき、日本で唯一、聴覚・視覚障害者のための大学、国立筑波技術短期大学があることを新聞で知った。現在の筑波技術大学だ。学校見学で、自分以外の聴覚障害者の存在を知り、手話で話す様子から目が離せなくなった。入学後、生まれて初めて聴覚障害者が大多数を占める大学生活を送ることになったのだが、そのうちに気づいたことがある。

「きこえないことによるバリア」を感じないことだ。コミュニケーションは手話や筆談、口話など様々な手段で交わされ、聞き返しても丁寧に教えてくれる。男性の声が聞きにくいことから男性を避けるようになっていたが、手話がわかれば男女関係なく会話ができる。講義は手話や手話通訳、音声がリアルタイムで文字化されるシステムなど、情報保障の選択肢もあり、安心して学び、生活できる環境があった。

「バリアってなんだろう？」と考えるようになった。

答えをくれたのは、情報伝達方法論の授業での恩師のことばである。

「バリアは障害者側にあるのではなく、環境や社会にあるのです。これまでの社会は、健康で元気な人を基準にしてきました。でもそんな社会が続くと思う？　歳をとれば誰だって視力は落ち、耳も遠くなる。永遠に健康なんてありえない。実際、きこえなくなっただけで、あなたは様々なバリアを感じてきたでしょう。だからこれからは、バリアをなくしていく“バリアフリー”と、バリアを作らずあらゆる人が共に暮らしやすい社会を作る“ユニバーサルデザイン”、両方の考えが必要なのです」。

恩師からのこの言葉は、私に大きな衝撃をもたらした。高校生までの私は、電話、テレビ、映画、音楽、学校で授業をきくことなどすべてをあきらめ、手放し、それらはきこえない自分が悪いからだと思っていた。きこえないから仕方がないことなのだと。

しかしUDの考え方は「世の中のバリアは障害者側ではなく、環境や社会にある」という。だからバリアを作らず、だれもが暮らしやすい、ユニバーサルな社会をつくるのだと。それ以来、「ユニバーサルデザイン」を人生のテーマとしている。

■身近なところからユニバーサルデザインに

どちらかというと、聴覚障害者としてのエンパワメントに重きを置いていた私だが、聴覚障害があり、さらに女性である困難さを感じるようになったのは、妊娠や出産を経験してからである。きこえない私が子を産み、育てていく中で周囲の協力は不可欠であった。

しかし、子どもが幼稚園から小・中・高校と集団生活を送る中で一番悩んだのは、先生方や保護者の偏見や思い込みであった。「障害のあるお母さんにはできないだろう」と決めつけられることの窮屈さや、余計な心配を（勝手に）されているふがいなささが常についてまわる。その時に傷つき、不利益を被るのは、本人だけでなく一緒にいる子どもや家族も同じだ。そうした偏見や思い込みを減らすために、入学前には校長や先生方との面談を重ね、保護者会では自分の障害やコミュニケーションについて「こうすればできる」という方法を説明する。

「井戸端手話の会」2003年発足当初

学校行事では手話通訳を手配し、全員の前で通訳してもらうことで、その存在を知ってもらうようにした。PTAや部活動の役員に積極的に関わり、これまでの拙著を全クラスに寄付した。こうした働きかけの結果、手話に興味を持つ子どもや保護者が増えていった。あるママ友の「井戸端会議を手話でしようよ」という提案のもと、「井戸端手話の会」を立ち上げたのが2003年。以降週に一度開催し、手話で地域の情報交換や子育ての悩みなど生活に密着した話題を楽しみ、現在も開催している。地域の小学校では、夏休みに井戸端手話の会が手話を教える特別講座ができ“お母さん”が“講師”となってこちらも現在も継続中である。

また、子どもの成長とともに復職した母親たちが、職場で「手話で接客ができるスタッフ」などで活躍し手話を広めている動きも嬉しい。手話通訳者を目指して地域の養成講座に通っているメンバーも複数いる。このように手話を共通言語とした「井戸端手話の会」は私自身もふくめて、妻として、母親として、地域社会で働く女性として、地域で生活する原動力や心の拠り所にもなっていると感じる。

■各種委員会、オジサンばかりの中ではぐくまれたエンパワメント

きこえる世界ときこえない世界をつなぐユニバーサルデザインアドバイザーとして、情報のアクセシビリティ、公共交通機関、人的対応など様々な分野で、政府の審議会や委員会などに出席してきた。企業での講演や研修、特に交通事業者関係では大多数がオジサンであり、女性は私だけということも多かった。その中で、オジサンたちの優れている能力は何か、それに対して女性としての能力や可能性は何かを多く学べた。

たとえば、UD関係の仕事で常に感じたのは、オジサンたちの空間認識力の高さである。空港のひろびろとした空間の設備をミリ単位の数字でやり取りをする。「高さは1100ミリで低いほうは800ミリ、奥行き550ミリで」といった風に。元来数値や空間イメージができない方向音痴の私は、目を白黒させていた。それでも何とか理解しようと資料の図面を見ながら四苦八苦。建築家やデザイン関係者の特徴だと思っていたが、男性はえてして空間認識力が高いと聞き、最低2年間は続くであろう委員会で、数字

成田空港のUD検討委員会（2018）
© 成田国際空港株式会社

情報のUDに関する講演会（2018）

が出るたびに泡を吹いていては話にならない。意を決して分からないことを率直に伝えたことがある。そして「できればイラストや模型などがあると嬉しい」と伝えると次回にはスイメージイラストやスケールモデル（模型）が準備されていた。結果的にそれは、同席していた視覚障害者も触ってイメージしやすく、誰にとってもわかりやすい方法として、以降共有された。男性の空間認識力や、俯瞰して全体を見極め、モノの構造を察知する力などは新発見の連続であり、私にとっては自分にはないもう一つの感性を知る冒険のようでわくわくした。

一方で私は、女性という強みをいかせる当事者として、発言や提案をしてきた。たとえば、トイレ。行く先々のトイレで、長蛇の列に悩まされた女性は多いのではないか。映画館や劇場、ホールなど、大多数が集まる場所では、休憩時間に女子トイレから廊下まで並んでいることもある。デパートでもカフェでも居酒屋でも。トイレ渋滞は女性にとっては簡単には水に流せない問題である。

原因は、公共トイレの多くが左右対称の作りで、男子トイレ、女子トイレが同じ面積で作られること。だから女性の個室数が少なくなり、女性のほうが使用時間が長いため、結果的に「トイレ渋滞」となる。また、ドア内側の荷物かけのフックの位置が高く、手が届かない不便さや、オムツ替えシートの適切な位置や高さなど、女性ならではの視点を心掛けてきた。そして、そのようなエピソードを話すときには、「困るという事実」「その理由」「提案」の三点セットで伝えるようにしている。他人ごとではなく、自分の母親、妻、娘の大問題として考えてもらうことも大事だ。

そして、やってくれたことに対しては必ず感謝の気持ちを伝えるようにしている。「ありがとう」と言ってもらえるのはだれでも嬉しい。

また、委員会等に召集されるごとに「2020年30%目標」を根拠に、構成メンバーに女性を増やすことを提案し続けてきた（先延ばしにされた現在は「2030年」か）。そうした中、2017年より関わっている成田空港のUD検討委員会等では、空港側のスタッフに女性リーダーが増えたり、委員の中にも女性の当事者が増えた。結果的に、障害のある女性の介助など繊細な問題の解決にもつながり、授乳室のUDなどが一気に進んだ。

女性には、困っている人への共感力が高く、心を寄せ、細やかなことに気付ける力がある。それが不得手で縦割り行政になりがちな男性社会に、女性ならではの力が加わることで誰もが利用しやすい社会へと変わっていくのではないか。

■障害のある女性や母親の視点

2014年、内閣府障害者政策委員会の委員への打診があった。当時プロップステーション理事長の竹中ナミさんと、厚生労働省に在籍されていた村木厚子さんが主催する「ユニバーサル社会を創造する事務次官プロジェクト」に講師として呼ばれることが度々あった。全省庁の事務次官や課長以上の方々が、手弁当で開く自主的な勉強会が毎月開催される。ここで聴覚障害のある立場から、聴覚障害者の現状を中心に関わってきた様々な事例を紹介していた。こうしたご縁も関係し、聴覚障害当事者のUDを専門にしている立場として障害者政策委員会の委員として障害者差別解消法の施行に関わることになった。

障害者政策委員会の任期は2年間。実際に関わってみて強く感じたのは、

事務次官プロジェクト勉強会の様子（2017）

内閣府障害者政策委員会の様子（2016）

これまでの障害者施策は女性や母親の視点が抜け落ちているということである。

当時、28名の委員のうち障害のある女性は私と車いすユーザーの女性の２人だけであった。2010年閣議決定された「2020年30％目標」では委員構成は障害のある委員のうち30％が女性であるべきなのに少なすぎる現実。そこでDPI女性障害者ネットワークをはじめとする様々な方々に力を借りながら、必死で学んだ。

そうした中で、私が繰り返してきたのは、まずは委員構成のジェンダーバランス。それから性的被害やDV等、女性の相談窓口に、障害のある女性も連絡や相談ができる体制、障害者雇用状況をはじめとしたすべての調査において男女別統計の必要性（当時国連女性差別撤廃員会から日本のマイノリティ女性に関するデータが不十分だという勧告もあった）、そして、女性が安心して出産し、子育てができる支援や環境整備の必要性だ。

現在、旧優生保護法をめぐる訴訟が各地で起こり話題になっている。2015年、DPI女性障害者ネットワークに誘われ、参加した院内集会は忘れられない。「不良な子孫の出生を防止する」という目的の旧優生保護法（1948～1996）のもとで行われていた障害者の強制不妊手術について、当事者から話を聞く貴重な機会だった。「子を産むに値する人と、そうでない人」と区別をする法律があったこと、今もなお傷つき苦しんでいる方がいること。これらが今後繰り返されないためにも委員会で繰り返し主張してきたのは、障害者権利条約第６条には「障害のある女子」という独立した項目があるが、国内法の基本計画にはこれに対応する項目がなく、それを盛り込んでほしいということである。それが障害女性の複合差別の解消にもつなげていけるからだ。

母親になると、子育てに効率や近道は存在しないことを思い知らされる。

だから、効率では計れない価値を尊重する考え方で政策を作ることも大事なのだと思う。

これまでどちらかというと男性目線や障害のない人の基準で進められてきた施策に、女性や障害のある母親の生活感のある目線で多角的で複合的な視点を広げ、社会を変えていきたい、とその想いだけで取り組んできた。

■誰も取り残さない社会を目指して

私が目指すのは、子どもも、女性も、障害のある人もない人も、ひとりひとりがかけがえのない存在として大切にされ、楽しむことができ、能力を発揮できるユニバーサルな社会。

SDGs（持続可能な開発目標）が掲げる理念「誰一人取りのこさない - No one will be left behind」これを実現するために当事者として、自分は何をするのか。それが問われている。

現在注力しているのは、言葉を使わずに対話を楽しむエンターテインメント「ダイアログ・イン・サイレンス」である。ドイツ発祥であり、2017年日本で初開催するにあたり、企画監修を務めた。2020年には東京

2017年に、初めてダイアログ・イン・サイレンスを開催した時

都内に「ダイアログミュージアム「対話の森」」がOPENし、現在はアテンドチーフ、広報としてソーシャルエンターテインメントを通して社会の課題を解決したいと思っている。

2020年コロナウィルスが世界中に蔓延し、マスクが日常化し、世界から笑顔が消えてしまったように感じる。そのような環境で育った子どもたちは表情をなくし、数年後どんな影響を及ぼすのか想像するのはたやすい。だからこそ、私たちはマスクをしていても伝わる表情と笑顔を社会に発信し、「言葉の壁を超えて人はもっと自由になる」ことの意義を広めていきたい。

また、視覚障害者が暗闇での対話を案内する「ダイアログ・イン・ザ・ダーク」もあるため視覚障害者と聴覚障害者が共に働く場となっている。それぞれの文化が触れ合い、融合し、違いを発見する日々だ。しかも社員の5割が障害者であり、約7割は女性である。女性がマイノリティからマジョリティに変わった職場である。目の前の大切なものに心を寄せ、守り抜き、共感できる力を持っている女性がマジョリティとして働くことになった時に、これまで経験してきたこととどう違うのか、興味をもって関わっている。

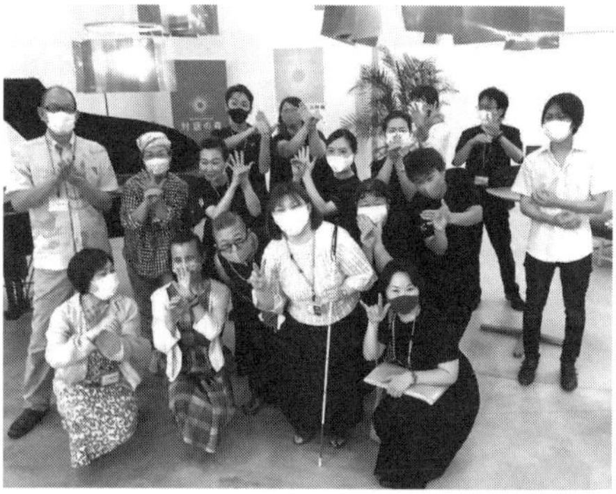

2020年、ダイアログミュージアム「対話の森」がオープンした頃、マスクをしたままで

２月のアテンドスクールにて、宮城教育大学の松崎丈先生を講師としてお迎えし、当事者研究について学んだ時の様子（2020年）

私がマイノリティ女性であることを強く意識するようになっ

たのは、母親としての育児とUD関係の仕事であり、それはマジョリティ社会と対峙させられるものばかりだったからだ。しかし女性だからあきらめるのではなく、だから「こそ」できることがひとりひとりにあるはずだ。社会の変化を柔軟に受け止め、闘うよりも目の前にいる人との対話を大切にし、共に学び合い、周囲を巻き込んでいきたい。

まずは自分の身近なところから。

12　きこえない人に優しい医療現場を目指して、薬剤師の立場から

早瀬久美

■薬剤師法改定後に薬剤師の免許を取得して

薬剤師法改定後に薬剤師の免許を取得した頃は製薬会社に勤めていたが、薬剤師の資格が生かせる医療現場に就きたいと思い、製薬会社を退職することを決心した。その後は薬局で働きながらきこえない患者やきこえる患者と接してきた。2007年昭和大学病院に聴覚障害者外来が開設しその際にろうの職員が必要なのできてほしいというお話をいただいた。きこえない患者や聴覚障害者外来での仕事を通して昭和大学病院の中できこえない人のために何かができれば、また昭和大学病院で働いている人たちに対しても啓発活動につながればと思い、昭和大学病院に転職し現在に至っている。

■薬剤師としての活動および薬学生へ障害理解教育

今、昭和大学病院では、薬剤師として薬の調製を中心に仕事をしている。聴覚障害者外来の方では、月1回土曜日に予約されたきこえない患者が来院し、60分間時間をかけてゆっくり診て安心して帰っていただくことを

目的としてやっている。また、当院には手話通訳ができる職員がいるので、例えば突然の救急外来などできこえない患者が来たときや病院内での研修や勉強会がある時には手話通訳をしてもらっている。また昭和大学には医学部や薬学部などがあり、薬学部のカリキュラムには「コミュニケーション」が組まれている。その講義の中で、手話を通してきこえない人のことを知ってもらうことを目的として毎年5コマの講義を担当している。薬学生に手話や聴覚障害について知ることによって、将来医療職に関わる時に活かしてもらいたいと考えている。

■アンチドーピング活動を通してデフリンピックやパラリンピック活動を支える

また、趣味としてスポーツをしているが、スポーツを通して多くの選手からドーピングに関わる医薬品について相談を受けていた。しかし、日本ではまだまだドーピング問題について理解が薄かったので情報などもあまりなく、しっかりサポートができないときもあった。そのことについて悩んでいたところにちょうど2009年から公益財団法人日本アンチドーピング機構（JADA）によるスポーツファーマシスト認定制度が始まり、スポーツファーマシストの資格をとった。それから本格的にアンチドーピング活動も始めるようになった。一般財団法人全日本ろうあ連盟スポーツ委員会医科学委員会のメンバーとしてきこえない選手から相談を受けるのはもちろん、国際大会例えばデフリンピックやアジア大会などに出場する日本代表選手が使用する医薬品について、ドーピングにひっかからない医薬品を確認して用意する仕事などもやっている。

自転車競技レースに出場

他に、公益財団法人日本障が

い者スポーツ協会日本パラリンピック委員会医科学委員会アンチ・ドーピング部会使用薬物調査グループのメンバーとしてパラスポーツ選手のサポートもしている。JADAのスポーツファーマシスト登録一覧を見た一般のアスリートからメールで相談を受けることもある。このようにきこえない薬剤師としての活躍の幅を広げていることを自分ながら実感している。

■医療従事者を目指すきこえない人たちへ

医療従事者の中でも、医師に比べて薬剤師は女性の割合が多い。そのため、結婚、妊娠、出産、または家族の仕事の都合で引っ越さなければならなくなった時には、仕事を休むかまたは辞めるが、次の新しい職場で仕事を見つけやすいというよい面はある。ただし、きこえない人の場合は別の職場で仕事をしたい、または会社を辞めた後に薬剤師の仕事がしたいと思っていても、なかなか難しい面がある。実際自分も次の仕事を探していた時に、「ろう者はちょっと難しい」「電話対応ができないのがちょっと……」という理由で断られたことも多かった。このように資格を持っていても自分に合った仕事がなかなか見つからないという現状がある。将来的にはきこえない子ども達も医療従事者を目指すことが増えてくると思う。子ども達が安心して資格を取って自分に合った仕事ができるような環境を、私もろう者として女性としてよきロールモデルとなれるように今後も活動を続けていきたい。

13　盲ろう女性として

福田暁子

■はじめに――「盲ろう」と「盲ろう障害」

盲ろうの世界は非常に多様性に富んでいる。「盲ろう」とは視覚障害と聴覚障害の2つの感覚機能障害を併せ持つ身体の状態のことであるが、この二重感覚機能障害から発生する「盲ろう障害」について的確に状況を伝えることは非常に難しい。盲ろう者一人ひとりが非常に個性的で、それぞれにユニークな生活スタイルが存在する。盲ろうという属性から、盲ろう障害を一般化することは、やや無謀であり困難である。しかしながら、その多様性のなかから生まれるすれ違い、行き違いには何か突き抜けた面白ささえ感じることがある。

一般的に「盲ろう」という機能障害によって生じる困難さは主に3つあると言われている。コミュニケーションの困難、移動の困難、情報入手（情報アクセス）の困難である。しかしながら、これらの困難さを総合的に測る指標は存在しない。視覚や聴覚の機能障害の程度の違い、発生の時期、盲ろうになる前の状況、盲ろうになる過程によって、困難の種類や度合いは変わってくる。しかし、その他の要素、本稿の場合は「女性であること」によっても、多かれ少なかれ生きる形の選択肢が変わってくる。同時に、生きづらさも変わってくる。

■私は盲ベースの盲ろう者

私は1977年、福岡県に生まれ、小学校入学前に佐賀県に引っ越した。視覚障害は幼い頃からあったものの、活字（点字に対して墨字と言う）を利用することもできた。高校在学中に難病の多発性硬化症を発症し、視覚障害が進行し、徐々に、歩行、排泄、嚥下、呼吸などにも症状がでるようになり、2005年頃には聞こえに違和感を感じるようになった。2008年頃には補聴器を使用してもコミュニケーションに難しさを感じる場面が多くなってきた。私のように先に視覚障害があり、後に聴覚障害が加わった盲ろう者のことを「盲ベース盲ろう者」と呼ぶ。先に聴覚障害（難聴・ろう）に加えて視覚障害が加わった盲ろう者のことを「ろうベース盲ろう者」と呼ぶ。もちろん、先天性の盲ろう者、視覚障害と聴覚障害がほぼ同時に発生した盲ろう者もいる。

■家族と暮らすよりも東京での一人暮らし

私は、1996年に高校を卒業後、大学進学のために上京し、2001年に大学院進学のために渡米し、大学院修了後はアメリカ、後にタイで就労していた。聴覚の症状の他にも呼吸機能なども低下し、治療のために2006年に日本に帰国することにした。治療は進行を遅らせはしたものの、改善することはなく、視力と聴力はほとんどなくなっていった。2006年に帰国したが実家のある佐賀ではなく、福祉制度を活用しながら東京での一人暮らしを選択した。実際には外国人が多く住むシェアハウスで日本での再生活をスタートさせた。父は若くしてなくなっており、母は仕事があり、弟と妹は他県で就労しており、私の身体介護ができる家族がいるわけでもなく、また、親元を離れてから盲ろうとなったので、家族と会話する方法すらなかった（よい方法を誰も知らなかった）。何よりも、交通機関が貧弱な田舎では、就労の機会も日中にやれる活動も非常に限られていた。18歳までしか住んだことのない土地でどのように動いてよいかわからず、将来が閉ざしてしまうのは確実だった。

■支援につながるまでの５年間

盲ろうという機能障害を発症したのは2006年ということになるが、自分は「盲ろう者」だということを知ったのは、2011年の東日本大震災の年のことである。何かしら使えるコミュニケーション方法はないかと模索している中で、東京盲ろう者友の会という東京エリアの盲ろう者の支援団体につながった。盲ろうになってから5年が経っていた。支援につながるまで5年という期間は長いと思われがちだが、中には10年も20年も支援につながらない盲ろう者が未だに多くいるのが現状である。

2011年頃は、まだ少し見えていた視力と、幼い頃から身につけた点字を利用して、情報を得ていた。指点字という方法があることは知っていて、視覚障害のある友人と会話するときには指点字を使うようにはなっていた。地元では、中途失聴者・難聴者の会の集まりに参加し、地域の手話通訳派遣制度も利用していたが、手話を見ると言うことにも限界を感じていた頃だった。手話そのものは高校時代に難聴の友人がいたこともあり、自然と身につけてはいた。私は視覚障害があったので、見えにくいときは、友人の手の動きを触って会話するのはごく自然なことだった。後にこの高校時代の経験が自分の生活におおいに活かされることとなった。

■孤立していく葛藤

見えない、見えなくなっていくということにはほとんど抵抗がなかった。私の周りには、全く見えなくても、料理や洗濯などの家事も、白杖をつかっての単独歩行も、子育ても、会社勤めも、旅行も、読書も、パソコン操作も、見えなくてもできる先輩や知人がたくさんいたからである。見えなくなっても、どうすればいいかおおよそ知識があった。ところが、相手の声がきこえない、声で会話ができないと言うことをどうしたらいいかという難問には答えが見つからなかった。私は手で会話をしたり情報を得たりするコミュニテイとほとんどつながりがなく、ましてやろう文化という言葉の持つ意味すら理解していなかった。盲ろう者というアイデンティティ形成の過程の中で、私は盲人だったことはあるけれども、ろう者だったことは過去に一度もないのである。

盲ろうという状態になると、自分が置かれている周りの状況をどうやって把握したらよいのか、誰をお手本にしたらよいのか、そもそも誰にこの悩みを打ち明けたらよいのか全くわからなかった。パソコンを使って、点字を介して上司や同僚と話はできる、しかし、日常会話となると極端に難しい。誰がどこにいるのかがまずわからない。人の気配がつかめない。自分みたいな障害を持っている人は他にはいないと思っていた。これは後に出会った盲ろう者や家族等からよく聞くフレーズでもある――「自分のような目にも耳にも障害を持っているのは、他にはいないだろう」――実際にはたくさんいるけれども、お互いの存在を知る術やリソースがないのが実情である。

■通訳介助者派遣制度との出会い

東京盲ろう者友の会（東京都盲ろう者支援センターとしての事業も委託している）を初めて訪問したとき、パソコンの画面にタイプしてもらって会話をした。そのときに、盲ろう者向け通訳介助者派遣制度の説明を受けた。説明をしてもらったものの、実はあんまり理解できずに帰宅した。普段からあまり理解できないことが多かったので、理解できない状態が常態化していて、「すいません、もう一度説明してください」など私から発することはないまま帰宅した。制度の利用の仕方については点字で説明文書をもらえたので、帰宅して読んでいる時に、ようやく何を話していたのか理解ができた。そして、どうも私は「盲ろう者」に該当するらしいということに、そのとき初めて気づいた。

■盲ろう者のコミュニケーションは一人ひとり違う

弱視手話（私の場合は、弱視手話の中でも、近距離の狭い範囲で手話を見る接近手話）の通訳介助者派遣を利用し始めた。弱視手話という方法があるのも知らなかった。それまで利用していた地域の手話通訳者の手話が理解できなかったのは、手話の理解力だけでなく、狭い視野や低い視力で動きを捉えることができなかったことも大きいことにようやく気づいた。それほどに、相手の会話が理解できる通訳方法があることに驚いた。通訳介助者派遣利用をしていく中で、触手話もできるのではないかなと、将来全く見

盲ろう女子会の記念写真。
左端の女性、右端の女性は通訳介助者（2012 年）

えなくなった時のことも考えて触手話の訓練を受けることになった。触手話の訓練（コミュニケーション訓練）は１年間であったけれど、通訳介助者派遣を通して、通訳介助者の手を触って自分が見やすい所に通訳介助者の手を持っていっていたのが、目を閉じても読み取れるようになってきた。そして、高校時代に培った触る手話の感覚を取り戻していった。

私は触手話で情報を受信して、音声日本語に変換して理解して、発信するときには自分の声で発信するという、奇妙な自分なりのスタイルを身につけていった。その中で、いくつかの壁があったのも、あるのも事実である。一番の壁は私のスタイルに合わせて通訳介助者が出せるかどうかである。手話という視覚言語を音声日本語として理解しやすいように出してもらう。おまけに私は基本的には左手のみを、通訳介助者の手の上にのせて通訳を受ける。音声情報だけでなく、その中には見るべき情報も含めてもらわなければならない。全部の情報を伝えきることはできないから、私が何を見たいか、何を聞きたいか、何を知りたいか、通訳介助者は瞬時に判断していく。通訳介助を受ける中で気づいたことは、通訳介助者は盲ろう者にとって身体の一部であると言うことである。だから、自分のことをよく知ってもらわないといけないし、通訳介助者も可能な限り自分がどういう人なのか開示していかなければいけない。一人一人の通訳介助者がどういう通訳をする人なのか、どういう物の見方をする人なのか、お互いの価値感や常識と思っている感覚を、共に行動することで理解していく。それをどのくらい繰り返すことができるかで、通訳介助の質も量も変わってくる。このように、ひとりひとりの盲ろう者には、それぞれのスタイルがあり、それぞれの言語の理解の背景がある。盲ろう者向け通訳介助者は、言語通訳＋移動支援だけでは語ることができない特殊専門職である。

■この世の中にはたくさんの盲ろう者がいる

見えなくても聞こえなくて、一度失ったものを、再び取り戻していく、私が本当に社会参加の意味を実感していく中でショックを受けたことは多い。一つは、盲ろう者はものすごくたくさんいたことである。前述したように、視覚、聴覚、そして、さらに肢体不自由もあるのは他にはいないだろうと思っていた。肢体不自由はなくとも、視覚と聴覚のみの盲ろう者だけでも、想像以上にこの世の中に存在していた。盲ろう者は、視覚優位文化と聴覚優位文化と一見相容れない二つの文化の間で常に自らの居場所を探してさまよっているように思う。私は、自分が盲ろうになるまで、多少なりとも障害関係の分野で活動してきたにもかかわらず、盲ろう者の存在に全く気づかずにいたのはなぜだったのだろうか、と思い至るようになった。折しも全国盲ろう者協会では国際協力活動を行っており、全く自信がなかったにもかかわらず、首を突っ込み始めた。2012年のことである。一度失ったつながりを取り戻していくこと、そして、盲ろう者として、まだ支援につながっていない盲ろう者をみつけだし、まだ支援のない国で通訳介助者という支援者を養成し、支援リソースにつなげていくことにミッションを感じるようになった。

■「ジェンダー」よりも「盲ろう」

盲ろう分野の国際協力活動に関わり始めて、はや8年が経った。主にアジア地域に主眼を置きつつ、2013年から2018年までは世界盲ろう者連盟事務局長として、様々な国や地域の盲ろう者と関わりを持ち活動してきた。2018年は、グローバルレベルで女性障害者に焦点があてられた年であった。国際障害者連盟が主導する形で、2018年のスペインで開催した世界盲ろう者連盟総会・ヘレンケラー世界会議の会期中に「盲ろう×女性」について議論の機会を提示する機会があった。その中で率直に感じたことは「女性であることでどんな生きづらさや不公平さがあるか」を議論できるほど、

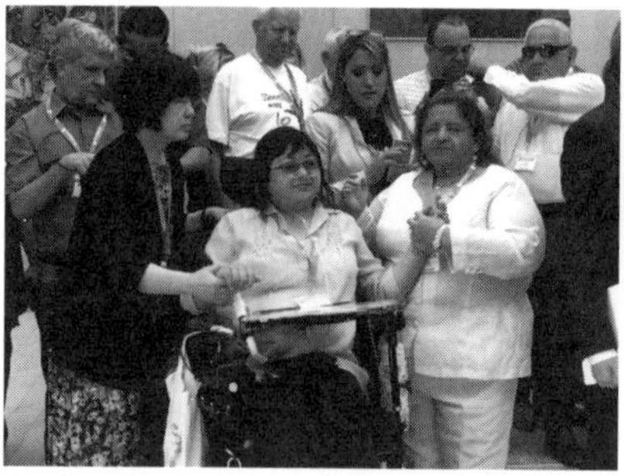

第10回ヘレンケラー世界会議にて講演。
両脇に通訳介助者（2013年）

第11回ヘレンケラー世界会議にて、
海外の盲ろうリーダーたちと共に（2018年）

盲ろうの女性が自分の置かれている状況を把握できていないのではないかということである。または、女性であることよりも、盲ろうであることから発生する困難さが大きすぎて、議論になるような経験が当事者の声としては出てこないのかもしれない。

■通訳介助者は女性が多い

盲ろうコミュニティにおいては、特にアジア地域では、支援者は圧倒的に女性が多い。日本の通訳介助者派遣制度にしても、公的派遣の通訳介助者という職業だけで生計を立てている通訳介助者はまずいない。多くの通訳介助者が配偶者控除枠の範囲内で、または別の仕事を掛け持ちするなどして活動している。家事・育児・介護などを役割のために離職する女性の通訳介助者も私の周りにも多くいる。通訳介助という盲ろう者にとってなくてはならない特殊技能の専門職が、女性が多いというジェンダーバランスは、時に男性の盲ろう者にとっては、同性の通訳介助者の確保が難しいという問題をも引き起こしている。

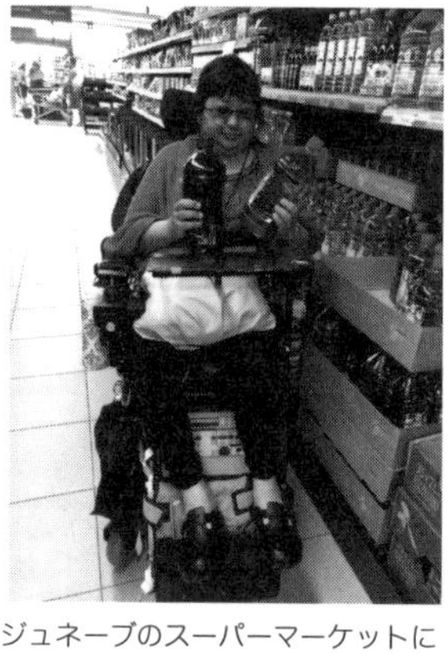

ジュネーブのスーパーマーケットにて。旅行先では必ずスーパーに行く。物を触ることで現地の生活の様子を知る（2017年）

マレーシアでのプロジェクトで、モスリムの手話通訳者からはっとさせられる質問を受けた――「男性の盲ろう者の手を触って通訳する場合、移動介助を行う場合はどうしたらいいか」――家族以外の異性が触れることについてどのように答えたらよいか、宗教という要素が絡んで来ると、さらに盲ろう者支援のシステムと人材のあり方を再考するきっかけとなった。

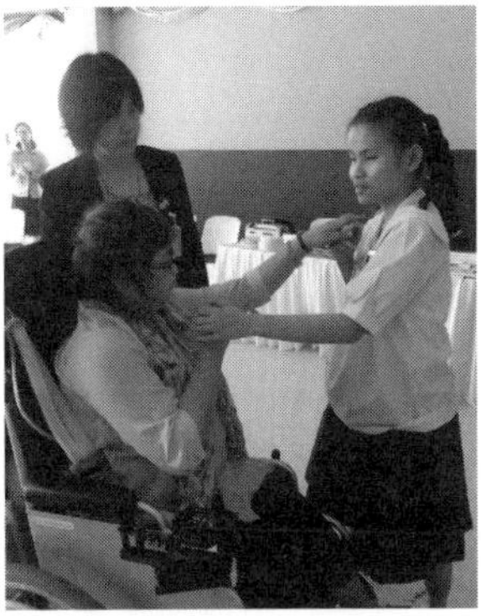
タイの盲ろうの女子生徒と触手話で会話する（2019年）

■家族から期待されないことから生まれる自由

40歳を過ぎて、私は盲ろう者のリアルの一側面を実感するようになった。一つは、家族との関係がどんどん希薄になっていくことである。直接会っても会話する方法がないので、また、日頃から頻繁に会うわけではないので、様々な家族行事に呼ばれることがめっきりなくなって最近では完全にない。ただし、メールなどで事後報告はある。父の13回忌だったとか、いとこの結婚式だったとか。このままでは、おそらく親が亡くなっても葬式に呼ばれることもないのではないかと思われる。また、盲ろう者の婚姻率は低いと言われているが、私自身も自らが結婚したり、子どもを産んで育てたりするイメージがわかないし、願望も正直ない。家族から期待されるようなこともない。

家族が介護が必要になったとしても、私に全く期待していない。障害のない女性であったら、電話やスマホで会話がささっとできるのであれば、求められたかもしれない家族内での役割をある意味すべて免除されているとも言える。期待されないことから生まれる自由を多少なりとも寂しいと思っていた30歳代から、なんとも自由だと思える40歳代をエンジョイしている。

ろうベースの盲ろう者で、盲ろうになる前に出産・子育てをし、だんだんと視力が失っていくタイプの病気だと、盲ろう女性としての子育ての話、子どもの話、孫の話を聞くことはよくある。盲ベースの盲ろう者の家事の工夫の話などを聞くこともある。以前、韓国盲ろう者大会に参加したときも、女性の盲ろう者が、盲ろうだったらどうやって料理をするのかという質問で議論が盛り上がっていた。韓国社会の家庭における女性の役割を少しでも取り戻したい気持ちを理解できるのと同時に、男性盲ろう者に尽くす若い女性支援者の姿に、アジアの文化の性別役割分業を垣間見、同時に盲ろう障害の重さを感じずにはいられなかった。

50歳代に突入することができたら、私は何をもって自己実現しようとしているのか、まだわからないけれど、時代が変わって、佐賀に帰って親の介護をしていることはまずもってないだろうとは思う。

14　ろう者と女性とアートが交差するところに

管野奈津美

幼い時から本の装丁が好きだったこともあり、本格的にデザインの勉強をしたいという思いから大学に進学した。そこでなんとなく履修したクラフトの授業で陶芸と出会い、思い通りにいくようでいかない、制約のある中で表現を突き詰めていく面白さに惹かれた。それ以降、土を素材としたオブジェを作るようになった。当時、聴者の同級生や教員たちに囲まれて過ごし、友人には恵まれていたものの、どうもしっくりこない、なかなかその場の雰囲気に馴染めないという違和感もあった。その経験から、ろう者としてのアイデンティティ、そしてろう者ならでの表現とは何だろうかと考えるようになった。本コラムでは、まずアート界の一般的なジェンダー傾向について触れ、そしてアートを取り巻くろう女性について紹介していく。

■アート界のねじれたジェンダー構造

アート界も長らく圧倒的な男性優位の社会が続き、女性は傍流として位置付けられた歴史がある。そのような状況の中で、どの時代も革新的な女性アーティストたちが常に道を切り拓いてきた。印象派の紅一点であったメアリー・カサット（Mary Cassatt、1844-1926）は、アメリカの裕福な家庭に生まれながらもフランスに単身で渡った。女性の職業画家がごく少なく稀だった時代に女流画家の先駆者として活躍し、新しい時代の女性像の表現を追求した。

1980年代には、ニューヨークで結成された匿名の女性アーティストによるアクティビスト集団「ゲリラガールズ」が、「女は裸にならないとメトロポリタン美術館に入れないの？（Do Women have to be naked to get into the Met. Museum ?）」というポスターを発表した。この活動を通して、メトロポリタン美術館における近代美術のコレクションの女性作家の作品が5%以下であるのに対し、ヌードとして描かれているモデルの85%が女性であったという事実を突きつけ、アート界のねじれたジェンダー問題を提起したのだ。

日本では、あいちトリエンナーレ2019で芸術監督を務めた津田大介が実施したインタビューより、美術大学において女子学生が多いにもかかわらず圧倒的に男性教員が多いという、これまで隠されていたジェンダー構造とそれに起因するハラスメントの実態を明るみにした。日本の美術館においても、依然として女性作家による収蔵作品は10%から13%にとどまっていることが判明され、未だに非常に厳しい男女格差のまま、改善されていないのが現状である。

今思い返せば、私自身学生時代に在籍していた大学でも男性教員が大多数を占めており、当時は疑問に思わなかった。しかし、ろう者としても、女性としても、ロールモデルと呼べる存在が身近におらず、卒業後のキャリアを模索していく中で、留学を選択したのも自然な流れであったのかもしれない。留学中は、デフアートも含め、アフリカ系アメリカ人、先住民、ラティーノ（本人あるいは先祖がラテンアメリカのスペイン語圏出身の人)、女性、セクシャルマイノリティなど様々なマイノリティのアートに巡り合う機会に恵まれた。ここではアメリカと日本を中心にアートに関わってきたろう女性たちを取り上げて紹介する。

■1人のろう女性アーティストがもたらした変革

まずアメリカのデフアートにおいて、ろう女性アーティストが道を切り拓き、変革をもたらしたことは日本ではあまり知られていないだろう。Betty G. Miller（ベティ・G・ミラー、1934-2012）は、ワシントンD.C.にあるろう者のための総合大学ギャローデット大学で1972年に「The Silent World（静寂な世界）」というテーマで、彼女の“怒り”に焦点を当てた展覧会を開催した。当時のろう学校で手話を禁止していた風潮や口話教育法を批判し、鎖にかけられ身動きが取れない手の指が切り裂かれた絵「Ameslan Prohibited（アメリカ手話使用禁止)」(1972年）など「社会的な抑圧に対するろう者の苦しみ」を表現した作品が、当時のギャローデット大学の教職員や学生、ろう者コミュニティに衝撃を与え、多くの議論を巻き起こし中には批判する人たちもいた。同じく当事者であるはずのろう者たちも批判に加わり、彼たち自身が受けてきた抑圧を認識できていないことを彼女は身をもって知らしめたのである。それでも作品を発表し続けた彼女の揺るぎない姿勢は後進のアーティストたちに影響を与え、De' VIA（Deaf View/Image Art、ろう者の視点／イメージアート）というアメリカ独自のろう芸術運動につながっていく。それまでは、風景画やコマーシャルアート一辺倒の傾向にあったが、次第に多くのろう者アーティストがろう文化と密接した作品を発表するようになった。

Ameslan Prohibited（1972年）
“Deaf Artists in America: Colonial to Contemporary” より

1989年にワシントンD.C.で

開催されたろう芸術祭「Deaf Way I（デフウェイ）」で、ベティ・G・ミラーも含めた9人のろう者アーティストにより、「デフアート」の定義について検討がなされた。「デフアートはデフアーティストが創った作品全てを指す」ことから区別化を図るために、「ろう者としての経験を反映・表現した芸術」をDe' VIAと名付け、マニフェストを発表した。

Ann Silver（アン・シルバー、1949-）はアンディ・ウォーホルを彷彿させるような、広告を活用したポップな切り口で、ろう者のアイデンティティを問う作品を多く発表している。例えば、「Hearing Impaired :Wrong Way/Deaf : Right Way（聴覚障害：間違った方向／ろう：正しい方向）」（1992年）は、当時の医学的、リハビリテーション的な視点を批判し、誰もが日常風景で目にする道路標識と「聴覚障害者」「ろう者」の呼称を絡め、風刺した内容となっている。日米友好基金のフェローとして日本に滞在していたこともあり、浮世絵をモチーフにした絵や日本の手話に関するイラストも制作し、2014年に出版された「Ann Silver: Deaf Artist Series（アン・シルバー：デフアーティストシリーズ）」でも紹介されている。

HEARING IMPAIRED: Wrong way/DEAF: Right Way（1992年）
"Deaf Artists in America: Colonial to Contemporary" より

Susan Dupor（スーザン・デュパ、1969-）は、手話を使用しない聴者の家庭で家族の会話に入れず、孤立するろう児をペットになぞらえた作品「Family Dog（家族の犬）」（1991年）を発表し、多くのろう者がその姿に衝撃を受けながらも、その子どもはまさに私そのものだという共感を呼んだ。

Family Dog（1991年）
"Deaf Artists in America: Colonial to Contemporary" より

このように、アメリカのろう女性アーティストたちは、ろう者が置かれている厳しい現実を鋭い眼差しで、なおかつストレートに体現してきた。女性であるが故に、抑圧の構造を人一倍、敏感に感じ取っていたのかもしれない。De'VIA の後押し、そしてベティ・G・ミラーというロールモデルが存在していたことも彼女たちのアート人生に大きく影響を与えただろう。

■新しい時代を生きるろう女性たちの表現

近年では、Christine Sun Kim（クリスティーン・スン・キム）が 2020 年に米国最大のスポーツフェスティバル「アメリカンフットボールスーパーボウル」の開幕式にアジア系アメリカ人として初めて参加し、国歌斉唱の際、アメリカ手話によるパフォーマンスを務めたことが話題になった。彼女もろう者としての視点から、サウンドアーティストとして“音”の既成概念に囚われない、独自のユニークな作品やパフォーマンスを通し、発信し続けている。TED フェローとしても選ばれ、TED Talks でスピーカーを務めた。その際に、生まれつききこえないが故に、音は自分の人生の一部ではない不要なものと思い込み育ったが、「音」とは聴覚からしか理解できないものではなく、触覚を通して感じ取り、また視覚的経験や概念として体験できるということに気づいたと語っている。また「音」は、貨幣権力やパワーに似た社会価値を伴う強力なものであり、アメリカ手話もたとえ音をもたなくても音楽と類似点があり独自の価値をもたせ、高めることができる、耳を傾けて目を開き「見える言語」という豊かな財産を共に分かち合おうと呼びかけている。

日本でも、映画作家の牧原依里が 2016 年にろう者の音楽をテーマとした無音のアートドキュメンタリー「LISTEN リッスン」（共同監督：雫境）を公開し、話題を呼んだ。ろう者たちそれぞれが思い浮かべる内面の「音楽」をもとに、自身の手の動きやスピード、指の動きの抑揚、身体を駆使し、視覚的な音楽を創り出していく。ろう者の身体に自然と蓄積されていった、音声言語とは異なる、手話特有の間やリズムがあり、そこに音楽への手がかりがあると牧原は考えた。それは我々を長年に渡って圧倒的なパワーをもって支配してきた音楽の既成概念から解放された、新しい音楽の形を示したのである。

アーティスト／パフォーマーである南雲麻衣は３歳半で失聴し、７歳で人工内耳埋込手術を受け、人工内耳を装用しながらダンスを学び、後に手話を習得した。そのような経験を経て、音声言語と手話を両方身につけた自らのハイブリッドな身体を「媒体」と捉え、多くの聴者アーティストとコラボし、多くの舞台や映像作品に出演している。コーダ（Children of Deaf Adults、CODA、ろうの親を持つきこえる子ども）／インタープリターの和田夏実もろう者の両親に育てられた経験をもとに様々な身体性をもつ人々と協働し、デザインやテクノロジーと視覚言語を組み合わせた表現活動を模索している。

「LISTEN リッスン」
©deafbirdproduction2016

面白いことに４人のアーティストに共通するのは、アートを通してろう者ならでの感覚と特性、手話という豊かな視覚言語を広く発信することで、聴者によって支配されてきた社会的常識や概念からの解放、または再構築を目指しつつ、あらゆる表現の可能性を探ってきているところにある。かつての「社会的にマイノリティとして孤立してきた悲しみ」「母語である手話への抑圧に対する苦しみ」をベースとしたろう者の経験やアイデンティティの体現から移行し、これらの映像やテクノロジーを駆使した、手話という言語やろう者の身体性に着目した表現は、今日における芸術表現の射程を押し広げ、新たな可能性を感じさせる。

「ろう者であるのと同時に女性でもある、女性であるのと同時にろう者でもある」

切り離せるようで切り離せない、表裏一体とも言えるダブルマイノリティのはざまで行き来しているろう女性アーティストが、今後どのような新しい表現を生み出し、自分の物語を紡いでいくのだろうか。

［参考文献］

荒木夏実 2019「福祉ではなく芸術の領域で、ろう者と聴者が語り合う。『聞こえる人と聞こえない人のための「音楽」をめぐるトーク』イベント・レポート」『美術手帖』2019 年 9 月 25 日 https://bijutsutecho.com/magazine/insight/20584（2020 年 12 月 11 日閲覧）

竹田恵子 2019「統計データから見る日本美術界のジェンダーアンバランス。シリーズ：ジェンダーフリーは可能か？（1)」『美術手帖』2019 年 6 月 5 日 https://bijutsutecho.com/magazine/series/s21/19922 （2020 年 11 月 28 日閲覧）

Deafart.org. Ann Silver., http://www.deafart.org/Biographies/Ann_Silver/ann_silver.html（2020 年 12 月 9 日閲覧）

Guerrilla Girls Projects/Resistance, https://www.guerrillagirls.com/naked-through-the-ages（2020 年 12 月 11 日閲覧）

Sonnenstrahl Deborah M. 2003 Deaf Artists in America: Colonial to Contemporary. DawnSignPress（San Diego）

TED Conferences. クリスティーン・サム・キム｜TED Fellows Retreat 2015 魅力的な手話の響き, https://www.ted.com/talks/christine_sun_kim_the_enchanting_music_of_sign_language?language=ja#t-854578（2020 年 12 月 10 日閲覧）

What is Deaf Art?, http://www.deafart.org/Deaf_Art_/deaf_art_.html（2020 年 12 月 9 日閲覧）

15　ろう女性とLGBTQ+（セクシュアルマイノリティ）

山本芙由美

■女であること、ろう者であること

私がまだ小学生だった頃に、石工をしていた父が何度か私に言った。「もし、お前が男だったら跡を継がせるんだが、女ではねぇ」「もし、お前がきこえていたなら事務などやってもらえるのだが、ろうだから無理だねぇ」。その時は父が言うことはなんでも正しいと信じて疑わなかった。それ以降、自分が女性であること、そしてろう者であることを否定的に捉えるようになっていった。そのようなマイナスのイメージをようやく払拭できるようになったのは、高校時代から大学時代にかけての頃である。

■ LGBTQ+との出会い

高校生だった時に、LGBTQ+（セクシュアルマイノリティ）の先輩に出会う機会があったが、彼女からLGBTQ+についていろいろなことを学んだ。LGBTQ+とは、「L（レズビアン、女性同性愛者）・G（ゲイ、男性同性愛者）・B（バイセクシュアル、両性愛者）・T（トランスジェンダー、性別越境者）・Q（クエスチョニング／クィア）・+（プラス）」の頭文字を取ったものである。性の多様性において数が少ない人である「セクシュアルマイノリティ」の総称の一つでもある。

また、その頃に交流していたろう者たちは、自分がろうであることに誇りを持っている人たちばかりであった。彼たち／彼女たちと交流していく中で、自分がろうであること、そして女性であることは決してマイナスではないんだという思いを持てるようになった。それと同時に自分がLGBTQ+であるという自覚も芽生えるようになっていった。

大学生になってから、ネットあるいはオフ会や飲み会などを通して、ろう、かつLGBTQ+（以下、ろうLGBTQ+）当事者の人たちと出会うようになった。ほとんどのろうLGBTQ+当事者は、最初の頃は自分がLGBTQ+であることをなかなかカミングアウトできないでいた。しかし、時間をかけて何度か会い、話し合ううちに当事者同士なんだとわかると、ある程度カミングアウトし合えるようになっていった。そして、ろうLGBTQ+の仲間たちで茶話会のような形で集まるようになり、メンバーも次第に増えていった。

2013年に開催された、もともと聴者だけが参加していたLGBTQの全国大会で、私たちろうLGBTQ+当事者の働きかけにより、大会で初めて「ろうLGBTQ」の分科会を設けることができた。その分科会では、FacebookなどSNSを通してその分科会があることを知ったろうLGBTQ+当事者が全国から約60名ほど集まった。後に、2015年にはろうLGBTQ+だけの全国大会「ろう×セクシュアルマイノリティ全国大会」を開催し、それ以降毎年開催してきている。

また、2014年には、ろうLGBTQ+への啓発支援団体「Deaf LGBTQ Center」を立ち上げた。LGBTQ+に対する偏見や誤解からストレスや不安を感じなら暮らしているろう者が少なくない。そこで、講演会を実施したり手話通訳研究などを行ったりしながら、LGBTQ+に対する偏見や誤解を少しでもなくしていけるように様々な活動をしてきている。

■海外のLGBTQ+事情を学ぶために留学

2015年の「ろう×セクシュアルマイノリティ全国大会」の後、2017年までの2年間、アメリカのろうLGBTQ運動など現場の事情を学ぶために留学した。日本では、「LGBT」のみの範囲でそれぞれのカテゴリだけに当てはめて考えてしまう傾向にある。アメリカでは、「LGBT」の範囲だけではなく、もっと広い範囲で「多様な性（セクシュアリティ）」というものが幅広く受け入れられている。「自分はLGBTのカテゴリには当てはまらない」場合は、クェスチョニング（Questioning）またはクィア（Queer）と名乗ることもあり、LGBTQ+のQはこれを表しているのである。クエスチョニングは自分の性のあり方について迷っているもしくは決めたくないと思っている場合を指す。クィアは性的マイノリティを包括する言葉である。例えば、「『同性愛』とはこういうものだ」と固定的に考えたり捉えたりするのではなく、もっと柔軟に幅広い意味で考えたりすることができるのである。最近では、「Sexual Orientation & Gender Identity & Gender Expression（以下、SOGIE）」という言葉が少しずつ使われるようになってきている。LGBT は性的少数者を指す言葉であるのに対して、SOGIE は性的指向と性自認、性表現を指す言葉で、誰もが持っているものでもある。私はその「多様な性（セクシュアリティ）」から多くのことを学んだ。

アメリカ留学を終えて帰国した後、2018 年には国際交流基金アジアセンターフェローとして約 1 ヶ月にわたるフィリピン・マニラでのろう LGBTQ+ コミュニティ活動調査を実施した。マニラには、2011 年にアジアで最初に設立された Pinoy Deaf Rainbow（以下、PDR）というろう LGBTQ+ 当事者による団体がある。現地では、ろう LGBTQ+ 当事者をはじめ、彼たち・彼女たちを取り巻く人たちにインタビューを行い、先進的な取り組みなどについて詳細の把握を行なった。PDR に対するサポート体制をはじめ、心理的な援助などをしている状況を伺うことができた。また、PDR はろう LGBTQ+ としてのアイデンティティや誇り、文化などを重要視しながら活動を進めていることも知った。この時のつながりがきっかけとなり、2021 年には「東南アジアろう LGBTQ+ 会議」を日本で開催する予定で、現在準備を進めているところである。東南アジア 7 か国にいるろう LGBTQ+ の人たちが集まるいい機会でもあるので、今から心待ちにしている。

■手話表現にも性の多様性を求めて

最近は、ろう LGBTQ+ の輪もどんどん広がるようになり、LGBTQ+ に対する理解も広がってきている。しかし、それでも時々「やはり、私たちは少数派（マイノリティ）なのだ」と思わざるをえない時がある。ろう者の集まりに行くと（障害のない人たちのコミュニティもそうであるように)、手話でやりとりをしながら話し合う時には、だいだいは異性愛を前提として話が進む。例えば、手話表現で「男性（親指を立てる)」や「女性（小指を立てる)」など、男女二元論や異性愛に基づいた手話表現が多い。「カップル」の手話表現は「男性」と「女性」というような手話表現になる。また、「結婚」だと、「男性」と「女性」がくっつくというような手話表現になる。このように、日本手話の中にはジェンダー表現が実に多いのだ。

一方、同性同士の恋愛を踏まえた手話表現はまだ少ないという状況にある。たまにLGBTQ+同士の恋愛話が出ても、揶揄されるような内容が多い。手話表現も「ホモ」「オカマ」「レズ」といった差別的な表現をする人たちがいる。その人たちは別に差別しているつもりはないのだろうけれど、私たちLGBTQ+当事者からしてみれば軽蔑されているように感じてしまい、心苦しいと思う時もある。

また、トランスジェンダーのろう者が性別違和カウンセリングを受けるために手話通訳者派遣をお願いしようとしても、専門的な内容だからと断られてしまうこともある。他にも、医者と筆談でやりとりしていても専門的な用語ばかりで内容をなかなか理解できなかったりすることがある。LGBTQの集まりや、LGBTQに関する研修会に行きたくても、その知識を有している手話通訳者がおらず、結局参加を諦めざるを得ないというろうLGBTQ+もたくさんいる。このようにろうLGBTQ+に対する偏見や誤解はまだ残っているのだ。

そのような状況を少しでも変えたくて、私たちはLGBTQ+に関する手話表現や知識を収録した「ろう×LGBTQサポートブック」を制作した。多様な性を表す手話表現やLGBTQ+当事者の声などを掲載している。このような活動を通して、ろうLGBTQ+や手話通訳者、そしてサポートする人たちがより安心して活動できる場を増やしていきたいと考えている。

■ LGBTQ+ に対する偏見や誤解を少しでもなくしていくために

同じ LGBTQ+ の仲間の間でも差別があるのはご存知だろうか。時折 LGBTQ+ 当事者（ゲイやバイ）の男性たちから、「女のくせに」という言葉が投げかけられることがある。社会から差別の対象になりやすい LGBTQ+ 当事者だからこそ、少しでも自分たちに向けられる差別を軽くしようと、社会の一般的な差別意識にすり寄ってしまっているのだろう。「女」を見下し、差別することで、私たちもあなたたちと同じ「男」なんだよ（だから差別しないで）と示そうとする心理が働いてしまっているのかもしれない。とても残念なことだと思っている。

ところで最近、保守系の議員たちによる LGBTQ+ に対する否定的な発言が目立つような気がしてならない。「L（レズビアン）や G（ゲイ）が法律に守られると、〇〇区が滅んでしまう」とか、「(パートナーシップ制度の）条例を認めると、次は憲法違反の同性婚に進む」とか、何故そんなに LGBTQ+ を目の仇にするのか不思議でならないし、とても悲しい気持ちになる。おそらく、その人たちが守りたいのは、「日本の伝統的な家族」「家父長制」なのだろう。昔は、仏教や儒教道徳に「三従の教え」というものがあったそうだ。女はまず父に従い、嫁いだら夫に従い、夫が亡くなった後は息子（特に長男）に従うべきだという。そのような社会的背景の中で、LGBTQ+ はずっと遠い昔から存在していたようだが、昔はカミングアウトなどできず、ひたすら隠して生きるしかなかったと聞く。

時代の流れとともに「日本の伝統的な家族」を支えてきた男尊女卑といった「男中心」の社会観はどんどん崩れてきている。女は仕事を持ち、社会に出て堂々と意見を主張するようになってきている。LGBTQ+ も同じく自分たちの権利を求めていける時代になってきている。しかしながら、女性、LGBTQ+、どちらもこれから先多くの苦労や困難が待ち構えているであろう。女性を虐げてきた家父長制は、"男女二元論"と"異性愛中心主義"に基づいて、LGBTQ+ を排除してきたし、今でもその考えは社会の中でまだ根強く残っている。この課題を解決していかない限り、女性にとってもLGBTQ+にとっても、そして社会全体にとっても、本当の意味での自由で対等な社会にはならないのだろうと思う。

先ほどの保守系議員さんらの発言だが、憲法に同性婚を禁ずる内容はない。憲法違反などではない。また、LGBTQ+が増えると子どもが生まれなくなる、社会が滅んでしまうというようなこともよく言われるが、私たちは「LGBTQ+だけ」の社会など求めてはいない。私たちは「多様性」を求め続けてきているのだ。「異性愛者だけ」「同性愛者だけ」といった単一の形ではなく、異性愛者もいれば同性愛者もいる、トランスジェンダーもいればクィアもいる。どんな性別や性的指向・性自認を持つ人でも生きやすい社会を求めているだけなのだ。

みなそれぞれの違いを超えて、誰にとっても生きやすい社会をつくること。そのためには、互いの経験をシェアし、いいところを学び合い、インクルーシブな社会のあり方をともに考え、見つめ合っていくことが大切なのではないだろうか。

第４章
ろう難聴女性 × 手話言語によるダイアローグ

１　デフコミュニティの第一線で活躍する ろう難聴女性たち

岩田恵子、榧陽子、唯藤節子、中野聡子、那須善子（五十音順）

聞き手：小林洋子、長野留美子、管野奈津美

■生い立ちや職歴および活動歴について

岩田：両親もろう者で、ずっとろう学校に通っていたので、ろうの世界で育ってきたと言ってもいいと思います。仕事でもろうあ者相談員として、ろう者に接することが多く、ろう老人ホームで２年間施設長として勤めま

した。改めて振り返ってみますと「ろう」だけではなく「女性」であることの二重の差別を感じることが幾多ありました。現在は、熊谷市障害者相談支援センターの非常勤専門援助員や訪問相談もしています。他にも盲ろう通訳介助員をするなど、様々な活動をしております。

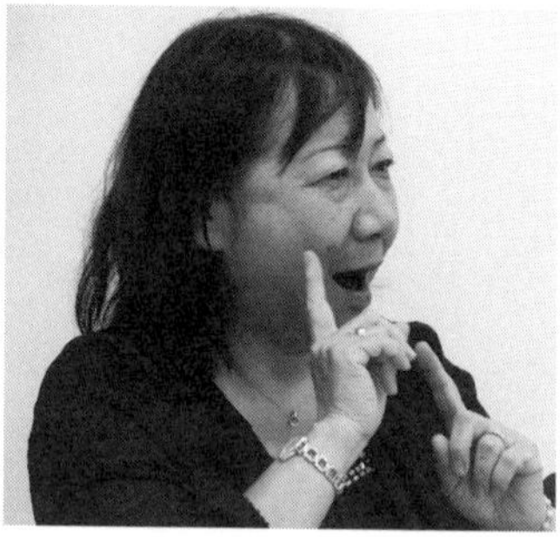
岩田恵子

榧：私がろう教育を受けていた頃は口話教育が主流で手話を使うことが禁じられていた時代でしたが、当時通っていた足立ろう学校幼稚部はそれほど手話を使用することに対して厳しくなく、のびのびと育った思い出があります。親の意向で小学校からインテグレーションを経験しましたが、周囲とのコミュニケーションが難しく、寂しい思いをしました。中学からは筑波大学附属ろう学校に通いました。大学生だった時に世界ろう者会議が東京で開かれたのですが、来日していたギャローデット大学で初めてろうの学長になったキング・ジョーダンの「聞くこと以外は何でもできる」という言葉に感銘を受けました。

大学院進学後にアメリカのバイリンガル教育のことを知り、日本でも手話による教育が必要だと考え、仲間たちに呼びかけてフリースクールを設立しました。保護者の方々も活動に関わるようになり、2008年に明晴学園が開校しました。2年前に校長になり、学校経営に努めています。家族は夫も娘も聴者です。

榧　陽子

中野：生まれた時は聴者でした。家族や親戚にはろう者や難聴者がたくさんいます。母は難聴、父は聴者、弟も難聴です。私はずっと普通学校で育ってきましたので手話はあまり知りませんでした。大学に入ってから榧さんと出会い、ろう者としての生き方や情報の取り方などゼロの状態から色々教えて頂きました。手話も覚えて、手話通訳をつけて講義を受けました。その後、大学院に進学し、今も研究を続けています。家族は夫婦２人で、夫は聴者で、同じくろう教育を研究しています。夫は理解があるので、よく支えてくれています。

中野聡子

唯藤：公的な立場としては、全日本ろうあ連盟女性部長を担当しております。子どもは３人おり、全員聴者で、下の子はもう30歳を過ぎています。中学までは品川ろう学校、高校は一般校に通いました。高校卒業後は、本当はろう学校で教えるのが夢だったのですが、勉強不足だったこともあり諦めました。その後、ずっと入力関係の仕事、今はなくなりましたが、キーパンチャーやワープロのオペレーターの仕事をしてきました。その後、子どもが大きくなったので、地元の世田谷区のろう協会の役員を始め、今に至っています。今日は、みなさんから色々な経験や知識をお聞きしながら、今後の女性部の活動に生かすことができればと思っています。

唯藤節子

那須：私の両親はろう者です。親戚にもろう者がたくさんいます。父の兄弟４人のうちろう者が３人、母の兄弟８人のうちろう者が４人います。家族や親戚にろう者が多いことで嫌な思いをしたこともありますが、後にロールモデルに出会ったことで、自分がろう者であることに目覚めました。劇団を結成して9年間演劇活動をやっていましたが、結婚で退団しました。その後、2人のろう児が生まれました。今は、地元の葛飾区ろう協会の理事や相談員も務めています。そして2009年には、葛飾区デフママの会を立ち上げました。また、NHK「みんなの手話」でアシスタントもしています。

那須善子

■ろう難聴女性を取り巻くキャリアについて

小林：近年、「女性活躍」が注目されていますが、ろう難聴女性は男性とは異なる部分でいろいろな課題があるのではないかと思います。専門的なスキルを要求される専門職や管理職の立場に就く立場として、ろう難聴女性が抱えやすい悩みや課題としてはどんなものがあると思いますか。

中野：私は、ろう教育に関する研究をしています。従来のろう教育においては（教員が）手話で教えることに対して否定的な傾向にありました。大学の学部生だった時に専門的な内容を手話で学び、授業の内容をより理解することができました。その時に、難しい内容だからこそ手話が必要なのだと思っていたのですが、教員の中には簡単な内容なら手話でも構わないが、言葉を教え、身につけるためには手話はよくないと言う人もいました。それを聞いた時に、それはおかしいのではないかと疑問に思っていました。それならば、手話がいかに大切かということを研究で実証しようと思い、大学院に進学しました。研究テーマは、手話獲得の発達状況や子どもの手話の読み取りを分析する研究です。

ろう者の視点も大切ですし、ろう者の視点から研究したいという思いから、今もずっと研究を続けていますが、「ろう」と「女性」ということで二重の壁があるのを感じています。自分の同期を見ますと、現在、教授や准教授として教えていて、大学内でも講座をマネジメントする等の役職を担っています。しかし、自分の立場はまだ大学院ドクター卒業と同じ立場のままなので、すごく壁を感じることがあります。

榧：教育現場は女性の割合が高いので、女性として悩みや葛藤を感じたことは特にありませんが、敢えて言わせていただくのであれば、上司の立場になってから決断しなければならないことが増えたことです。何か問題が起きたときに対処方法の面で男女の意識の違いがあるのかなと思うことがあります。女性はどちらかというと周囲の人と相談しながら決めていくことが多いですが、男性は女性よりも上下関係を重視して上が決めたことに従うという傾向が多いように思います。もちろん一概には言えないですし、１人１人違いますので、それぞれ柔軟に対応することが基本だと思います。もしそのような男女の意識の違いがあるとすれば、そのことをお互いに知っていればもっと働きやすくなるかもしれません。ろう重複施設等の施設長を務めているろう者の方も多くおられますよね。

岩田：私もろう老人ホームの施設で２年間施設長として、初めて聴者を指導する立場に立ち、大変苦労しました。施設長の場合、聴者とろう者とでは違います。ろう者の場合はストレートに言いますが、聴者の場合は遠まわしな言い方をします。ストレートに言うと、相手の気に障るからと気遣います。そういう意味で違いはありますね。

小林：管理する立場として自分の部下に対して指導するスキルをどうやって身につけておられるのでしょうか。自分で考えて工夫してこられているのでしょうか。それとも関連する本を読んで参考にしたりしているのでしょうか。

榧：前の校長に相談したり、リーダーシップに関する本を読んだりして参考にしたりしています。やはり校長の仕事は大変なので、一般の女性と同じように、経営管理や部下への指導の仕方など学びたいと思っています。今のところ、ろうの女性で経営者や管理する立場にある人、もしくはろうあ連盟女性部長などを担う女性が集まって、情報交換する場がなかなかないように思います。または、男女関係なく、そういう立場同士で集まって話し合う場もなかなかないのが悩みです。

長野：仕事のスキルアップのための研修やセミナーを受けたい時、情報保障や予算はどうしていますか。

榧：明晴学園の場合は、教員たちの自主的な研修を推進していて、そのための手話通訳の予算も確保してあります。まず相手方に通訳者の用意を依頼し、どうしても難しい場合はこちらで通訳者を確保して連れていく方法を取っています。

那須：校長会というのがありますよね。その時の通訳はどうされていますか。

榧：私の場合は、私立の特別支援学校の校長会というのがあって、そこに出席しています。学校で確保した予算から手話通訳者を同行しています。私たちは「手話は言語である」と公言してきていますし、プロの手話通訳者を連れていくようにしています。様々な場面に応じることができ、いろんなろう者の手話を読み取れる通訳者を育てないといけないと思っています。

小林：様々な分野で活躍するろう者のリーダー同士が集まって刺激を受け合い高め合っていけるような場があるといいですよね。

岩田：昔から、例えばきこえない身で理容店を経営するなど、ろう者のリーダーはたくさんいらっしゃいました。ろう者の理容クラブというのがあって、休店日に集まって、理容に関する悩みなどを共有したり相談し合ったりしていると聞いたことがあります。また、地方から都会に上京した人たちは当初は心細く、きこえる人の県人会と同じようにろう者の県人会を作り、お互いに時間を見つけては交流していたという話もよく聞きます。各地にはそういう集まりがあって、みなで悩みを出し合う、そういう場はあったと思います。現在で言えば、情報提供施設協議会、高齢聴覚障害者福祉施設協議会やろう重複障害者施設協議会のようなものですね。

■育児と仕事の両立について

小林：「少子高齢化」が社会的課題となっている中で、子育てや介護といったケア的役割は、まだ女性の負担が大きいところがあると思います。また、子育てや介護は、仕事やキャリアと比べて外部からの評価がされにくく、自己達成感が得られにくいという声もよく聞かれますが、いかがでしょうか。

榧：仕事面では男女関係ないと思っていますが、特に女性としての悩みといえば、やはり子どもが小さい時は家事や育児などの負担が生じます。その辺を上手くコントロールすることが大事になりますね。そういうことを相談できる場があるといいと思います。昔は残業できず、「すみません」と先に帰ることが多く、仕事と両立する上で壁になっていました。

一人で家事と仕事の両立するのは大変なので、夫にも家事を分担してもらいた

いと思っていました。でも、最初の頃は家事分担に対する意識にずれがありました。夫は頼まれたことをやればいいと思っていたようで、ケンカもよくしました。私が仕事しながら家事全般を考え、必要な時に夫にお願いするという形でやってきました。今では、娘も大きくなり、家事も夫に任せられるようになりました。

小林：育児との両立に関して、職場の理解はありましたか。

榧：教育現場は女性の割合が多いので、育児に対しては理解がありました。ただ、保育園のお迎えなどで残業ができなかった時は本当に大変でした。いつも時間ぎりぎりに学校を出てはお迎えに行くという毎日でした。今は育児をしている教員は、時間短縮で早く帰れるようになっていますね。それに、男性も育児休暇を取得しやすい社会になってほしいですね。

■地域社会での取り組みについて

小林：「女性の活躍」というと、一般的に職業的なキャリアに目を向けられがちですが、生活者の視点から生活を支える共通基盤である地域を形成する社会活動的なキャリアも重要だと言われています。消費生活や人権、子育てや介護といった社会問題に取り組む地域に密着した活動は、主に主婦層が活動の担い手として大きな役割を果たしています。地域社会での取り組みについてお話しください。

那須：今、ろう協会の理事をやっていますが、去年から相談員も務めています。前任者が高齢のため、私が引き継ぎましたが、相談件数はまだまだ少ないです。聴者の場合は電話できますが、ろう者の場合は筆談も苦手ですし、直接会って手話で話す必要があります。2009年には葛飾区でデフママの会を立ち上げ、口コミで広がり、現在20人位います。様々な場面での手話通訳をどうするとかデフママとしの悩みを共有し合う場にもなっています。今も続いていて、小学校や中学校の出前授業で手話を教えたりもしています。

唯藤：私は、子どもが大きくなってからは、地元の世田谷区のろう協会の役員を始めて、今に至っています。最近は、介護の仕事で２～３人位訪問をしています。訪問先にはろう者もいますし、聴者もいます。これからは東京都内でも、埼玉県で実施されているように訪問事業も始めたいという夢を持っています。制度の問題もあってなかなか難しいところですが、少しずつ実現できるように準備を進めているところです。

■デフファミリーについて

小林：ろう難聴者の母親から生まれる子どもは、同じろう難聴児（デフファミリー）の場合と聴児（コーダ）の場合とがあります。デフファミリーの立場で経験したことや思うことがあれば、お聞かせください。

那須：私の両親はろう者です。父は学校を卒業しましたが文章が苦手で、母の方は学校に行っていませんでした。そのために、「ろう者は知識がない、わがまま、怖い」など心ない偏見を受けたこともありました。家族で手話で話していると、誰かがそれを見て、「(子どもも）ろう者か？」と聞かれ、「そうだ」と答えると「(子どももろう者で）かわいそうだ」と言われ、嫌な思いをしたこともあります。

高校生の時に、多方面で活躍していたろう者に出会ったことで、自分がろう者であることを誇りに思えるようになりました。その人も自分と同じように、ろう者の両親を持つろう者です。ロールモデルを見つけたことが、自分のアイデンティティを確立するきっかけにもなりました。母も以前は手話を使うことを恥ずかしがって公の場では隠していましたが、（自分が）演劇を始めてからは視野が広がり、手話を使うことに対して誇りを持つようになりました。

小林：自分が親になってからはどうでしたか。

那須：結婚した後、自分がデフファミリーなので生まれてくる子どももろうだろうと思っていたら、やはり２人のろうの子どもが生まれました。他のろう児たちが口話でのコミュニケーションに苦労する様子を見てきたので、自分の子どもは最初から手話で育てようと決めていました。ただ、私は日本語を書き始めたのが６歳からと遅かったので自分の二の舞にはさせたくないと、手話と同時進行で指文字も教えました。

　こどもはろう学校の乳幼児相談クラスから入りましたが、そこでは手話を使うことを禁じられていました。それでも、手話を使うことを貫ぬこうとしたら、先生から他の手話を使えるろう学校の方が良いのではと言われました。しかし、その学校は学生数も多く、学生同士で切磋琢磨し合いながらいろいろな経験もできる、教育をうける環境としては良いのではないかと私たちは考えていました。家では手話、学校では口話と上手く使い分けることにしますと伝え、子どもたちは、このままそ

のろう学校で学んでもらうことにしました。
　当初は、同級生のきこえるお母さんたちとの関わりやコミュニケーションに悩みましたが、子どもがろう学校を卒業した後、同級生のお母さんたちが手話の必要性に気づいてくれるようになりました。

■コーダの子どもとの関わりについて

小林：生まれた子どもがコーダ（きこえる子ども）の場合、母子間のコミュニケーションをはじめ、子どもを通して「地域社会とのつながり」をどのように築くかが課題のひとつになってきると思いますが、どのように対応されてきましたか。

框：私の場合、地域社会との交流はあまりなくて、娘の友達が遊びに来たときに、その子のお母さんとやりとりするくらいです。娘が保育園に通っていたときに「手話は恥ずかしいから使わないで」と言われたことがありました。そのときに「ママはきこえないから手話が必要なの。恥ずかしいと思うなら、ママの代わりにきこえるお母さんを探す？」と言ったら、娘は「嫌だ」と言い、小学校に入ったころにはもう普通に手話を使うようになりました。
　もしあの時に「ごめんね」なんて謝ったら、やっぱり手話は恥ずかしいんだということになってしまうでしょう。恥ずかしいことでもなんでもなく、普通に手話を使うという意識をもつことが大切だと思います。そういう姿勢を見せることで、娘や周りの人たちを通して、手話が地域社会の中で受け入れられていくきっかけになるのではないかと思っています。

唯藤：母親自身が考え方をしっかり持つことが必要ですね。でないと子どもに伝わって、子どもがいじめられてしまいます。

框：初めて娘の小学校の授業参観に行ったとき、通訳者から「隠れて通訳した方が良いですか」と聞かれたことがあります。「そんな必要はないけど、どうして」と聞くと、別のきこえないお母さんから「子どもが嫌がるから目立たないように通訳してほしい」と言われたことがあったそうです。堂々と手話通訳を利用していれば、周りも手話通訳者の存在に慣れてくるし、子どもも恥ずかしいことだと思わなくなるのではないでしょうか。ろう者の子育てについて、様々なロールモデルや情報の提供が必要だと思いますね。

那須：20代から30代のろう者のママの中にも、きこえる子どもに対して、小さい時は手話で話してもわからないからと声で話しかけていたものの、大きくなるにつれて今度は声でも通じなくなり、手話もわからない、結局お互いになかなかうまく伝え合えられないという話もよく聞きますね。

榧：コーダについて書かれた本を読んだことがありますが、きこえない親と十分にコミュニケーションがとれず、小さい時から手話を教えてほしかったというコーダもいるみたいです。

那須：私の個人的な考えですが、コーダだから手話通訳ができるくらい堪能であるべきとは思いません。一個人として自分がやりたいこと、例えば大工でもいいし、宇宙に行きたければ行けばよい、夢があればそれをやってもらえればいいと思います。無理に、手話ができるから手話通訳になって欲しいと言わなくてもよいと思います。

椢：「コーダだから手話通訳になってほしい」と言うのは私も抵抗がありますし、自分の好きなことややりたいことをしてほしいと思います。ただ、親とスムーズにコミュニケーションできなくて寂しい思いをさせないように、コーダも手話ができるといいのかなと思っています。

■次世代のろう難聴女性たちに伝えたいこと

小林：次世代を生きるろう難聴女性たちに伝えたいこと、学生の間に身につけてほしいことがあれば、お聞かせください。

中野：現在、大学において障害学生支援体制が整備されるようになってきています。昔は情報保障とか何もなかったですし、自分で協力してくれそうな人を探したり、ノートテイクの内容が足りない時は自分でノートテイクの技術を教えたりと大変でした。それが逆に、自分から動いて周囲を変えていくために努力したり、必要な情報を取りに行くという力を身につけることができていたように思います。

　最近の大学生は、自分が求めなくとも情報保障が提供されるようになってきているために、社会に出た後に自ら考えて行動をおこそうとする力が以前より弱くなってきているようにも感じています。

那須：あるろう学校高等部では、保護者を対象として大学に入った後の情報保障や通訳者を依頼する方法について勉強する講座を実施していると聞いたことがあります。そのような講座を受けていれば、大学に入ってから早いうちに情

報保障に関する問題や課題に気づけますよね。

中野：一般校で学んできた人の中には、大学に入って初めて情報保障を提供されても必要ないですと言ってしまう学生さんもいるようです。それまでは自分のわかる範囲でいいと思ってきているから、本当の意味での自分のバリアに気づいていないんですね。周囲に迷惑をかけるから情報保障はいらないと言う学生さんもいるようです。学生のうちから、自分のニーズを把握し、自分から情報を取りに行く、はっきり要求していく力を身につけていくことが必要なのではないかと思います。

■ろう難聴女性として生きていくということ

小林：ろう難聴女性として仕事や地域活動など社会生活を送っていくにあたって、何が求められると思いますか。

中野：女性の場合、卒業して就職する時に、結婚や子どもを産むということも含めて、仕事をどうするかとか、人生プランを考えていく必要がありますよね。その辺が男性とは違うのかなと思います。今の社会では、仕事を男性並みに頑張ろうと思っても、子どもを産むとか産休とか子育ての期間とかでどうしても男性と比べて差が出てくるというのが事実としてあるでしょうから、そういう時にどのような選択をとればよいのかすごく迷う女性が多いと思いますね。それも踏まえて人生プランを考える必要があると思いますよね。

小林：女性だけではなく、男性を対象とした講座を開いて情報を提供したり、ろう難聴女性の状況を知ってもらうために本を作成したりするのもよいですね。

　話は変わりますが、最近「ドメスティックバイオレンス」も問題になっていますね。ろう難聴女性も実際にドメスティックバイオレンス被害に遭う例が多いという話を聞いたことがありますが、なかなか表面的に取り上げられないみたいですね。

岩田：以前相談員をしていた時のことですが、当時は「ドメスティックバイオレンス」という言葉ではなく、夫から言葉の暴力を受けているという相談はよくありました。「ドメスティックバイオレンス」という言葉がクローズアップされるようになってから、暴力を受けている人が増えたように見えるだけで、実際には前からあったと言えますね。

小林：今回は、手話言語によるダイアローグを通して岩田恵子さん、榧陽子さん、唯藤節子さん、中野聡子さん、那須善子さんからお話を伺い、ろう難聴女性をとりまく境遇について、再考することができました。これらの情報を何らかの形で広く世の中に発信していくことも大切なのではないかと思いました。みなさん、今日は本当にどうもありがとうございました。

※手話言語によるダイアローグは、2015年10月6日に実施したものである。
※手話言語によるダイアローグの内容をそのまま文字起こししてまとめており、文体は「です・ます」のままにしてある。

2　現役大学生、大学卒業後まもない
ろう難聴女性たち

加藤優、管野奈津美、駒崎早李、中原夕香、平井望（五十音順）

聞き手：小林洋子、長野留美子、大杉豊、門脇翠

■職歴および活動歴について

加藤：筑波技術大学大学院修士課程１年です。２年前に１年ほど社会人を経験しましたが、自分がまだ研究に未練があることに気付き、大学に戻ってきました。これからも研究は続けていきたいと思っています。今日は自分が女性であることも含めてどんな生き方をしたら良いか考える機会になればと思っています。

中原：筑波技術大学の大学院で研究をしています。加藤さんの同期です。社会人の経験がないため、まだ知らないところがたくさんあります。是非みなさんの意見を聞きながら勉強できればと思います。

平井：15年ぐらい前筑波技術短期大学だった頃に学部生として、デザイン学を専攻していました。卒業後10年間、会社でデザイン専門の仕事を続けてきました。会社を退職して、2015年に1年間ロシアに留学し、デフスポーツについて研修を受けてきました。帰国後は、ここの大学院に入り、デフスポーツについて研究をしています。

菅野：昨年の3月まで、筑波技術大学で働いていました。4月からは都内のろう学校高等部でデザイン系の教員として働いています。筑波技術大学で働いていた時に、手話言語によるダイアローグを通してデフコミュニティの第一線で活躍されているろう難聴女性からのお話を聞く機会がありました。それまでキャリアについて考えた事がなかったことに気づき、自分を見つ直す良いきっかけにもなりました。それもあって転職したというのもあります。

駒崎：IT系の会社に勤めており、採用関係の仕事をしています。小学校から高校までインテグレーションし、筑波大学大学院を修了しました。最初、ろう女性学と聞いた時はピンとこなかったのですが、あらためて考えて気付いたことがあります。職場での上司や偉い方というのはどちらかというと男性の方が多いですよね。最近は会社の中でも女性の役員を増やす、女性の働き方を見直すといった取り組みが見られるようになってきています。私は採用関係なので、上司や偉い人の中に女性がいるだけでもすごいなという憧れを持ったことが今までにもあったことに気づきました。

■ろう難聴女性としての経験について

小林：ろう難聴女性として、今まで経験したことや悩みなどがありましたらお聞かせください。また、学生時代を振り返って、こういう教育や取り組みなどがあればよかったと思うことなどもあれば教えてください。

平井：私自身は、「ろう者」として考えることは多いのですが、「ろう女性」としての悩みはさほどではなく、結婚や出産というライフイベントを経験してから考え始める人が多いのかなと思います。ろう難聴女性の中にも、独身、子どもがいないろう者、子どもがいるろう者……と立場も様々なので、立場が違う、つまり接点がないと交流する機会もないと思いますし、お互いにどんなライフスタイルを送っているのかよくわからない面もあると思います。その点はきこえる女性も同じなのではないかと思います。

管野：私も、働く立場上女性としての悩みもありますが、今はどちらかといえばろう者としての悩みの方が大きいです。同じ大学を卒業したろうの先輩や後輩に、ろう難聴女性として考えた事があるかどうか聞いたところ、「ろう者」としての悩みはあり、それとは別に、「女性」としての悩みもあると話す人が多かったのですが、「ろう者」と「女性」の２つが重なる、つまり「ろう女性」としての認識は薄いように感じました。

また、周囲の友人から話を聞く限りでは、子を持つろう難聴女性の場合、毎日家事や育児などに追われてばかりでゆっくりと色々なことを考える余裕がなく、たまに参加する女子会やママ会では、日頃の出来事や愚痴などを言い合ってすっきりするという感じで、これは女性特有と思われる心理的な部分も関係しているのではないかと思います。個人的な意見ですが、女性の場合は、育児に関する悩みなどを他の人に聞いてもらって精神的にすっきりさせ、それぞれの課題についてどう解決していけばよいのかといったところまでは意識はしていないように思います。

長野：現在、私が主宰している女性グループでは、スタッフ間でLINEグループを作って情報交換をしています。仕事をもつ女性や育児中の母親が集まって企画をやるというのは時間的に制約があって中々難しいので、悩みや相談がある時はその解決方法についてラインを通して意見交換するだけでも、同じ立場同士でつながれているという安心感があります。

■ろう難聴女性としてのキャリアについて

中原：筑波技術大学のデザイン学科の学生はどちらかというと女性の割合が多いので、女性としての働き方などといった様々な情報は入りやすいように思うのですが、IT関係やシステムエンジニアのような情報通信系の技術職についている女性の働き方についてはあまり情報が入ってこないように思います。

小林：ロールモデルの存在は大切ですね。確かに、IT関係やエンジニア系の技術職に就いているろう難聴男性の話はよく聞くと思いますが、ろう難聴女性の話はあまり聞きませんね。

加藤：駒崎さんは、会社の中で採用の仕事をしているとのことですが、育児しながら仕事を続けている女性は多いのでしょうか。

駒崎：ろう難聴女性だけの範囲で見ると、育児しながら働き続けている人は少ないように思います。育児休暇をとっても復職前後で辞める人が多いように思います。最近、会社でも育児中の女性を支援する制度ができたり、女性管理職を積極的に登用したりすると、会社の実績として評価される時代になっていますが、ろう難聴女性にとってはまだまだ壁を感じる部分があると思います。

特に、IT系やエンジニア系の技術職に就く女性は全体的に少なく、色々な会社のパンフレットを見ても女性が昇進したり活躍すると珍しさばかり強調してアピールしていることが多いように思うので、ろう難聴女性となるとなおさらではないかと思います。

中原：私の知人にきこえるシステムエンジニアがいますが、女性が辞める理由を聞いたところ、残業が多い職種のため、子どもがいると両立が厳しくなる人が多いという話を聞いたことがあります。私も情報通信系で勉強しましたが、親戚から「将来子どもを持つことを考えたら、システムエンジニア系はよく考えてから選んだ方が良い」と言われたことがあります。自分のキャリアを考える上で、システムエンジニアを選ぶか、出産後の仕事復帰を考えた場合、一般企業の事務職に就く方が良いのか悩むところです。

加藤：障害者手帳を持っていると昇進が難しいと先輩から聞いたことがありますが、そのあたりはどうなのでしょうか。

大杉：多分それは、法律で定められている障害者雇用率制度が関係していると思います。従業員が一定数以上の企業の場合、障害者の雇用率が定められていて、この制度で雇用された障害者は昇進が難しいのだろうということだと思います。一般の試験を受けて採用された場合は話が変わってくるでしょう。子会社の場合昇進する可能性は多いかもしれませんが、大きな会社となると状況がまた違ってくるのではないかと思います。あと、給与の仕組みも当然異なってくると思います。

菅野：今はわかりませんが、私たちの時代、学校で女性について取り上げ

ている授業といえば、妊娠・出産について学ぶ保健の授業くらいしか思い浮かびませんよね。大人になってから女性が働くにあたってきちんとライフプランを立てていく必要があるというような授業は受けていませんでしたよね。

小林：大学において、キャリアに関する教育はありますが、女性を取り巻くライフプランをテーマにした内容はあまりないのではないかと思います。女子大の中では取り組んでいるところはあると聞いていますが。

駒崎：私は、中高は女子校でしたので、授業の中で先輩からの話を聞く機会がありました。警察官として働いているとか、結婚・出産して仕事をどのように継続しているかというような内容で、様々な職種についている女性がいることを知りました。そういう環境で教育を受けてきたので、女性として家庭との両立がしんどいというイメージは無かったです。確かに周りはきこえる人ばかりではありましたが、その話から得られたものが私の中ではかなり大きく、今の自分があるように思います。ろう者としての部分は、それはそれとして分けて考えています。先輩から話を聞く経験はやっぱり必要ですし、色々なロールモデルがいることを知るだけでも本当に違うと思います。

小林：私の場合、自分がろう女性であることをはっきりと意識し始めたのは 30 歳あたりを過ぎてからです。アメリカに行ってから意識するようになりました。留学先の大学で、ろう女性学の存在を知ったのですが、ろう難聴女性としての生き方や人生、ろう難聴女性を取り巻く歴史やキャリアなど幅広いテーマに触れるいい機会にもなりました。また、様々な分野でキャリアを重ねているろう難聴女性と出会いは、ろう難聴女性としての自分を見つめ直すきっかけにもなりました。

平井：私たちの世代は、働きながら子育てをする母親の背中を見て育った人も多いので、結婚・出産後も仕事を続けたいと考える人はたくさんいると思います。生まれて初めて会うのは母親ですから、母親の影響は大きいですよね。

■出産・育児について

加藤：今まで仕事の話が中心でしたが、出産や子育てもライフキャリアの一つですよね。出産のタイミングとか、出産時の医者とのコミュニケーション方法とか、陣痛が来た時の病院へ行く方法などを知りたいです。

長野：医療従事者とのコミュニケーションについては、私の場合、たまたま病院に手話のできる看護師さんがいたので大変助かりました。医師や看護師の中で手話ができる人がいると心強いですし、医療従事者を対象とした手話講座はもっとやってほしいと思いますね。陣痛がきても、すぐに生まれるわけではないし、一人でも手話ができる医療従事者が病院にいると精神的にも安心しますね。今はろう難聴者も車の免許を持っている人が多いので、家族が運転して病院に連れていくことも多いようです。

小林：私には姉が２人いるんですが、一番上の姉は結婚後実家を離れて地方に住む旦那さんの実家の近くに嫁いだんですが、義親にはなかなかサポートなどお願いしにくかったというような話を聞いたことがあります。一方、２番目の姉は実家の近くに住んでいて、なにかと実親を頼っていたように思います。育児に関しては、女性の場合は実親の方が頼りやすいという話もよく聞きますね。

長野：私の場合、実母は他界しているので、その分夫婦で協力しあっていましたが、実父や義両親、親戚など周囲のサポートも得るようになってからは育児もずいぶん楽になりました。一人目の時は人に頼らずやろうとして疲れてしまったのですが、二人目の時は、親戚や地域の育児支援ヘルパーに家事や育児を手伝ってもらい、大変な時期を乗りきることができました。保育園や幼稚園、小学校では、行事や保護者会活動等の係や委員を親が持ち回りでやらないといけないことが多く、積極的に周囲とコミュニケーションをとらないといけないのですが、そこあたりなかなか難しいです。そういう悩みは、育児中のろう難聴の母親たちの間でよく話題になりますね。

小林：地域社会の育児支援ヘルパー支援制度もうまく使うようにしていたとのこと、地域社会の資源を上手に使うことも大切なことですね。

加藤：アメリカに住んでいる友達から聞いた話なんですが、陣痛が来た時に、テレビ電話で救急車を呼んだらしいです。アメリカでは、テレビ電話を使って119番通報するなど24時間対応でしてもらえるんですよね。

管野：私の友人は、妊娠が分かった後に産婦人科に行ったら、分娩するなら大きな病院の方が良いと勧められたそうです。何か緊急事態が起きた時には大きな病院に搬送されることもあるから、コミュニケーション面を考えると、初めから大きな病院を選んだ方が安心みたいです。

長野：私も大きい病院でした。自宅から徒歩圏内で夜間も開いているので、何かあった時でも、1人でも駆け込めると思って選びました。出産は、最後まで何があるかわからない

ですから。

平井：産む時に、手話通訳者を同伴する人がいるのかどうかは分かりませんが、看護師で手話ができる人がいない病院の場合、すぐに手話通訳を依頼できるようななんらかの仕組みがあれば良いですよね。

小林：そうですね。あと、親がろう難聴の場合、夜中など子どもの急病などで突然病院に連れて行かなくてはならなくなった時、電話リレーサービスを利用したくても、対応してくれる時間帯が現時点ではだいだい朝８時～夜８時くらいまでと限られているために、夜中の非常事態の時に対応してもらえないのが困るという話もよく聞きます。

平井：電話リレーサービス24時間体制については、全日本ろうあ連盟が中心になって国と交渉してくださっていますが、私たちの要望を受け入れてもらうためにもより多くの人の声、特に女性の声も必要ですよね。

■障害のある子を持つ育児について

加藤：ろう難聴の母親の育児についてなのですが、子どももろう難聴児の場合、就学前まで母親も一緒にろう学校まで通う必要があるために、仕事を辞めざるを得ないこともあると聞いたことがあります。そのあたりも聞きたいです。

小林：最近育児と仕事を両立するろう難聴女性を対象に調査しましたが、ろう難聴女性の中には、自分の子どももろう難聴児であるという人が何人かいました。学校の教育方針の都合上、スケジュール的に仕事を辞めざるを得なくなったというケースも実際にあるようです。実親や祖父母と同居している、あるいは近居で協力を頼めるような場合でも実親や祖父母に頼りすぎるのはよくないということでやむなく仕事を辞める人もいるようです。

子どもがろう難聴児以外、例えば発達障害や重複障害のある子どもの場合は、また状況が変わってくるようです。障害のある子どもをもつろう難聴の母親が仕事を辞めるケースが多い理由としては、教育や生活面でかなり時間を取られるために両立が難しいということなのではないかと思います。現時点では障害のある子どもの家族への支援体制も整っているとは言えませんし、障害のある子どもを育てていくことはまだまだ厳しいのが現状なのではないかと思います。

また、子どもがろう難聴児の場合は、ろう難聴の親自身が自分の経験と照らし合わせることもできますし、身近にロールモデルがたくさんいるので肯定的にとらえる人も多いようです。発達障害や重複障害のある子どもの場合、どのようにお子さんと向き合っていけばよいのか、どのように育てていけばよいのか悩まれている方が多いように思います。あと、育児の都合上正社員からパート勤務や非常勤に変えざるをえない方も多いようです。

管野：私も現在、ろう学校教員の立場にいますが、ろう難聴の母親がろう児を育てる場合、仕事を続けることは難しいという話をよく聞きます。ひと昔前までは、ろう学校の幼稚部に通う場合、送迎の問題に加えて、教育実践のために母親も授業同席が条件になっているところも多くありました。現在、一部のろう学校では緩和されてきているらしく、送迎のみ、もしくは朝の送迎後は別室で待機して、午後2時授業終了後一緒に帰宅できるところもあるそうです。そうなると、だいだい午前9時～午後2時は自由になりますが、その時間帯でできる仕事がなかなか見つからない、またはやむなく今までの仕事を辞めたという母親もいました。このような状況が仕事を継続することができず、ろう難聴女性としてのキャリアを積めない一因なのかもしれません。

■キャリア形成の在り方について

長野：私の両親は、昭和期の人数が最も多い「団塊世代」で、私はその子ども世代の「団塊ジュニア世代」です。1986年に男女雇用機会均等法が施行された時、私は中学生でしたが、自分も大人になったら普通に働くものだと思っていました。両親の世代以前は性別役割分業が当たり前でしたが、私たちの世代からはそういう意識は変化してきたものの、実際は様々な壁が立ちはだかることが多かったように思います。今の若い方たちの世代では、多様性が尊重されるようになり、生き方も働き方も多くの選択肢が認められるようになってきています。

これを踏まえて、ろう難聴女性の大学生や大学院生をはじめ、就労中のろう難聴女性を対象にキャリア形成研修をやるにあたって、どのような内容がよいかみなさんと一緒に考えていければと思っています。研修の形は色々あると思いますが、例えば、一日研修をはじめ社会人を対象とした教養講座のような形もありますし、最近は、ICTを活用したオンライン講座というのも普及しています。パソコンを使って離れている場所からでも受講できるというスタイルですが、ろう難聴者にとっては使いやすいので、将来的には、ろう難聴者対象のオンライン講座も開発されると便利になると思います。

一般のきこえる女子学生を対象としたキャリア形成研修の参考事例としては、独立行政法人国立女性研究センターがあり、毎年、女子学生対象の研修を開き、ロールモデル講演やキャリアアップに関する先輩の経験談、グループディスカッションなどやっているようです。最近では、放送大学でも字幕付きの映像を増やすなどの取り組みを始めたと聞いています。

また、女性が管理職になるためにはどのようなスキルが必要かという内容の研修など、女性のキャリアをテーマにした研修を実施している民間企業もあるので、そこから講師を招いて通訳をつけて聞く方法もあります。エンパワメントの観点から企画側も講師もろう者の方がいいのか、それとも、きこえる講師からも幅広く知識を学びたいかも人によって違うと思います。

■ロールモデル・人生の先輩との出会い

加藤：ろう難聴女性の先輩の話を聞くことも貴重な機会になると思います。今の自分がいかに恵まれている境遇に置かれているかを知らない後輩がたくさんいると思います。ろう難聴女性の先輩の話を聞くことで、ろう難聴女性の先輩たちの頑張りがあったお陰で今があるという感謝の気持ちを持てるようになると思いますし、キャリアを築く上でモチベーションにもつながるのではないかとも思います。

管野：なかなか私たちの手の届かないようなところで活躍されている方の経験談を聞いても、単にすごいとしか思えないですよね。一般に誰でも経験するようなこととか、自分も共感できるような身近な話から始めた方が入りやすいのではないかと思います。

駒崎：自分にとって身近な存在は、母親や友達、先輩になりますね。その人たちから、どうやって生きてきたかとか、結婚のタイミングや出産の悩みなど、どのように対応してきたのかといった経験談を話してもらった方が共感を得やすいように思います。

小林：確かにそれはありますね。学生時代を振り返って、大学生のうちにこういう内容を学びたかったということとか、ありますか。

管野：個人的には、10年20年と長く働いている方の話が聞きたかったです。大学にいる間はなかなか社会で活躍している年上の方に会う機会がないので、キャリアアップの視点から見るとイメージしにくいところがあります。

小林：日本は海外と比べて30代から40代になると、復職とか転職とかなにか新しいことをやろうと思っても中々難しいところがまだあると思いますね。大学にいる間にキャリアに関して色々な情報を把握しておけば、卒業した後に「もしあの時きちんと計画を立てていれば…」というような後悔することも少なくなるのかなと思います。

長野：私にも経験があります。大学卒業後、ダスキンの事業に応募してアメリカに留学しましたが、留学期間は1年間でした。後に、日本財団が長期留学支援事業を始めて、海外の大学院に長期留学するろう難聴者が増えました。ただ、育児中だと何かと制約が出てくるので、留学する場合は単身の方が動きやすいかもしれません。アメリカでは、子どもがいても働いていても、情報保障を受けながら大学院に通ってキャリアアップを図れる環境が日本よりは整っているようですが、日本ではキャリアアップしたくても情報保障面も含めて中々厳しいというのが現状だと思います。

駒崎：大学時代に就職活動で色々な企業のパンフレットで社員の紹介ページを読んだことがありますが、ほとんどが聴者向けだったので、ろう者である自分にはあまりキャリアイメージが描けず、その会社の雰囲気やイメージを知るだけでした。大学生の時は、10歳20歳上の同じ立場の先輩と出会う機会もなかったですし、なかなか繋がりも作れず、将来のキャリア形成に向けたイメージを描くことの難しさを痛感しました。そういう意味でも、ろう難聴の大学生と社会人が気軽に交流できるような、ネットワークが充実している場所があればいいと思います。

もうひとつ、就職活動の時、一般の大学の場合就職支援課に行けば就職説明会やOBOG訪問等、多くの企画が用意されていますが、ろう難聴者の視点を踏まえた企画とかはあまりないですよね。例えばろう難聴者のOBOGの話とか聞いてみたかったです。

大杉：筑波技術大学の場合、卒業生が入った会社の人事部とつながっていて、OBOGを呼んで経験談を話してもらったり、OBOG訪問をしたりすることはあります。就職説明会の一環としているので、この機会に卒業生と会う機会は多いようです。

小林：OBOGからお話を聞く中で将来のキャリアプランなどに幅広くきちんと学ぶことも大事ですね。平井さん、会社で働いていた時期を振り返って、何か思うことはありますか。

平井：私はロシア留学するために10年勤務した会社を辞めました。正直に言うと、働いてきた中でキャリアアップの機会がなかったことも関係しています。自分の実力が足らなかったのかもしれませんが、社内での情報保障の整備が中々進まず、手話通訳者を依頼しても用意してもらえないことも多かったので、そういう状況の中で仕事をしても、その会社では自分の能力を十分に発揮できないのではないかと悩むようになりました。会社の人と情報保障について用意してほしいという話はしていて、理解を示していただいてはいたのですが、結局予算がないから難しいということの繰り返しで実現には至りませんでした。

他のろう難聴者も同じような経験をしている人が多いと思います。そういうような情報をお互い共有してなんらかの形にしたものが今のところあるのかどうかわかりませんが、そういうのがあればいつどこでも様々な

情報を共有できると思います。また、情報保障面だけでなく、企業はどちらかと言えばまだ男性が中心の社会という社会的な事情も関係しているように思います。企業によってそれぞれ状況は違ってくると思いますが、ろう難聴者のキャリアアップが難しい理由はいろいろあると思いますので、その辺りを整理できればよいのかなとも思っています。もし、学生の時に社会で働くろう難聴者の実態などといった情報を把握できていれば、もっと早く会社と交渉してよりよい方向に持っていけたかなとも思います。

小林：何かあった時に、それぞれの課題を解決するための情報を共有できる場があればよいということですね。SNSやインターネットなどを使って情報を発信するなり、いつどこでも様々な情報を得られるような機会を提供するのもひとつの方法ですね。

平井：約10年間働いていましたが、初めの2、3年はハローワークの職員が1年に1回定期的に会社に来て、面談をしたことがありました。「仕事は大丈夫ですか。困ったことはありませんか」という質問に対して、当時の私は何故か上手く答えられなかったのです。まだ2、3年目だったから正直どう説明すればよいのか分からなかった部分もありますが、仕事に慣れてきた頃にはハローワークの職員は来なくなりました。今思えば、働いて10年20年経つ頃も面談に来てもらった方が、自分の障害や職場での経験について客観的に話せるようになると思うので、ハローワークの職員にとっても貴重な情報を得られるのではないかと思っています。

小林：職場において同僚とのコミュニケーションや会議の場面における情報保障などといった問題もありますね。職場でのコミュニケーションや会議でのやりとりなどを通して、お互いに情報共有するなり、人間関係を築くなり、このような積み重ねがキャリアアップに繋がると思うんです。ろう難聴者の場合はそれがなかなかうまくいかないことで、職場での人間関係がギクシャクしてしまったり、単調な仕事しか任せてもらえなくなったり、解決方法もみつけられない、キャリアアップする機会もないまま辞めてしまう人もいるんですよね。そういうような悩みを吐露したり、解決方法について話し合う場を作ってあげることも大切だと思います。あと、学生のうちに「自分の障害とは。職場において必要な配慮や情報保障とは」というようなことを相手にうまく説明できる力を身につけておくと、会社に入った後もスムーズにいくのではないかと思っています。

長野：今、私が活動している女性グループの中で、最近話題になったことがあります。スタッフの中に、育児をしながら長く企業に勤めている人が何人かいますが、会社の中でやっとUDトークの使用が認められたようです。職場でのUDトーク使用を実現するまでに2年かかったそうです。直属の上司に相談してそれが上に上がり、上から指示が出てようやく実現したということでしたが、それを聞いた他の人も、自分も会社でやってみようという話になっていました。こういうことは内輪だけでなく、テレビやメディアで取り上げてもらうといったように広く発信していかないと、職場環境というのは変わらないと思うんですよね。

■福利厚生について

加藤：育児しながら働く人が増えていますが、育児と仕事を両立するにはかなりの決断が必要なのではないかと思います。今、待機児童問題がメディア等でも話題になっていますが、この問題が解消しない限り、子どもをなかなか預けられないですし、万一預けられないとなると仕事復帰も難しくなりますよね。

管野：保育園入園にあたっては、自治体によって対応が異なるようですが、勤務状況に加えてひとり親、障害者や経済的困難などの該当項目があるとポイントが加算されるところが多いそうです。夫婦共にろう難聴者の場合は、夫婦で障害者というポイントが加算されるので大体入園できることが多いと聞いています。

中原：福祉手当や税金に関する情報も知りたいです。例えば、夫が正規職員で自分はパート勤務の場合、収入の壁がありますよね。実際に働き始めてから知ることも多いと思うのですが、専門用語が理解しづらいと思いますし、計画性のある生活や働き方、お金を貯める方法とかのようなテーマについて経験者の話や専門家のアドバイスをもらいながら勉強できる機会が欲しいです。

小林：このような講座はあちこちでやっていますが、きこえる講師が担当することがほとんどですよね。そうなると、情報保障をつけてもらえるように依頼することになりますが、自治体や主催側によっては通訳派遣が難しい、もしくは情報保障者の技術が求められるレベルに達していないとなると、得られる情報量が少なくなってしまうといった問題もありますよね。

長野：私が主宰する団体では、時々自主勉強会を開いています。以前、マネープランに関する勉強会を開いて、保険会社の聴者のファイナンシャルプランナーの方をお招きして話を聞いたことがあります。こういう内容は、子どもの教育や老後の生活が視野に入ってくる40代から50代の女性が特に関心を持つ傾向にありますが、同じ立場同士で集まって悩みや課題を共有しながら講師からも助言をいただくことができて、よい学びの場になりました。自分でライフプランを形成していく力を身に付けることは大切だと思いました。

■多様な働き方について

加藤：働き方は人それぞれだと思いますが、周囲の友人の中には、３年位働いた後は結婚退職し、仕事は夫に任せて自分は主婦になりたいと考える人も多いように思います。

中原：私もどちらかというとそういう考え方を持っています。結婚後は仕事を辞めて主婦業に専念したいと思っています。両立するとなると、家事の分担方法などについて夫婦で喧嘩になることがあると聞くので、揉めるより夫は仕事、私は家庭と役割分担したいですね。

平井：そういう考え方もあって当然だと思います。正直、女性のキャリアアップと聞くと、キャリアウーマンというイメージがありますが、全ての女性にあてはめるということではなくて、様々な考えを持つ人がいるので、主婦業に専念したいという立場も尊重すべきだと思います。立場も状況も違うので、それをお互いに受け止めた上で、女性としてのキャリアアップについてどう考えていけばよいか進めていければいいと思います。

長野：育児や主婦業は、大変なわりに個人の領域の無償労働で済まされて社会的な評価はあまりされていないと思います。仕事や社会活動で自分のキャリアを築きたい女性にとっては、出産や育児に二の

足を踏んでしまう面があると思います。逆に、主婦業に専念する人からは、「最近、社会全体が働く女性を支援する風潮があるから肩身が狭い。育児や主婦業の大変も理解してほしいし、主婦にもスポットライトをあててほしい」と言う声もよく聞かれます。

ところで、最近、テレワーク（在宅勤務）という働き方が注目を集めています。育児しながら仕事をしていると、子どもの急病で呼び出されたりで会社に出勤することが難しいことも多いので、テレワークという働き方は育児や介護中の女性にとっては大変助かる制度だと思います。ただ、その前にその仕事に関する技術を持っていることが最低条件だと思うんですよね。出産前までにその技術を磨いて、テレワークという形で任されるというように会社との信頼関係の醸成が必要になるのかなと思います。私の周囲にも、育児しながらそういう働き方を実践している方がいます。

平井：テレワークという働き方は日本ではまだあまり普及していないように思いますが、実際にテレワークを利用する割合は女性の方が多いと思います。他にも時短出勤のような勤務形態があるけれど、女性が出産後も働き続けることができる環境をさらに充実させていってほしいと思っています。

小林：テレワークもそうですが、福利厚生に関することも含めていろんな情報を取り入れておいた方がいいですよね。このようにいろんな情報を自由自在に取り入れることは、ろう難聴者の場合はなかなか難しいことだとも思うんです。

聴者の場合、常日頃から「耳学問」、つまり知らずのうちに学び、必要な情報と必要のない情報を取捨選択していると思いますが、ろう難聴者の場合は、目で見える情報は取り入れることができるものの、音声による情報をはじめ自分の周囲で色々な情報が飛び交っていることにさえ気が付かない人も多いと思うのです。これは、ろう難聴者全般としての問題なのではないかと思っています。

管野：仕事内容だけなく、職場の人間関係の状況なども把握しにくくなるのではないかと思います。例えば、職場内の人間関係は耳から入る情報が大切だと思うのですが、特に女性同士は、昼休みにまとまってランチに行くということがあるけど、ろう難聴者は話の輪に入れず、苦手とする人が多いと思います。

中原：私も経験があります。飲食店で働いていた時、従業員同士で食べに行くことがあったのですが、会話が読み取れず、発言するタイミングもなかなかつかめないままどんどん進んでしまいました。話の内容は、どのように運営すれば売り上げが上がるかというような話題だったようです。私の職場には、他にもろう難聴者がいますが、結局ろう難聴者だけで固まってしまって、ろう難聴者側から積極的に意見を言う話し方やスムーズな関わり方等を話せるタイミングも掴めないまま3年、4年、5年が経ってしまっているという感じです。

そういう意味で、働く中で困ったことがあった時、それを話すタイミングやきっかけをどのように掴むかを知りたいです。会社に入社した時に、自分のことを話す機会はあると思いますけれど、入社したばかりなので何が必要で何が要らないかといった判断が難しいと思うのです。だから、入社時だけでなく、3年、5年、10年と働いた後に、それぞれどのように対応してきたかということも知りたいです。

平井：会社の中で、ろう難聴者の男性と女性で同時期に入社してきたとしても扱い方が違うように感じています。障害者でも仕事ができれば色々仕事を任せると思いますが、会社側は特に上司あたりが男性だと女性よりも男性にお願いする傾向があるという話を聞いたことがあります。

小林：男性同士ですと、心理的にもいろいろと話しやすい、頼みやすいのかもしれませんね……。

管野：遅くまで残業することについて私自身は気にしていなかったのですが、結婚後は周囲から「大丈夫？早く家に帰った方がいいよ」と気を使っていただいて、戸惑いもありました。やはり、上からすると男性と女性では、責任の重い仕事は男性の方が頼みやすいという気の使い方があるかもしれません。子どもが小さい時は、男性も早く家に帰ったらと言われるかもしれませんが。大杉先生はそのような経験はありますか。

大杉：米国に暮らしていた当時、自分は家庭を持っていたのですが、男である自分でもいつも周りから「早く帰った方がいいよ」と言われましたよ。日本に帰って、すぐに20人ほどの部下を持つ管理職の仕事を経験した時に、女性から生理休暇の申し入れがあって、自分がそういうことに全く慣れていなくて戸惑ったことがありました。他にも、精神的な問題とかで病院の診断書を提示された場合、その内容によって仕事の調整をしてあげるなど、管理職の仕事を通していろいろなことを学びました。

今回、20代から30代のみなさんがこうして集まって色々な話をしていく中で、自分の将来について考えたりすることはよいことだと思うし、そういう場をもっと作っていくことが大切だと思います。例えば、先輩の話を聞くというところで、聞くだけでなく質問することでそこでコミュニケーションが生まれるわけですから。以前、本学（筑波技術大学）で実施していたエンパワメント研修会のように、ろう難聴女性の参加者を増やして議論すれば、そこで同じろう難聴女性として共通する意見と異なる意見がはっきり見えてくるのではないかとも思います。また、対象を女性のみに絞るのではなく、普通にキャリアをテーマとして集まる中で、女性に関するテーマを扱う、それをやるだけでも大きいと思います。

小林：なるほど、まずは幅広くキャリアというテーマについて集まっていただく中で、女性に関する内容を話す機会を作るのもいいということですね。結婚したら生活を共にしていくわけですし、男性も女性もお互いに理解しあう姿勢について学んだり育んだり機会を作ってあげることも大切ですね。

門脇：きこえる女性の間でどのようなネットワークがあるのかということを知るのも、ろう難聴女性としてどう生きていけば良いか参考になるのではないのでしょうか。

長野：地域に男女共同参画センターがあって、そこで仕事や生活、マネープランに関する内容などの暮らしに関する連続講座が開催されていたので、手話通訳を同行し参加したことがあります。参加者は聴者ばかりでしたが、地域の情報や生活設計のための知識を得ることができました。地域社会のリソースを上手に利用するのも１つの方法だと思います。

■老後の生活設計について

小林：近年、生涯独身でいる女性が増えてきていますが、老後の生活にかかるお金や介護サポートをどうすればよいかという辺り、不安に思う人が多いという話をよく聞きますね。定年までにいくら蓄えれば老後の生活が成り立つかとかいうことですね。今は定年65歳というところが増えてきていると思いますが、退職した後もう30年生きるとしたら、その間年金だけでは足りないと思いますし、働いているうちに厚生年金なり国民年金なり生涯保険なりしっかり払っていくとか早めの対策を考えていかないといけないわけですよね。

長野：それは、子どもがいても同じです。子どもはいつか出て行きますし、いつ配偶者に先立たれるかもわからないので、最後はみなひとりです。今、「人生100年時代」と言われていますから、ひとりひとりがライフプラン、マネープランを考えていくことが大事ですよね。そういう意味で、暮らしをマネジメントする力も大切になってきますね。

大杉：年金に関しては、日本年金機構から書類などが届いた時、そこに年金の計算方法が書いてあるので、老後は自分がいくら貰えるのか調べるとよいでしょう。あとは、一応知っておいたほうが良いのは、今仕事を辞めた場合の手当と、定年で退職した時の退職金ではどのぐらい違うのかとか、60歳で辞める場合と65歳まで延ばしてもらって退職する場合とでは年金額がどう変わるのか、その辺りは、仕事していく上で把握することも大事だと思います。

小林：保険と年金は別物だということを知っておくことも大事ですね。ただ、こういった情報について記載したパンフレットや本を読んでも、十分に理解するのは難しいと思うんです。ろう難聴者の場合、文章を読んで理解するのが苦手な人もいると思いますし、なおさら理解するのは難しいと思います。一般の講座とかに参加するなりよりよい細かい情報を得る方法もあるとは思いますが、手話通訳をお願いするなり情報保障面での課題とかも出てくるでしょうし、情報量は明らかに聴者よりも少なくなってしまうと思うんですよね。

■障害者団体との関わりについて

長野：ろう難聴者にとってのライフキャリアの中には、地元のろう協会など、地域で自分が暮らすにあたってなんらかの団体との繋がりを持つことも大切なポイントになると思います。聴覚障害者団体の活動に参加することは通訳派遣の問題などにも関わるので大事な活動だと思うのですが、最近は若い人がろう協会に入らなくなってきていることが、全日本ろうあ連盟をはじめ全国の地域のろう協会でも課題になっていると聞きますね。

門脇：ろう協会と手話通訳派遣団体はつながりがあって、生活面での問題をろう協会に相談すれば、すぐに手話通訳派遣団体を通して行政に意見書を出せるということでしょうか。

長野：団体としては別ですが、ろう協会の中で意見や要望をまとめて行政に出すので、手話通訳者派遣団体も内容を把握しています。個人で交渉しても解決できないことも多いですし、子育てや生活面で抱える課題は、ろう協会を通して行政に出した方が通りやすい面はあると思います。ほかにも、フリーランスや個人活動を通して活躍される方もいるので、様々な角度から社会へのアピールは必要だと思いますね。

平井：ろう協会の会員に入る若い人というのは、大抵デフスポーツ関係が多いと思いますね。全国ろうあ者体育大会に出るためには、ろう協会の会員になることが条件になっていますから。一時期、競技から離れて会員をやめようとした時、「君はろう者なら入るべきだ」

と諭されたことがありました。当時の私は、ろう協会の歴史や活動などに関する知識がなかったので、競技に出ないのに高い会費を支払うのはおかしいと揉めたことがありました。

この間、ろうあ連盟の歴史に関する映像を見る機会がありましたが、先輩たちの苦労があったお陰で、今のろう難聴者を取り巻く社会が昔より良くなってきているということを知りました。こういう内容を多くの若い人たちに知ってもらうためにも、若い人を対象とした説明会など啓発活動があってもよいのではと思いました。後、若い人たちはLINEのようなツールを使う人が多いので、こういうような情報をLINEとかSNSなり上手に使って啓発していく方法もあると思いますね。

ところで、ろうあ連盟の中には女性部がありますが、その活動内容を知らない人多いですね。

小林：そうですね。女性部の方々も、もっといろんな人特に若い年代のろう難聴女性に活動に関わってもらいたいという思いは持っているようです。「女性部」という名称ですが、昔は「婦人部」でした。家庭を持つろう難聴の母親を中心にろう難聴女性としてそれぞれ直面する課題などについて話し合う場として、ろう難聴女性たちが集まるようになり、あとの「婦人部」設立に繋がったと聞いています。時代の流れとともに「女性部」に名称変更されましたが、家庭と仕事の両立をする女性が増え、女性としてのキャリアが重要視される時代となっていったことが大きく関係しているのではないかと思います。今後は、もっと若い会員を増やしていけたらいいですよね。

今回、みなさんには手話言語によるダイアローグを通して、ろう難聴女性として色々な悩みや課題なども含めて、ろう難聴女性特有の経験についてお話ししていただきました。男性には男性特有の課題がありますし、女性には女性特有の課題があります。つい最近までは、女性は結婚したら仕事をやめるのが当たり前でしたが、近年は結婚した後も仕事を続ける女性が増えてきています。一方、仕事と家庭・育児の両立に困難を抱えるなど、新たな課題が生じてきています。そのような社会の中で、ろう難聴女性の場合はどうなのだろうかというあたりについては、まだはっきりとは見えていないのが実情なのではないかと思います。ろう難聴女性をとりまく境遇についてもっといろんな人に知っていただけたらと思います。みなさん、今日はどうもありがとうございました。

※手話言語によるダイアローグは、2018年2月17日に実施したものである。
※手話言語によるダイアローグの内容をそのまま文字起こししてまとめており、文体は「です・ます」のままにしてある。

第5章
ろう難聴女性 × ジェンダー統計

1　国際的な障害統計
——障害者ジェンダー統計整備に向けて

吉田仁美

(1) はじめに

包括的な人権の観点から障害者の権利に注目し、障害者の機会均等化を目指す国内外の取り組みは包括的な政策立案、実施およびモニタリングのための質の高いデータの開発と障害統計整備に重点を置いている。これら統計の必要性と留意点は、障害者の機会均等化に関する標準規則（1993）、国連障害者権利条約（2006）等の関連データ・国際的文書がはっきりうたっているし、「SDGs　持続可能な開発のための2030アジェンダ」は、障害者を脆弱なグループの1つとして認識し、とりわけ途上国への支援を強化することに言及している。

そこで本稿では、障害統計に関連する国際的文書・データを用いて障害統計の国際的動向を紹介する。ここで取り上げる資料の多くは国連が発行した文書やワシントン・グループやそのほか関連機関のウェブサイトからの情報が主なものとなる。なお、今回は国際的な障害統計の取り組みについて紹介を行うことにとどめ内容へのコメント・問題点・課題等に立ち入らない。

(2) 障害者の機会均等化に関する標準規則

国連は1981年に「国際障害者年」を掲げ、翌年には「障害者に関する世界行動計画」を策定した。さらにそれを推進するために1983年から1992年を「国連・障害者の10年」とし、終了年の翌年にあたる1993年に「障害者の機会均等化に関する標準規則」を採択した。障害統計に関して直接関係するのは規則13（情報と研究）である。このことから、1990年代から国連の関連文書には障害統計の整備の必要性とその方向、そして特に、生活状況に関するジェンダーに即した統計（傍点筆者）が重視されていることも注目される。この背景には、障害の状況や、教育・就労・社会生活などへの参加の度合には、障害の発生年齢・性別・収入による差があることが世界保健調査（World Health Survey、WHS）や疾病負荷（Global Burden of Disease、GBD）などの多くの調査ですでに把握されていることがある。

(3) 障害者権利条約

障害者権利条約の第31条「統計及び資料の収集」では、条約を実現するための政策を立案し、実施することを可能にするための統計データや研究データをふくむ適当な情報を収集すること、が強調されている。さらに第6条「障害のある女性」には、障害がある女性に対する複合差別への認識と、それを解消するための適切な措置を締約国に求める条文がある。これによって、女性障害者の実態をとらえた統計、すなわち障害者ジェンダー統計が求められるべきとされているのである。

(4) SDGs　持続可能な開発のための2030アジェンダ

SDGsは、人間の尊厳を奪う貧困へのグローバルな取り組みとして2000年にスタートしたミレニアム開発目標（MDGs）の後継となる国際目標であり、「誰も後に残さない」社会の実現を目指す。持続可能な世界を実現するための17のゴール・169のターゲットから構成されている。

MDGsでは障害について明記されていなかったが、SDGsの目標には障害者も対象に含まれていることが特徴のひとつにあげられる。例えば、目標（質の高い教育）の4.5、4.a、目標（ディーセントワークと経済成長）の8.5、目標（格差の是正）の10.2、目標（持続可能なまちづくり）の11.2で障害者が明記されている。そして、目標17の「データ、モニタリングおよび説明責任」にふれた18項と19項では、データ・統計に関して明記されている（注）。このことから世界の各国がSDGsで定められた指標を監視するためには、異なる国、および地域で、障害者のデータの収集、分析、理解、使用、普及能力を強化することが急務である。

(5) ワシントン・グループの取り組み

ワシントン・グループは国連統計委員会を支えるシティ・グループの一つに位置づけられる。したがってワシントン・グループの説明に入る前に、まず、一般的にシティ・グループとは何かということを説明する必要がある。

(6) シティ・グループの概要

シティ・グループとは、統計方法に関わる特定のトピックスに関して、国際機関と特定国の国家統計機関が参加して検討している非公式の会合であり、会議が出発した市の名前を冠している。会議自体は非公式とされているが、国連統計委員会等の同意によって設置されて、シティ・グループの存在自体は非公式であり、そこでの検討結果、勧告や提言は、国際機関における統計論議にかなりの影響を与え、国際統計基準を実質的に用意した場合もある。統計研究において注目すべき会議である。

(7) ワシントン・グループの概要と構成

ここで取り上げるワシントン・グループの取り組みの内容は、ワシントン・グループ事務局が作成したウェブサイト関連英文文献等に説明がある。

以下の原稿は、これらに大きく依拠している。

ワシントン・グループ（Washington Group）は、2001 年に障害の測定に関する国連国際セミナーにおいて、国際比較が可能な障害計測法を開発する必要性から設置された。このセミナーでは約 100 人の参加があり、国境を越えた障害に関するデータの比較を容易にするためには国際レベルの調査研究が必要であるということで最終的に話がまとめられた。会議の具体的な内容は上記で取り上げた二つのウェブサイト、報告書のいずれでも確認できる。その内容を簡単に紹介すると以下の三点があげられる。第一に、機能、障害および健康に関する国際生活機能分類（The International Classification of Functioning, Disability and Health、ICF）を将来の作業における障害の測定の枠組みとして使用すること、第二に、国勢調査で使用される世界的指標の原則と標準形式が開発されるべきであること、第三に、異なる国の間で遭遇する文化的および資源的差異に敏感でありながら、国境を越えて障害データの比較可能性を向上させることに重点を置くことである。会議には、先進国および途上国からの統計報告のための障害測定の専門家が集まった。参加者には、国家統計局の関係者と統計学の専門家が含まれていた。それから障害者コミュニティの代表、障害者データのユーザー、調査論の研究者、関連国際機関の参加もみられた。

ワシントン・グループは、障害統計の調査研究に取り組むために毎年会議を開き、会議でワシントン・グループのツールの開発とテストを継続するためのいくつかのワーキング・グループを設立した。ワーキング・グループの活動を通じて、多くの国や国際機関で採用されている計測ツールを開発し、テストしてきた。最も よく知られているのは、障害のある人口を特定するために使用することができる６つの質問のワシントン・グループショートセット（短い質問セット、詳細は後述）である。

(8) ワシントン・グループの目的

ワシントン・グループの主な目的は、国勢調査（またはセンサスとも言う）や各国の調査に適合する障害尺度に焦点をおいた保健統計の領域での国際協力の促進と調整である。その大きな目的は世界中で比較可能な障害に関する基本的で必要な情報を提供することである。より具体的には、ワシントン・グループは、センサス、標本による各国調査、あるいは他の統計書式での利用に適合し、機会の平等化に関する政策を伝えることを第一の目的とする、「短い質問セット」を開発することを到達点として定めた。第二の優先事項は、人口調査の基本的要素として、あるいは特別調査を補足するものとして使われる、障害を測定するより拡大された調査項目の1つあるいはそれ以上のセット、またはそのデザインのガイドラインを勧告することである。それらの拡大調査項目セットは、「短い質問セット」に関連させることを意図している。世界保健機関（World Health Organization、WHO）が開発した国際生活機能分類（ICF）は、このセットの開発に向けての基本的枠組みとして使われてきている。短縮版であれ拡大版であれ、このグループが勧告したすべての障害尺度は、その技術的特性の説明を伴っており、その実施とすべての人口のサブグループへの適用可能性について方法論的ガイドを与えている。

ワシントン・グループによって開発されている質問セットは、障害の概念化の進展を反映し、世界保健機関（WHO）の国際生活機能分類（ICF）を概念的モデルとして用いている。これは障害または身体機能に焦点を当てたモデルであり、国際的に比較可能なデータが作成されている。質問セットは、雇用、教育、市民生活など、社会参加の制限を経験している一般的な人よりもリスクが高い人口を特定するために設計されている。

ワシントン・グループの質問集は、様々な経済的資源を持つ様々な文化に住む人口に対して、比較可能なデータを全国的に提供するように設計されている。その目的は、国籍や文化にかかわらず、基本的な行動において同様のタイプとレベルの制限を持つ人物を特定することである。国勢調査に関するその他の質問と併せて「短い質問セット」を使用して、より高いリスクの人口の実際の参加レベルを、同様の機能的困難を経験していない人と比較することが可能となる。

(9) ワシントン・グループの質問セットの開発

Short Set（短い質問セット）

上述したようにワシントン・グループの主な成果は、センサスや調査に使うことのできるショートセット（短い質問セット）の開発・テストの実施である。このセットは６つの基本的生活機能分野、すなわち、見る、聞く、歩く、認知機能、セルフケア、コミュニケーションからなる。これらの質問は、国際生活機能分類（ICF）に本来の障害のモデルに基づいており、国際比較を特別に強調している。「短い質問セット」は、限られた参加または制限された参加を経験する一般的な人よりもリスクが高い人口の大多数を特定することを意図している。

ワシントン・グループが開発した「短い質問セット」は以下の通りであり、これはワシントン・グループ事務局のホームページからダウンロード可能である。

〔6つの質問項目〕

① Do you have difficulty seeing, even if wearing glasses?
あなたはメガネを着用しても見るのに苦労しますか

② Do you have difficulty hearing, even if using a hearing aid?
あなたは補聴器を使用しても聞くのに苦労しますか

③ Do you have difficulty walking or climbing steps?
あなたは歩いたり階段を登ったりするのに苦労しますか

④ Do you have difficulty remembering or concentrating?
あなたは思い出したり集中したりするのに苦労しますか

⑤ Do you have difficulty (with self-care such as) washing all over or dressing?
あなたは身体を洗ったり衣類を着たりする（ようなセルフケア）で苦

労しますか

⑥ Using your usual (customary) language, do you have difficulty communicating, for example understanding or being understood?

あなたは普通（日常的）の言語を使用して意思疎通すること（例えば理解したり理解されたりすること）に苦労しますか。

この質問に対する回答の選択肢は共通のものであり、選択肢は以下の通り4点である。

〔回答の選択肢〕

a. No-no difficulty　いいえ、苦労はありません

b. Yes-some difficulty　はい、多少苦労はします

c. Yes-a lot of difficulty　はい、とても苦労します

d. Cannot do at all　全くできません

障害の複雑さのために、質問は、人々が経験するかもしれない機能の難しさのすべての側面を測定するのではなく、参加制限の危険にさらされた大多数の人々を特定する可能性のある機能のドメインを測定するように設計された。したがって、「短い質問セット」の質問は、基本的な活動を行う上での限界にのみ明示的に取り組んでいる。「短い質問セット」は、すべてではないがほとんどの障害者を特定することが可能である。より詳細な情報が必要な場合は、ワシントン・グループ拡大質問セットを使用することができる。特に、拡大質問セットには、上体の機能、心理社会的困難、痛みや疲労等に関する情報が含まれている。

(10) おわりに

以上でみてきたように障害統計の整備の重要性は教育・雇用の問題を含めて内外でますます高まりつつある。そしてSDGsが目指す「誰一人取り残さない」社会の実現には障害統計、さらには障害者ジェンダー統計の整

備が前提となる。世界の各国で障害者ジェンダー統計をどのように充実させていくのか、と同時に日本国内においては障害統計を特に医療・教育・雇用分野においてどのように充実させていくのか、今後の取り組みが注目される。紙幅の都合もあり、本稿では詳しく取り上げなかった障害者ジェンダー統計を促進するためには何が必要とされるのか、その具体的な取り組みについては今後さらに検討してゆきたい。

[備考]
①本稿は岩手県立大学社会福祉学部紀要（2018年3月刊行）に掲載された論文（吉田仁美『国際的な障害統計の取り組みについて―ワシントン・グループの取り組みを中心に―』を修正したものである。
②本研究は、JSPSの科研費JP17K04210の助成を受けたものである。

[注]
SDGsと障害の接点に関して長田（2016)、松井（2017）に詳しい。

[参考文献・資料]
Altman, B.M., & Barnartt, S.N.（Eds.）. 2006 International views on disability measures: Moving toward comparative measurement, *Research in Social Science and Disability*（*Vol.4*）Emerald Group. 2006.
Altman, B.M.,（Ed.）. 2016 International Measurement of Disability: Purpose, Method and Application The work of the Washington Group, *Social Indicators Research Series 61*, Springer. 2016.
伊藤陽一 2008a「国際統計体制とシティー・グループ（その1)」『経済統計学会政府統計研究部会ニュース レター』第3号; 19-24
――――2008b「国際統計体制とシティー・グループ（その2)」『経済統計学会政府統計研究部会ニュース レター』第4号; 37-53
北村弥生 2016「障害者に関する統計の動向　第1回　障害統計の国際動向：世界保健機構の活動」『リハビリテーション研究』第169号; 42-44
松井亮輔 2017「障害者をめぐる国際動向――「持続可能な開発のための2030アジェンダ」を中心に」『リハビリテーション研究』第170号; 4-5
長田こずえ 2016「障害と開発協力の接点：国連開発目標SDGの実施に関する国際的動向」『リハビリテーション研究』第169号; 38-41
ワシントン・グループ事務局ウェブサイト ,https://www.cdc.gov/nchs/washington_group/index.htm（2020年11月22日閲覧）

2　ろう難聴女性とジェンダー統計
――エンパワメントにつなげていくために

小林洋子

(1) 障害のある人とジェンダー統計

障害者権利条約（CRPD）や持続可能な開発目標（SDGs）の批准をはじめ、障害者差別解消法や改正障害者雇用促進法の施行のもと、インクルーシブな共生社会の実現が叫ばれるようになってきている。このような背景もあり、統計データの整備を行うことも新しい課題となっており、ジェンダーの視点も入るようになってきている。政策立案上、統計データに基づいた上で障害のある人の特徴や実態について科学的な評価による検証を行うことが有効であると考えられているものの、いまだに整備されていない状況にある。

ひいては、障害のある人の男女別統計にみた基礎的データもあまり見られておらず、ジェンダー統計も道半ばである。例えば、就労状態において障害のない人の男女別の統計はあってもそれぞれの障害のある人、および男女別の統計はほとんど見られていない。近年は、障害のある女性の社会参加が進むようになってきているが、障害者権利条約第６条の複合差別の解消のためにも、障害のある男女別のジェンダー統計の整備は不可欠であると考えられている。障害のある男性女性それぞれの特性を考慮した政策の評価と検討を行っていくためにも、ジェンダー統計に基づく科学的な検証は今後より重要性を増していくことが考えられよう。

(2) 聴覚障害のある人とジェンダー統計

聴覚障害のある人においても、聴覚障害のある男性と女性でどのように社会経済的状態や健康状態等が違うのかというジェンダー統計に基づいた評価検証は、歴史的な観点も含めてほとんど見られていない。唯一、全国レベルの実証的な統計データを用いて聴覚障害のある男性女性それぞれの特徴をみた研究を紹介する。国民生活基礎調査という厚生労働省が実施している統計調査があるが、その統計データをもとに分析を行ったところ、聴覚障害のある人は聴覚障害のない人に比して、特に聴覚障害のある女性は、社会経済的にも健康状態もよくないという可能性が示唆されている。国民生活基礎調査は、世帯票、健康票、介護票、所得票、貯蓄票で構成されており、保健や医療、所得等の国民生活の基礎的な事項の調査を目的としているものである。ここでの聴覚障害のある人に関する評価項目だが、主観的評価（聴力に困難を感じているかどうか）に基づいたものであり、客観的評価（障害者手帳の有無、聴覚障害になった時期、聴力等）に基づいたものは含まれていない。このような全国レベルの実証的な統計データを用いて、聴覚障害のある人およびジェンダー統計を切り口にして男女別にみる研究はまだ少ないのが現状である。

(3) エンパワメント実践に向けて

ジェンダー統計を切り口にした研究はもちろん、聴覚障害のある女性の地位向上およびエンパワメント推進に向けた取り組みも重要であろう。女性のエンパワメントは、女性が自分自身の生活と人生を決定する権利と能力を持ち、あらゆる分野で意思決定過程に参画し、社会的・経済的・政治的な状況を変えていく力を身につけることを目指したものである。2010年に国連グローバルコンパクトと国連婦人開発基金は、ジェンダー平等と女性のエンパワメント促進を目的として「女性のエンパワメント原則」を作成した。機会の均等、差別の撤廃、健康・安全・暴力の撤廃、教育と研修、地域におけるリーダーシップと参画等があげられる。

この概念を障害のある女性、ひいては聴覚障害のある女性に当てはめていくことも大切であろう。全国規模である聴覚障害当時者団体の女性部をはじめ、聴覚障害のある女性のライフスタイル発信を中心に活動している個人団体や、聴覚障害のある女性の課題に関心をもつメンバーが、様々な取り組みをする動きが全国各地でみられるようになってきている。このネットワークをうまく活かし、聴覚障害のある女性のエンパワメント実践に向けた活動を展開していくこともできるのではないだろうか。

聴覚障害のある女性のキャリア形成や子育てにおける家庭生活および地域社会への参加における課題なども山積していると言われている。ライフステージに合わせた必要な学習を継続的に支援していくことも新しい課題となってきていると思われるが、当然ジェンダーの視点も入ってくる。一般的に、女性は生涯にわたるライフステージにおいて、仕事・出産・子育て・介護など、その都度起こるライフイベントの影響を受けながら育児と仕事の両立に困難を抱えている。この女性特有の問題に加え、聴覚障害があることによって困難さの度合いが高まることが聴覚障害のある女性当事者より語られ始めるようになってきている。

今後よりいっそう聴覚障害のある女性当事者の声に耳を傾けながら情報の収集と整理を行い、発信していくことも大切であろう。また、聴覚障害のある女性のニーズに対応した相談体制の充実や、地域社会における聴覚障害のある女性を支援する環境づくりや健康管理に関する適切な情報提供に向けた検討も今後重要になってくるのではないだろうか。そのためにも自分のまわりにあるネットワークを上手に活用しながら、聴覚障害のある女性たちが気軽に集まれるサロンなど情報を共有したり社会的なつながりを作れる場を設ける取り組みを考えていくことも意義があると考えられよう。

女性にとって生活しやすい社会は男性にとっても生活しやすい社会であるとも考えられる。ゆえに、ジェンダーの視点からみた研究やエンパワメント実践に向けた取り組みは、障害のある女性に関する法律や制度、施策のあり方をめぐる国内外の様々な課題について考えるにあたりいっそう重要性を増していくのではないだろうか。

［参考文献］
小林洋子、田宮奈菜子 2016「聴覚障害のある女性が置かれている境遇を考える――ジェンダー視点からみた聴覚障害と統計」『医学のあゆみ』256（7）：843-845
吉田仁美 2018「国際的な障害統計の取り組みについて――ワシントン・グループの活動を中心に」『岩手県立大学社会福祉学部紀要』20: 83-90
―――― 2014「障害者ジェンダー統計への注目」『岩手県立大学社会福祉学部紀要』16: 43-50
Kobayashi Yoko, Tamiya Nanako, Moriyama Yoko, et al. 2015 Triple Difficulties in Japanese Women with Hearing Loss: Marriage, Smoking, and Mental Health Issues. *PLoS ONE, 10*（2）*: e0116648. doi:10.1371/ journal.pone.0116648*

あとがき

これを書いている今、新型コロナウィルス感染症（COVID-19）のパンデミック（世界的流行）から1年が過ぎようとしている。緊急事態宣言発令や外出自粛要請、東京五輪・パラリンピック延期、甲子園春夏中止など、歴史上類を見ないほどの出来事が次から次へと起こり、私たちの日常は大きく揺らいだ。まさに激動の1年だったとも言えよう。このような未曾有の出来事は、言い換えれば大変革期が始まった年として半永久的いや永久的に記憶されていくに違いない。

アフターコロナ・ウィズコロナ時代に突入したと言われる今、働き方改革や様々な形でのニューノーマル、新しい生活様式などが提唱されるようになってきている。業務環境のリモート化が急速に進み、通勤の負担軽減、個人で集中して業務に取り組める在宅ワークが浸透するようになってきている。これは、障害のない人だけでなく、障害のある人の就労や生活環境にも大きな変化を生み出してきているといえよう。情報へのアクセスやコミュニケーションにおける面や業務管理の難しさという課題があると思われるものの、多様な活躍の場を作り出せるチャンスを生み出してきているのではないだろうか。持続可能な開発目標（SDGs）やダイバーシティの視点から障害のあるなしに関わらず誰もが活躍できる、インクルーシブな共生社会が今後どのように構築されていくのだろうか、今後も目が離せない。

■ろう女性としての原点

物心ついた頃から聴覚障害のある児童のための学校（ろう学校／聴覚特別支援学校）に通った。多様な学力や個性を持つ聴覚障害のある児童が集まっており、そうした環境の中で誰にでも得意不得意があることを幼な心ながら敏感に感じ取ってきた。児童それぞれ生まれ育った環境やコミュニケーション手段（手話、口話、筆談など)、家族構成、信念や考え方などきわめて多様で、お互いに刺激し合い、切磋琢磨し合いながら苦楽を共にしてきた。そんな同志たちも、今はあらゆるジャンルで活躍するようになり、ろう学校を離れてからもその都度お互いに鼓舞し合ってきている。先生たちもありのままの自分を受け入れてくれ、かつ個々人が持つ力を引き延ばせるように、いつどんな時も温かく見守ってくれた。ろう学校時代の経験は、自分にとってかけがえのない財産、そして人生の土台にもなっている。

学校を出てからは、障害がある、そして女性であるがゆえに、目に見えない、目に見えるそれぞれの差別や抑圧、プレッシャー、そしてあらゆるバリアに押しのめされ、聴覚障害があることによる生きづらさ、そして女性としての生きづらさを日々感じるようになっていった。しかし、このような経験を通して様々な疑問を持ち続けてきたことがもっと広い世界を知りたいという原動力にもなっていった。

20代も終わりを告げる頃に飛び込んだ新天地アメリカでは、それまで私が持っていた固定観念を次々と打ち破ってくれた。多様性発祥国とも言われるアメリカは、様々な人種や民族がそれぞれの言語や文化に誇りを持ち、それぞれの独自性を尊重しながら共存し合っていた。渡米するまでは、自身が聴覚障害があることで障害をネガティブにとらえ、女性として自信や誇りさえも持てなかった。異国での経験は、障害も、国籍や人種、出自、性格などと並ぶ人の多様な「個性」の一つであり、障害があっても人と劣っているということはない、もっと堂々と生きていっていいのだという自信を持たせてくれた。

また、「ろう者学」や「ろう女性学」という学問に出会ったのも、その頃である。アカデミアの世界に身を置き、聴覚障害のある人たちが主体となり、彼らを取り巻く人たちと一緒に教育研究活動をするようになった。障害学、教育学、言語学、人類学、文化研究、歴史学、医学、人権研究など多様な学問領域を横断しながら、障害のあるなし、国籍や人種などの違いを超えてお互いに歩み寄りながら教育研究活動をする風景は、当初は新鮮に映ったし、日々驚きの連続だったものの、かけがえのない経験にもなった。聴覚障害のある人がたどってきた歴史と豊かなろう文化や手話言語への理解を深め、継承していくべく日々奔走する人たちとの出会いは、いい意味で刺激を与えてくれたし、聴覚障害、そして女性である自分を見つめ直すきっかけにもなった。このような米国生活での経験は、聴覚障害のある女性当事者としての研究の出発点にもなったのである。

■日本で「ろう女性学」に関する教育研究活動に取り組むようになったきっかけ

「ろう者学」を抜きにして「ろう女性学」の教育研究活動について語ることはできない。「第1章　ろう女性学」の中で、「ろう者学（Deaf Studies）」をご執筆いただいている大杉豊は、いち早く高等教育機関をはじめ教育機関における「ろう者学」による教育研究活動の重要性を唱えてきていた。筑波技術大学でのろう者学関連講義の導入をはじめ、2011年には教育研究活動の一環として「ろう者学」プロジェクトをスタートさせている。「ろう者学」プロジェクトがなければ、ろう女性学研究活動をすることもなかったであろう。本書の出版を誰よりも喜んでくださった一人でもある。

ろう難聴女性グループ「Lifestyles of Deaf Women」代表の長野留美子は、いち早く日本での「ろう女性学」教育研究活動、特にろう女性史に取り組んでいくことの重要性を唱えてきていた。「ろう女性学」教育研究活動に取り組みはじめた当初から今に至るまで、いつなんどきも助言してくださったり、セミナーなどイベントを開催するにあたり企画作りから精力的にサポートしたりしてくださっている。

及川リウ子、岩田恵子、大槻芳子、藤田孝子についても言及したい。「ろう女性学」教育研究活動に取り組む中で、特にろう女性史についてまとめるにあたり、彼女たちからは手話言語による語りを通して、いろんなことを教わった。旧優生保護法、ろう女性婦人運動、ろう教育、手話言語通訳、運転免許裁判など、当時の社会情勢に翻弄されながらも、幸せな明日を追い求めて勝利の道を歩んできている。明るく、楽しく、そしてたくましく朗らかに生きてきた彼女たちから受け継いだバトンを次世代へとつなげていきたい。

また、ここまで「ろう女性学」教育研究活動に取り組むことができているのは、多くの方々の支えの存在に他ならない。今回、本書を書き上げるにあたり、たくさんの方々にご執筆いただいている。先述の方々以外に、窪田祥子、塚本夏子 Lessire、松本茉莉、唯藤節子、那須善子、中野聡子、橋爪由利、椢陽子、松森果林、早瀬久美、福田暁子、管野奈津美、山本芙由美、吉田仁美（執筆順）には突然執筆をお願いしたにも関わらず快く引き受けてくださった。他にもたくさんの方々がいるものの紙面の都合もあり、お一人おひとりの名前をあげることは難しいが、この場を借りて改めて皆さんに感謝の意を表したい。

2016年に「ろう女性学」教育研究活動をスタートさせてから今に至るまで、科学研究費補助金をはじめ筑波技術大学学長のリーダーシップによる教育研究等高度化推進事業による助成等を受けてきている。これらの助成なしには書籍の刊行を成し遂げることはできなかったことをここにて申し上げておきたい。

■最後に

今までいろんな人たちと出会ってきたが、それは時に後々の人生にとって大きな財産にもなってきている。自分とは異なる生い立ちや境遇の人たちとの触れ合いは、きこえない女性としての自分の人生に新しい視座や価値観をもたらしてくれている。そして何よりも自分の人生に一番影響を受けているのは、家族であることは言うまでもないだろう。母そして2人の姉は、同じ女性として様々なサイクルを共に経験し、その度に価値観を育ませてくれている。女性陣に囲まれながらも温かく見守ってくれている父や親戚、従姉妹、めい・おいたちも自分の人生にエッセンスを与え続けてくれている。

ろう学校幼稚部の行事で果物狩に行った時、母と一緒に

姉の誕生会にて、母と２人の姉と一緒に
（左端が筆者）

姉の結婚式にて、姉、従姉妹、姪たちと一緒に
（後列右から２番目が筆者、みんな若い……）

最後に、生活書院の髙橋淳氏には大変お世話になった。突然のご連絡と無理なお願いにも関わらず、限られたスケジュールの中で綿密かつ細心な編集作業をしていただき、ようやく出版にこぎつけることができた。ここに謝意を表したい。

2021 年 3 月

編著者を代表して　　小林洋子

本書の出版にあたっては、以下の科学研究費補助金により助成を受けている。
研究種目名：基盤研究（C）　課題番号：17K04194
研 究 期 間：2017年～2021年
研究代表者：小林洋子
研究課題名：手話を用いる聴覚障害女性の生活構造に関する文献調査・実証研究

編者プロフィール

小林洋子（こばやし・ようこ）
筑波技術大学障害者高等教育研究支援センター講師

千葉県出身。博士（ヒューマン・ケア科学、筑波大学）。リケジョとして大学生活、研究者生活を送ったのちに、米国大学院留学。カリフォルニア州立大学ノースリッジ校教育学部デフ・スタディーズ（ろう者学）学科での講師やリサーチアシスタント等を経て現職。専門は、社会学、ろう者学（デフスタディーズ）、手話言語教育、パブリックヘルス（公衆衛生学）。
主な著書に、『聴覚障害者、ろう・難聴者と関わる医療専門家のための手引き（Working with Deaf People: A Handbook for Healthcare Professionals）』明石書店、2017 年（翻訳共著）、「欧米で発展している「ろう者学カリキュラム」大杉豊・久松三二編『手話言語白書』明石書店、2019 年（コラム執筆）等がある。

執筆者プロフィール（執筆順）

大杉豊（おおすぎ・ゆたか）
筑波技術大学障害者高等教育研究支援センター教授

ろう学校小学部３年の時に一般校へインテグレーション。大学時代の経験、ろう成人との交流を通して、ろう者本来の姿とは何かを自問自答しながら、文化的な視点に目覚めていく。ろう演劇活動、直接法による手話言語指導を経て、1991 年米国東部にあるロチェスター大学に留学、言語学で博士号を取得する。2000 年帰国。全日本ろうあ連盟本部事務所長としてきこえない人の権利擁護運動に奔走、2006 年より本職。現在に至るまで、授業を通してきこえない学生にエンパワメント指導を行う傍ら、学外では全日本ろうあ連盟手話言語法制定推進運動、全国手話研修センター日本手話研究所、日本 ASL 協会、国際ろう者スポーツ委員会などで活躍している。

及川リウ子（おいかわ・りうこ）
NPO 法人デフ・サポート足立理事長

1942 年岩手県生まれ。12 歳で骨髄炎を発症、14 歳の時に薬による副作用のため失聴。10 年間の闘病生活後、20 代で東京のろうあ運動に参加し、婦人部活動を始める。同時に全日本ろうあ連盟書記局に入り、1979 年には全日本ろうあ連盟本部事務所専従職員となり、1993 年まで勤務。51 歳で退職後、地元の足立区で「特定非営利活動法人足立区ろう者福祉推進合同委員会」を設立し代表に就任。2004 年には高齢のろう者のためのデイサービス「デフケア・クローバー」を設立し、聴覚障害のある高齢者のために精力的に活動中。長年の実績が評価され、2015 年度社会貢献者表彰を受章。

長野留美子（ながの・るみこ）
ろう難聴女性グループ「Lifestyles of Deaf Women」代表

ろう学校幼稚部修了後、地域の学校にインテグレーション。大学入学後、「聴覚障害学生サポートセンター構想」の実現に向けて、全国聴覚障害学生の集い（1995 年）や日本特殊教育学会（1996 年）等で発表するなど奔走。大学卒業後、米国ギャローデット大学留学や会社勤務等を経て、2006 年ろう難聴女性グループ「Lifestyles of Deaf Women」を立上げ、日本における「ろう女性学」発信に向けて「ろう女性史」編さん事業を実施。現在、「ろう難聴女性のキャリアと子育て」における課題解決に向けて女性のエンパワメント啓発に取り組んでいる。

岩田恵子（いわた・けいこ）

東京都荒川区生まれ。現在、埼玉県熊谷市在住。東京教育大学附属ろう学校（現・筑波大学附属聴覚特別支援学校）高等部卒業後、淑徳大学で社会福祉を学ぶ。埼玉県ろうあ者相談員として 24 年間勤務後、特別養護老人ホーム「ななふく苑」の施設長として 2 年間勤務。現在、熊谷市障害者相談支援センターの非常勤専門援助員（聴覚障害担当のピアカウンセラー）、熊谷市ろう者協会会長、熊谷市障害者団体連絡協議会会長、熊谷市社会福祉協議会評議員、熊谷市手話通訳派遣事業運営委員、埼玉県盲ろう者向け通訳・介助員としても活躍中。

大槻芳子（おおつき・よしこ）

1942年新潟県生まれ。新潟県立新潟ろう学校卒業。ろうあ者相談員として横浜市役所に10年間勤務。地元のろう協会役員、NHK「聴力障害者の時間」キャスターや子育てのかたわら、余暇活動として「大槻芳子ライフステージ」にて全国で講演と公演活動を開始。1994年より全日本ろうあ連盟本部事務所長。2000年、病気による歩行困難のため退職。現在、地域での「手話・筆記ボランティア派遣」ポレポレ運営委員長。〈2011年当時〉

藤田孝子（ふじた・たかこ）

1923年京都府生まれ。京都府立ろう学校卒。1946年、ろう学校の先輩の威（たけし）氏と結婚し二女を授かる。1952年より島根県立浜田ろう学校教員だった夫と共に島根県在住。1958年、『暮しの手帖』に手記が掲載される。1961年、高峰秀子主演「名もなく貧しく美しく」が上映され、社会的関心が高まる中、1964年、NHKドキュメンタリー「歳月」に出演し、ろう者夫婦としての暮らしが紹介される。ろう運動で活躍された威氏の死後（1972年）も、講演活動や地域での手話普及活動を精力的に進める日々を過ごす。〈2011年当時〉

窪田祥子（くぼた・よしこ）
会社員

1986年高知県生まれ。難聴幼児通園センターに通いながら幼稚園から高校まで地域の学校で育ち、筑波大学第2学群人間学類へ進学。筑波大学院博士課程前期終了後、2011年産経新聞社入社。14年からテレワーク生活に入る。2回の産休を経て19年に職場復帰した。修論は「難聴者の所属意識について」。夫は福島県立特別支援学校教諭。2人の子どもはコーダ。生活では音声、手話を使用する。

塚本夏子 LESSIRE（つかもと・なつこ・ルシル）

1974 年三重県生まれ。フランス・トゥールーズ在住。普通校を経て 1998 年、明治学院大学社会学部卒業後、キヤノンマーケティングジャパン勤務、2004 年退職。半年後渡独し、ハンブルク大学で教育学とドイツ手話学の学士号取得。2011 年末、ドイツで知り合ったフランス人夫の海外赴任に同行しドイツ・ハンブルクからフランス・トゥールーズへ移住。フランスで結婚、2 児の母。在欧 16 年。

松本茉莉（まつもと・まつり）
「でこぼこコーダ」代表

横浜市在住。自閉症スペクトラム障害を持つ息子 2 人を含む 4 人の息子（コーダ）がいる。「でこぼこコーダ」を立ち上げ、発達に何らかの障害があるきこえない親同士が集い、悩みを話したり情報交換をしたりする場を定期的に設けている。横浜では、きこえない母親ときこえる母親が繋がれる場を提供し、当事者視点での発信を行っている。

唯藤節子（ただふじ・せつこ）
一般財団法人全日本ろうあ連盟理事

小学校 4 年に東京都立品川ろう学校へ転校。品川ろう学校中学部卒業。高校は一般高校。オペレーター、在宅勤務経験を持つ。家族は長男、次男、長女、孫 2 人。NPO 法人世田谷区聴覚障害者協会会長。2000 年より東京都聴覚障害者連盟女性部長、広報部長経て、現在 副会長。2014 年より一般財団法人全日本ろうあ連盟女性部長、2020 年より理事。手話講師、介護福祉士、盲ろう登録通訳としても活動中。

那須善子（なす・よしこ）
手話講師

ろう者の両親から生まれ自身もろう者。小学部から高等部専攻科までろう学校で学ぶ。専攻科修了後、印刷会社にデザイナーとして勤める傍ら、ろう劇団を結成し 9 年間演劇活動に携わる。結婚を機に退団し、ろうの 2 児の母になり、ろう教育に関する講演に立つ機会が増える。全日本ろうあ連盟日本手話研究所（現・社会福祉法人全国手話研修センター日本手話研究所）が発行する手話ビデオ教材の製作に携わる。2006 年に結成した「たま手ばこ」で、ろう学校中心に手話による読み聞かせ活動をする。現在、葛飾区聴力障害者協会理事、手話講習会手話講師。2015 年度より NHK「みんなの手話」講師アシスタントとして出演中。

中野聡子（なかの・さとこ）
群馬大学共同教育学部特別支援教育講座准教授

小学校から高校まで一般学校で学ぶ。筑波大学大学院在学中に米国ギャローデット大学に 1 年間留学。その後、ろう者自らが手話言語発達をテーマに執筆した論文で日本初となる博士号を取得した。現在は、数少ないろう女性研究者として、聴覚障害児・者教育／支援の専門職養成課程における、手話習得及び手話通訳者養成カリキュラムの開発に取り組んでいる。

橋爪由利（はしづめ・ゆり）
会社員

宮城県生まれ。先天性の感音性難聴により両耳共 100dB 以上。幼稚園から大学までインテグレーションで育つ。コミュニケーションは主に補聴器装用と口話であるが、成人してから手話を身に着ける。大学卒業後、食品系企業に入社し、担当している人事業務の知識と経験から、相手の方の言語化できていない想いをくみ取ってサポートできたときにやりがいを感じている。将来は聴覚障害者と発達障害者の支援に関わることが目標である。

榧　陽子（かや・ようこ）
明晴学園校長

東京都生まれ。旧姓、鍜治倉。筑波大学附属ろう学校高等部卒業後、筑波大学第一学群自然学類、筑波大学大学院教育研究科修士課程修了。日本電気株式会社、フリースクール龍の子学園、東京都立葛飾ろう学校を経て、2008 年から明晴学園教頭、2013 年から同校長。バイリンガルろう教育の推進とともに日本手話も含めて様々な言語や文化が尊重される多文化共生社会を目指している。

松森果林（まつもり・かりん）
きこえる世界ときこえない世界をつなぐユニバーサルデザインアドバイザー

中途失聴者。筑波技術短期大学デザイン学科卒業。在学時代、東京ディズニーランドのバリアフリー研究をしたことがきっかけで「ユニバーサルデザイン」を人生のテーマとする。
（株）オリエンタルランド等を経てフリーランスへ。きこえる世界ときこえない世界両方を知る立場から講演、大学・研修講師、執筆を中心に、分かりやすい情報の伝え方やコミュニケーション、利用しやすいモノやサービスのアドバイスを行う。NHK「ワンポイント手話」出演や、内閣府障害者政策委員会委員も歴任。2017 年、日本初となる、音のない世界で言葉の壁を超えた対話を楽しむエンターテインメント「ダイアログ・イン・サイレンス」の企画監修およびアテンドを行うなど活躍の場を拡げている。

早瀬久美（はやせ・くみ）
薬剤師

大分県生まれ。2001 年法律が改正されろう者として初めて薬剤師となる。現在、昭和大学病院で薬剤師として勤務。スポーツファーマシストとしてパラリンピックおよびデフリンピック医科学委員会委員を務める。自転車競技日本代表選手として 2013 年ブルガリア・ソフィア夏季デフリンピック競技大会、および 2017 年トルコ・サムスン夏季デフリンピック競技大会でマウンテン XCO 女子 2 大会連続銅メダル獲得、文部科学大臣賞、横浜市スポーツ栄誉賞を受賞した。また日本選手団主将を務めた。2022 年 5 月ブラジルで開催されるデフリンピックに向けて競技に取り組んでいる。

福田暁子（ふくだ・あきこ）
全国盲ろう者協会評議員・前世界盲ろう者連盟事務局長

アジア盲ろう者団体ネットワークコーディネーター、地域自立支援協議会委員、立教大学兼任講師。東京女子大学卒業後、アメリカの大学院でソーシャルワークの修士号。先天性の弱視だったが、進行性の難病により難聴障害が加わり、現在は全盲ろう。人工呼吸器、電動車いすを使用。全国盲ろう者協会をベースに活動している。東京都で福祉制度を活用しながら一人暮らしをしている。

管野奈津美（かんの・なつみ）
ろう学校教員

筑波大学大学院博士前期課程芸術専攻クラフト領域（陶磁）修了。専門は現代陶芸。日本財団助成聴覚障害者海外奨学金事業の第３期奨学生としてギャロデット大学に留学し、ろう者による芸術表現、欧米におけるデフアートの歴史やろう者の芸術活動の研究を行う。現在、ろう学校に美術教諭として勤務する傍ら、社会福祉法人トット基金の育成×手話×芸術プロジェクトの美術部門スタッフとして、美術館のワークショップや様々なアート関連の企画運営に関わる。

山本芙由美（やまもと・ふゆみ）
Deaf LGBTQ Center 代表

シスジェンダーのクィア。兵庫教育大学院でろう幼児をもつ親の支援について研究、博士前期課程修了。2015 年から 2 年間、日本財団の奨学金を得て、ワシントン D.C にあるギャロデット大学で「ろう ×LGBTQ 学」を専攻。ろう ×LGBTQ サポートブックや多様な性を表す手話表現の動画制作、ろう × セクシュアルマイノリティ全国大会の運営など、ろう LGBTQ+ 活動を幅広く開拓。インクルーシブなろうコミュニティづくりを目指して活動している。現在、神戸長田ふくろうの杜放課後等ディサービス児童指導員としてろう児の「第三の居場所づくり」に奮闘中。

吉田仁美（よしだ・ひとみ）
日本大学文理学部准教授

2009 年に昭和女子大学大学院で博士（学術）の学位を取得後、昭和女子大学人間社会学部助教、岩手県立大学社会福祉学部専任講師、准教授を経て 2020 年度より現職。専門は社会福祉学。

ろう難聴女性 × 手話言語によるダイアローグ
（現役大学生、大学卒業後まもないろう難聴女性たち）
参加者プロフィール（五十音順）

加藤　優（かとう・ゆう）
上智大学理工学研究科理工学専攻・大学院生

3歳頃に失聴し，幼稚部から高等部まで新潟ろう学校に通う。のちに筑波技術大学産業情報学部を卒業し、大手電機メーカーに1年間勤務。学部から取り組んでいた「聴覚障害児・者のための環境音システムに関する研究」を長く続けていきたいと考えたことにより退職し、筑波技術大学大学院技術科学研究科を経て，現在上智大学大学院に在籍。近年の学会では情報保障が普及しており，今後とも国内外問わず様々な学会や研究会へ発表することやディスカッションを重ねていけたらと考えている。

駒崎早李（こまざき・さき）
IT 系会社員

東京都生まれ。3歳の時に耳がきこえないことが判明。小学校から高校まで一般学校で学ぶ。東洋大学、筑波大学大学院で特別支援教育学を専攻。2017 年より都内 IT 企業にて採用人事業務（障害者採用）に従事。自身の経験から、2017 年に家族についての悩みや愚痴を手話で気軽に語り合う場「手話で語る SHG ～手和会（しゅわかい）」を設立した。趣味は東南アジア旅行で、20 代のうちに海外移住にチャレンジしたいと考えている。

中原夕夏（なかはら・ゆか）
建設コンサルタント会社員

1歳の時に耳がきこえないことが判明。乳幼児から小学2年はろう学校、小学3年から小学6年は通常学校、中・高校はろう学校に戻り勉学に励む。筑波技術大学産業技術学部情報科学専攻、筑波技術大学大学院技術科学研究科にて情報系を専攻。修了後は建設コンサルタント会社で海外営業部員として日々英語に苦戦しながら発展途上国の生活インフラを支えるプロジェクトへの貢献を目指している。

平井　望（ひらい・のぞみ）
会社員

群馬県生まれ。重度の感音性難聴。群馬県立ろう学校を経て、筑波技術短期大学（当時）でデザインについて学んだ後、都内の企業に10年間勤める。2009年デフリンピック台北大会にビーチバレーボール日本代表として出場した経験をもつ。海外留学のために退職し、1年間ロシアでの研修と欧州諸国での大会視察を通して、デフスポーツの運営を学ぶ。帰国後、筑波技術大学大学院に入学し、デフスポーツ運営について研究を深める。大学院修了後は再び社会人として就職し、今に至る。

門脇翠（かどわき・みどり）
社会福祉法人佛子園 GOTCHA!WELLNESS 白山店支援員

埼玉県生まれ。先天性の感音性難聴。2歳から補聴器を付け始める。高校まで一般の学校で学んだのち、保健体育教員を目指して東洋大学に進学し、卒業後は筑波大学大学院体育学専攻にてアダプテッド体育・スポーツ学研究室に所属しながら、デフスポーツをテーマにした論文を執筆。院修了後は、筑波技術大学障害者高等教育研究支援センターに技術補佐員として2年勤め、ろう者学教育コンテンツ開発プロジェクトに関わる。陸上競技短距離選手としても、デフリンピックなどの国際大会に出場した実績を持つ。現在はGOTCHA!WELLNESSにて、就労継続支援やトレーナーとしてのレッスン指導を行う。また、本業の傍ら、一般社団法人日本デフ陸上競技協会の理事として、デフスポーツの普及、選手の育成強化にも携わる。

本書のテキストデータを提供いたします

本書をご購入いただいた方のうち、視覚障害、肢体不自由などの理由で書字へのアクセスが困難な方に本書のテキストデータを提供いたします。希望される方は、以下の方法にしたがってお申し込みください。

◎データの提供形式＝CD-R、フロッピーディスク、メールによるファイル添付（メールアドレスをお知らせください）。

◎データの提供形式・お名前・ご住所を明記した用紙、返信用封筒、下の引換券（コピー不可）および200円切手（メールによるファイル添付をご希望の場合不要）を同封のうえ弊社までお送りください。

●本書内容の複製は点訳・音訳データなど視覚障害の方のための利用に限り認めます。内容の改変や流用、転載、その他営利を目的とした利用はお断りします。

◎あて先
〒160-0008
東京都新宿区四谷三栄町6-5 木原ビル303
生活書院編集部　テキストデータ係

【引換券】
ろう女性学入門

ろう女性学入門

誰一人取り残さないジェンダーインクルーシブな社会を目指して

発　行──── 2021年3月20日　初版第1刷発行
編　者──── 小林洋子
発行者──── 髙橋　淳
発行所──── 株式会社　生活書院
〒160-0008
東京都新宿区三栄町17-2 木原ビル303
ＴＥＬ 03-3226-1203
ＦＡＸ 03-3226-1204
振替 00170-0-649766
http://www.seikatsushoin.com
印刷・製本── 株式会社シナノ

Printed in Japan
 ISBN 978-4-86500-127-3

定価はカバーに表示してあります。乱丁・落丁本はお取り替えいたします。